触发需求

互联网新营销样本

水产

何足奇◎著

企业管理出版社
ENTERPRISE MANAGEMENT PUBLISHING HOUSE

图书在版编目（CIP）数据

触发需求：互联网新营销样本．水产/ 何足奇著．—北京：企业管理出版社，2016.10
ISBN 978-7-5164-1314-2

Ⅰ．①触…　Ⅱ．①何…　Ⅲ．①水产品－网络营销－中国　Ⅳ．①F713.36

中国版本图书馆 CIP 数据核字（2016）第 172740 号

书　　　名：触发需求：互联网新营销样本·水产
作　　　者：何足奇
责任编辑：程静涵
书　　　号：ISBN 978-7-5164-1314-2
出版发行：企业管理出版社
地　　　址：北京市海淀区紫竹院南路 17 号　邮编：100048
网　　　址：http：//www.emph.cn
电　　　话：总编室（010）68701719　发行部（010）68701816
　　　　　　编辑部（010）68701638
电子信箱：80147@sina.com
印　　　刷：北京旭丰源印刷技术有限公司
经　　　销：新华书店
规　　　格：170 毫米×240 毫米　16 开本　17 印张　260 千字
版　　　次：2016 年 10 月第 1 版　　2016 年 10 月第 1 次印刷
定　　　价：86.00 元

每个行业都值得重做一遍

近来业界都在关注鲜誉在短短的一年时间内实现 1.726 亿元销售额的海参和海鲈鱼两个大单品案例，其实鲜誉一年内那么多看起来毫不相关的动作背后，是完整的商业逻辑和战略规划，是对碎片式需求的触发，是以需求链整合供应链，从而把大家熟知的海鲜产品和水产行业打碎了重构、重做一遍。

过去很多习以为常、理所当然的思维和方法都在分崩离析，营销的内涵和外延，曾经成功的经验方法、理念和动作，都或被沉沦、或被重构。拙作就是以我和鲜誉一年的营销实战来诠释触发需求，来解读每个行业都得重做一遍的道理。

当时当下，传统产业都在苦闷中挣扎前行，而且似乎一年不如一年。产业链的上游离市场越来越远，而产品离顾客越来越远。产品、用户、场景成为产业重构、市场重构的核心要素。鲜誉海参、鲜誉海鲈鱼在短短的一年内取得不俗的市场业绩，就是充分抓住产业与市场重构的契机，以产品为抓手、以用户为载体、以场景体验为主线，构建起三位一体的产销一体化运营模式。

重做一遍意味着要素重构、战略重构、组织重构、运营重构，过去的产业成长或企业成长基本都依循着低要素、粗放型成长模式。成长节奏、成长模式的变化，意味着成长或者增长的要素是用户、技术、策略的精细化或精益化。这种要素变化和模式转换是产业重构与市场重构的关键节点。

产业重构、市场重构并不意味着大佬的盛宴、巨头的狂欢，恰恰相反，重构期的机遇属于小而精、小而美、小而强的创业型企业，属于具有创新精神的新时代企业家或职业经理人。

在产品层面，每一个细分品类都潜在着诞生巨人的战略机遇。尤其在分散型的民族产业，都面临着重做一遍的机遇，面临触发需求、提档升级、提效增速的机会；在渠道层面，渠道红利的释放，B端电商的崛起，将从服务、增值、增效等层面重构传统渠道。渠道正在成为产品、用户、场景的融汇节点，成为市场生态圈承上启下的纽带。

产业环境、市场环境、企业环境、消费情境的变化，倒逼所有行业和企业，必须思变，必须从"重做一遍"的思维范式考量战略，重构营销——不管痛不痛苦，开不开心。这种变化，无论是谁，煎熬都是一样的，关键在于从哪里开始变。战略层面还是战术层面？组织层面还是运营层面？

重做一遍，实际上就是触发需求，涅槃重生的过程。产业要素必须重构，成长方式必须重构，营销要素和营销方法必须重构，甚至每个人的知识体系和行为方式都面临着重构的挑战。在重构的洪流中，只有不断更新、不断迭代、不断触发、不断尝试，才能随波逐流，才有可能找到生存与发展的空间。

大重构时代的最大红利就是敢于触发，敢于竞争，不怕失败。在这场产业与市场的重构中，新一轮的跑马圈地其实早已经开始，新一轮的产业和市场交织在一起的重构已经进入中盘。我们左右不了不确定的市场，但是可以掌舵我们的方向和未来；我们改变不了行业的痼疾，但我们可以重塑自我，再创未来！

不确定时代的"抓手"

刘春雄

进入互联网时代，很多人突然无所适从了，因为世界进入了不确定时代。

不确定时代最大的特点：一是没有方向感，不知道未来会发生什么；二是没有抓手，不知道该做哪些事。

即便贵为 BAT 也不知道未来会发生什么，即便强大如微软、谷歌、Facebook 也无法预知未来。当你能够看清时，意味着已经尘埃落定，没有你的机会了。

不确定将是相当长时间内的常态。移动互联网的普及，预示着信息文明到来了。一个新文明的开端，有相当长时间是不确定的。比如，从第二次工业革命到现代战略理论诞生，大约经历了 60 年。在这 60 年里，没有多少人能够看清方向，只能探索前进。

不确定意味着什么？

不确定意味着企业没有战略。因为战略是建立在对未来趋势预测基础上的。

不确定意味着你不知道"对手"是谁。你无法预知未来，当然就无法预知对手。

不确定意味着颠覆你的是在你的视野之外的边缘人。被边缘人颠覆意味着所有人都可能是"对手"。**所有人都是"对手"就等于没有对手，就等于最大的"对手"是自己。**

何足奇虽然是水产业的探路者，但他创立的鲜誉除了产品属于水产，其他好像与水产无关，他在用水产之外的玩法玩水产。

水产业的人可能想不到，在水产业这么困难的情况下，他用边缘的玩法，把水产做到了水产业之外，让那些知名品牌为他做 OEM。

这印证了前面的道理，颠覆你的不在你的视野之内。

一个不确定的时代，弄懂下面两句话很关键。

（1）**优势抵不过趋势。**很多人曾把"做大、做强"作为目标，现在垮掉的往往是那些"大而强"的企业。没有踏准新节奏，"大而强"也没有价值，甚至会成为包袱。所以，过去的"恃强竞争"失去了意义。

（2）**"不确定时代，要有确定性的抓手。"**这是华为任正非的名言。

对于任正非的这句名言，我相信何足奇深有体会。因为他的做法看似招数很多、很乱，却是有迹可循的。我作为何足奇的近身旁观者，认为他有三大"抓手"。

"抓手"之一是重塑行业。这点好像与互联网无关，却也有关。

营销专家金焕民老师说："所有行业都有改造空间。"何足奇则说："所有行业都值得重做一遍。"我可以断言，这个时代，凡是老板没有亲自抓产品的企业都是没有希望的，因为重塑行业只有老板能做到。

我认为，何足奇是以内行的专业、外行的心态在重做水产业。能够做到这一点，核心是对消费趋势最深刻的洞察。

中国消费者正处于提档换代的时刻，从原来的"两极消费"转向"趋中消费"。应该说，这个趋势近几年非常明显。然而，互联网却在这段时间内营造了一个"屌丝逆袭"。应该说，"互联网民意"与实际消费需求有很大的差距。正是在这个时候，何足奇打造的"鲜誉海参"把海参从"奢侈"拉回"轻奢"；把海鲈鱼从"低端"提升为"中产"消费。这两大水产领域的大单品，奠定了何足奇成功的基础。

在数量满足的情况下，品质满足变得非常重要。品质不仅是消费者能够说出来的部分，还来源于消费者洞察。鲜誉的海鲈鱼，只要消费者体验过，不仅会成为忠诚客户，还会传播给好友。这是只有"超出意外"的品质才能达到的效果。

"抓手"之二是利用一切互联网传播红利。不确定的时代，不知道下一波热点是什么，不知道热点能否形成，不知道热点持续多长时间。但有一点是可以确定的，凡是抓得早的都能够得到互联网红利。

互联网传播的特点是：当你看准了，红利就消失了。众筹、社会化传播、B端电商等刚露出端头，何足奇就赶上了。何足奇的特点是，对于一切互联网形态的传播热点均热情接纳，绝不错过。何足奇2015年的做法除了最早的众筹外，都是原来不曾预料的。

未来是不确定的，那么就把一切发生的当作确定的。允许赶错趋势，但不能错过趋势。

"抓手"之三是跨界、众包、共享，链接一切可以链接的资源。

颠覆来自边缘之外，意味着跨界是有优势的。所以，要敢于跨界、主动跨界，通过跨界寻求优势。越是看起来"外行"，越是有可能颠覆"内行"。

众包意味着只做自己最擅长、最核心的东西，利用社会化平台。鲜誉是绝对的轻资产，但把行业众多重资产公司调动起来，这是典型的"共享"经济思维。

鲜誉的渠道很难说清是线上、线下，也很难说清是哪个行业的渠道，但鲜誉在与一切渠道发生链接，共享资源。

水产业虽然是非常传统的行业，但何足奇的鲜誉可以说是互联网时代的一个样本。这个样本不仅是水产业的标杆，也是传统企业融入互联网的标杆。

时代是不确定的，做法是不确定的，但对互联网的态度必须是确定的。不确定时代的"抓手"就是触摸互联网的本质，用一切先进的互联网工具，利用互联网热点形成的信息穿透力，利用互联网去中心化形成的中心化热点服务于商业。

2016 年 2 月 13 日

孤单的何足奇

陈思廷

2015 年，鲜誉火了。

鲜誉是一个新品牌，其实整个 2015 年它只有两个产品，一头"鲜誉极参"、一条"鲜誉海鲈鱼"。但这头参和这条鱼一夜爆红，鲜誉海鲈鱼更是迅速跨入亿元大单品的俱乐部。这条鱼火到什么程度？它的消费者回头率几乎是 100%。

鲜誉的操盘手是在中国水产业名气极大且影响深远的何足奇。这篇小文并不想更多地点评鲜誉案例本身，因为对鲜誉的解密，何足奇在本书里已经毫无保留。

我只想说几句何足奇这个人。

这些年，何足奇一直都在中国的水产业不停地奔波和折腾，十年前他从白酒业跨界进入水产业，似乎就没有想过抽身而去。而这些年我们发现，每次水产业出现困局的时候，何足奇总会出现、总在发声、总在为产业想出路。

可以说，鲜誉模式的出现和成功，也和何足奇对中国水产业乌托邦似的理想和热爱有着莫大关系。

事实如何呢？当何足奇为了唤醒、激发中国水产而奔走呼号时，这些年中国水产改变了多少？

我们看到的是，巨头们仍然在为规模扩张付出代价，仍然漠视用户需求，仍然在空洞编造品牌口号，编造数字游戏。也许他们能做的唯一有效的改变和"创新"，就是照着"鲜誉海鲈鱼"做出一模一样的鱼出来罢了！

作为最接近何足奇的人之一，我能深切感受到鲜誉成功的背后何足奇深藏的孤独和悲哀。

他殚精竭虑，每年亲手在电脑上敲出一本中国水产业蓝皮书，已持续数年。

他奔走在中国水产企业之间，将他的案例与智慧毫无保留地传授布道。

他提出"产品智造"时代，并因之打造了鲜誉这一现象级案例。

但很多水产企业并不关心何足奇的思想、战略、方法论，他们只想找到何足奇，向他请教如何卖掉库里积压的产品，他们只想找到快速出货的秘诀。他们最希望的就是像现在这样，何足奇做出一个成功的爆品，他们照葫芦画瓢改个名字推向市场就好了。

在水产业，何足奇是孤独的，所以与他交流最多的往往是行业外的专业人士，比如包政教授、刘春雄教授。

许多事情譬如恶意抄袭，也许他知道，也许他装着不知道，也许他并不在乎，不管怎样，他还是一如既往地对水产业倾注全心全力。同样，在鲜誉成功后的第一时间里，他熬夜数天，写出了本书。

亲爱的读者，不管你翻开此书之前是什么心情，但看到这里，我特别希望你能珍视此书，能真正地研读本书。

因为本书包含的不仅仅是何足奇操作鲜誉案例的全部思考、智慧和方法，更有他对中国水产的热爱，有他的肝他的胆。

2016 年 2 月 1 日深夜于河南杞县

水产小世界 "鲜誉"大舞台

《糖烟酒周刊》 王建军

与何足奇相识多年，也一路见证了他从酒业跨界进入水产行业取得的巨大成功。作为今天水产行业的探路者和最具影响力、最实战、最权威的智囊，我想说，何总是幸运的。但透过他的幸运，我也想和诸位一起思考：为什么幸运女神会垂青和眷顾于他？是什么原因让他在水产行业取得如此巨大的成功和突破？换句话说，何足奇有什么令我们关注的独特禀赋？

提出问题时，我不由地想到了2008年成都糖酒会，糖烟酒周刊杂志社和水产行业的龙头企业獐子岛所联合举办的那次成功的跨界发布活动，那是水产企业第一次参加全国糖酒商品交易会，第一次近距离地触摸和感受天下第一大会的魔力和魅力。那天来了很多酒饮类经销商，他们专注和认真的神情让我印象深刻。那天的活动，獐子岛也收获颇丰，结识和发展了不少代理商。因为彼此新鲜，所以彼此吸引。那天活动的"红娘"和策划人正是何足奇。

意识敏锐、发散思维强、敢为天下先、敢第一个吃螃蟹，我以为是何足奇的第一个特质。正因为他意识敏锐、敢为人先，所以才有了第一次成功的跨界。也正是有了成功的第一次，此后便愈发不可收拾，不断地跨界、不断地求新，才会有今天的"鲜誉"。很明显，今天是一个破旧立新、不断变化、新的东西和新的事物随时有可能颠覆旧的一切神奇而伟大的时代。在这个时代中，只有像何总这样以变应变、敢为人先的智者和企业家才有可能把握机遇脱颖而出。

精力充沛、精于创意、善于思考和总结是何足奇的第二个特质。这个特质符合了经济转型期的消费市场和精细化营销时代的发展要求。老何的精于创意从其给公司和产品的命名中就可窥探一二，比如"原本营销"的"原本"，究其源，探其本；"鲜誉"之"鲜誉"，这些名称的背后都蕴含着深刻的哲理，但简明易懂，意蕴深远。何总的善于思考和总结更不必多列举，就像他带给我的这本书稿，是一个很好的水产行业互联网和社群营销的经典案例，同时也是水产行业运用"供给侧改革思想"的最佳实践。它强调了"从生产到需求"的"用户思维"，同时也是对如何"触发需求"的经济新常态课题的深入阐释和拆解。此外，它还重申了"对于真正立足于满足市场和消费者需求、真正将消费者放在心中的生产企业和供给者而言，需求是永远存在的，如果需求不存在了，并不是真丧失了，只不过是暂时地潜藏或被抑制，需要重新触发"这样的深刻思想。这些思想，显然是今天这样一个低迷形势和产能过剩背景下极其可贵和有价值的思想，需要企业决策者格外地警醒、铭记和践行。

何足奇还是一个勤奋的人。这些年，愈发"火爆"的他，咨询、讲学、考察、交流，创立鲜誉，做战略，带团队，忙得不亦乐乎，可他仍然"著作等身"，心系全国水产，坚持每年认真编著《中国水产发展蓝皮书》，用心指导整个水产行业，胸怀责任和使命，可敬可佩。

你我皆有来历，上述三个特质决定了何总在水产行业的巨大影响和鲜誉所获得的巨大突破和成功并非偶然。作为他的兄长和好朋友，我衷心地祝福他能在水产行业里开辟新天地，跨越一个又一个巅峰，在和水产行业龙头企业与企业家的良性协作、互动中，带领和推动整个水产行业进入移动互联的新时代和新阶段，为转型期的更多有集体性困惑的水产人指明方向和道路！

水产小世界，"鲜誉"大舞台。

2016 年 2 月 15 日

战略触发，对接未来

都说趋势大于优势，于是大多数企业选择了跟风或跟进，大多数企业更加关注数量和规模。对于机会、速度、规模的过度关注，尽管短期内也会给企业带来更多的名气、影响，甚至是现实利益，但却会在不经意间忽视企业的经营特色构建，影响长期的效益与业务的稳健性。

大多数水产龙头企业都走进了这个陷阱，并且忽略了企业的核心竞争力——这个最本质的战略力量的锻造与沉淀。

这几年，在消费互联网的喧嚣中，战略几乎被屏蔽了，而铺天盖地的都是法与术。

互联网时代最大的特征是整体性、协调性、一致性的统一与平衡，但是绝大多数企业或者个人在这个时代失去了整体性、协调性和一致性。于是，焦虑与浮躁、凌乱与冲突严重影响了企业的发展。

企业出现问题，或者找不到出路，主要原因是在产品的营销层面，整体性、协调性、一致性出现了严重的问题，导致绩效不佳，瓶颈突显。

第一，整体性、协调性、一致性实际上是战略问题。因此，战略很难，但是很重要。在不确定的时代，无论多么眼花缭乱的招式背后都需要战略系统的支撑。没有战略的"谋"，所有的热闹都是表象，都是昙花一现。

最近业界都在讲鲜誉的案例，其实鲜誉这一年这么多看起来毫不相关的动作背后，是完整的商业逻辑和战略设计，这个设计是在运作这个项目之前就已经定型了的。**对接未来，需要用战略去触发、去对接、去应对。战略越精准、越犀利，成功概率就越高。**所有的发现、分享、连接、互动、击穿的背后，都必须遵循战略逻辑：构建产销一体、产消一体的社区，构建碎片式需求的价值链。也就是说，企业的运营动作的后台系统实际上是价值收割机或收纳箱。如果你无法构建起与前台动作相匹配的服务系统、智造系统，那么所有的动作都是碎片化的、无法串联起来的，无法实现从 0 到 1 的升华。

第二，如何在战略触发的基础上对接市场？我的感悟是：**从消费者生活方式入手，要触发、要适应、要服务、要坚守，而不是一心想颠覆、想迭代。**信息时代让我们所处的世界变成一个个不断更迭的部落，这些部落最大的特征就是不确定、凌乱。营销已经从冷兵器时代升级到核战时代，这也是诸多企业不适应的重要原因。冷兵器时代要做强、做大，就要做产业链。但是核战时代，产业链被肢解得七零八落。于是，新的趋势出现了——产品链、产业价值链。

比如 2016 年的海参产业，实际上非常难过，巨头举步维艰，中小企业生死未卜。海参卖不出去，海参专卖店大量地关停并转。为什么卖不出去？因为几乎所有的海参企业，产品链还是十年前的老三样，无法对接市场，无法走进提档升级的消费市场，更谈不上走进用户的生活方式。

在需求变化中，实际上隐藏着产品链的提档升级。为什么鲜誉发展得这么快、这么火？我们其实不仅是在做产品，还是在用产品链对接不同的细分市场，对接不同的用户社群。

当你看到产品链的价值时，就不会去叫嚣颠覆了，你必须老老实实地坚守做品质、做价值、做服务、做圈层的原则，在坚守中等待春暖花开、时光静好。

当你用提档升级的产品链构建起需求链，反向整合供应链时，你就构建起拉动产业链的新消费圈层。传统的产业链运营是纵向的供应链，而当时当下的产品链运营是由需求价值链集成的横向产业圈模式。以前讲链条，现在讲圈层。如果能够理解这种变化，那么企业的运营方式就会发生深刻的改变。也就是说，对接市场需要用产品链来创建价值产业圈。这个圈层是共享型的，是一个和谐的商业生态，而不是你死我活的厮杀。

第三，战略触发、对接未来，我们需要对商业常识和企业本质，以及线上、线下大融合的趋势有着精准的判断。社会存续的基础是人和人之间的关系；产业发展的逻辑、企业运营的逻辑，还是人和人的关系。在信息时代，移动互联最大的作用也是改变人和人之间的关系，这是商业模式创新、战略创新、运营创新的原点。

哪些行业适合应用互联网来改造、来精进？供应链层级越多、中间商越多，应用互联网去中心化或者借道的操作空间就越大。另外，上游的企业越分散、集中度越低，互联网企业的机会就越多越大。但是，传统产业的产能过剩是制约企业成长的最大瓶颈。因此，新模式出现了——刘春雄老师着力研究的 B 端。

在一个产能严重过剩的产业搭建起 B2B 平台，这样才有可能聚合下游买家的力量，重新定义渠道、重新设计连接模式、重新定义各利益方的角色，这是 B2B 电商最大的商业价值，也可能成为未来一两年最大的风口。目前在快消品行业不断掀起的渠道整合、终端整合的浪潮，就是这种商业模式的典型表现。

实际上，这种模式也就是产业互联网。从去年到今年，我们一直在水产业讲解、演绎和实践产业互联网。**产业互联网实际是在线上构建产业生态圈，在线下经营服务能力，并形成产业生态圈。**为什么水产企业大多在消费互联网上损失惨重、铩羽而归？问题就出在线下的经营服务能力屡弱上：水产品的产品特性、消费体验的重要性注定了这个产业必须从 C 端转移到 B 端。对很多传统企业来说，消费互联网抓用户、拼流量不是真实的生意！

如果当电商日益沦为媒体、沦为盘剥者时，我们需要回归真实的生意，回归为什么做企业、应该做什么样的企业这个原点上来。**真实的生意是有温度的人和人之间的关系，真实的连接是有温度的触发。**在信息时代，无非是重新定义产品逻辑、渠道结构和推广方式，是循序渐进地解决产业、企业、客户、用户的痛点与痒点。

因此，在水产业，"互联网＋"到底是加西瓜，还是加芝麻，这是战略选择。实际上，无论是互联网企业还是传统企业，现在的边界越来越模糊。关键你的基因是什么，你的企业逻辑或产品逻辑是什么。产业或者企业能够生存、发展，需要专注于具体商业问题的解决能力，而不是其他。

回归企业本质，回归到人的本质上来，去除魔障，强化解决问题的能力，这才是生存与发展之道。面对 2016 年，互联网已经开始进入理性发展阶段，逐渐进入产业与企业发展的深水区。

谁更理解产业、更理解市场、更理解用户，互联网可能引爆的潜力和造就的财富就会更惊人。当喧嚣的互联网泡沫渐渐退却，我们发现很多人在裸泳；当贴着先进生产力标签的互联网代言人摔得粉身碎骨，我们发现传统大叔还是有积淀、有内功的。只要我们保持年轻的心情、高昂的斗志，跑步飞奔到新市场，春天正在向我们走来。

2016 年 1 月 28 日于鲜窝壹号

目录

第一章　产业重构来势汹汹

第一节　产业重构下的中国水产生死劫 / 003

第二节　重构产业发展模式 / 005

第三节　重构产品，提档升级 / 008

第四节　重构渠道，全网营销 / 013

第五节　竞争重构，弯道超车 / 016

第六节　重构用户，圈层营销 / 019

第七节　重构布局，撒豆成兵 / 026

第八节　战略重构，赢得下一个十年的筹码 / 030

第二章　触发：产业互联网

第一节　什么是产业互联网 / 035

第二节　产业互联网：水产业的最大风口 / 038

第三节　产业互联网：从粗制滥造到精确智造 / 043

第四节　产业互联网：从空心品牌到价值品牌 / 047

第五节　产业互联网：从野蛮产业到精致产业 / 048

第六节　产业互联网：激发市场潜能 / 051

第七节　产业互联网的原动力 / 054

第三章　触发需求链，整合供应链

第一节　从需求到需求链 / 060

第二节　触发需求，从分析开始 / 064

第三节　构建需求链 / 066

第四节　需求分段 / 070

第五节　触发需求 / 072

第四章　用产品链接用户

第一节　产品是抓手，是连接用户的触媒 / 087

第二节　产品到底是技术问题还是战略问题 / 089

第三节　营销的本源是产品 / 092

第四节　产品就是需求 / 094

第五节　如何锻造创新产品 / 098

第六节　从爆品到价值产品 / 103

第七节　释放渠道红利 / 108

第五章　从社群到社区的营销升级

第一节　从传统营销到互联网 + 营销 / 120

第二节　迎接水产业的社群时代 / 124

第三节　营销是供求关系构建的基础 / 129

第四节　从社群到社区 / 134

第六章　鲜誉新营销样本

第一节　鲜誉海参战略样本 / 138

第二节　鲜誉的社群营销方法论 / 157

第三节　鲜誉海参、海鲈鱼设计样本 / 168

第四节　鲜誉海参、海鲈鱼内容智造样本 / 175

第五节　鲜誉海洋科技互动推广样本 / 218

第六节　鲜誉海鲈鱼实战营销模式 / 220

第七节　鲜誉 2015 年大事记 / 224

结　语 / 237

第一章
产业重构来势汹汹

东西方哲学思想的内核就是拥抱变化，创造变化。没有一成不变的行业，没有一成不变的产品，没有一成不变的组织，没有一成不变的未来。变化意味着放弃和选择，变化意味着接受与包容，变化意味着尊重和理解，变化意味着在经过充分准备和严密论证之后，开启异想天开的旅程。

最近两三年，传统产业陷入低迷与困惑。最关键的原因，就是产业环境和市场环境、消费环境正在发生剧变。传统产业正在迎来以变化为主导的发展拐点，对于这种变化，认知越深，越能够洞见未来的光明。

对于"变化"，企业家在相对时间和环境里将变化挖掘得越多、越深，对未来的分析与预判离真实的变化就越近，企业家的决策就越科学，越容易到达彼岸。拒绝思考，或者一知半解，或者认定变化与己无关而拒绝变化，其代价就是成本暴增，弯路漫漫，继续支付着试错的代价。尤其在移动互联时代，如果感知不到或者跟不上变化，过去的成功将成为埋葬企业的坟墓。

第一节
产业重构下的中国水产生死劫

当前，中国水产的几大上市企业都是通过资源、政策与产业链的整合完成资本积累，进军资本市场。如果说这些巨头属于中国水产发展的第一阵营，那么在移动互联时代，当资源、权力、寻租、投机等各种不正当的、利用信息不透明机会赢得的上位机会失去后，第一阵营的水产巨头进入夕阳模式。其中有一点是显而易见的，水产业实际上呈现一种弱平衡状态，上市公司可能不如个体户。因此，在产业重构、市场巨变中，水产企业一方面面临生死劫，另一方面迎来了百花齐放、百家争鸣的发展春天。

不同行业的营销模式，在内涵和外延上都发生了巨大的变化。水产品如果套用马云的模式和节奏市场就会更乱、品质更次；如果套用刘强东的模式和节奏，那么一半水产企业必须为另一半水产企业做物流，物流还没做好，鱼虾都臭掉了。其实，水产业有其固有的产业特性、产品特征和季节因素，但在产业重构中，每一个产业链节点都潜藏着营销的千载良机，并由此提出今天我们的主题：产业重构下的水产营销。

当所有的传统产业都在迁徙前往数字星球的路上时，营销的定义发生了巨大变化。"互联网＋"状态下的水产营销到底是什么、不是什么？水产品是什么？我们首先要准确地定义什么是水产品。

消费者对于水产品的理解是海鲜、河鲜、湖鲜，是高品质。在移动互联这个触媒的催化作用下，水产品正在从"尝鲜""猎奇"需求演进为品质生活的必需型需求，需要从消费者、市场的变化中，洞察水产品对消费者来说意味着什么的变化。消费者在水产品的选择中，只会选择"买鱼""买虾"，或者"吃海鲜"，而不会指名道姓地说："我要吃哪个品牌的某某鱼。"怎么会这样？这种现象说明了一个问题：水产企业不会做认知！不会做产品认知，不会做品牌认知。

水产市场的总量在放大，消费者对水产品的品质需求在提升。人们对美食美味不断升级的需求正在成为水产市场重构的催化剂。水产品再也不是"海鲜"或者"河鲜"，再也不是尝鲜的体验，而是补充蛋白质、追求品质生活的一种必需品；成为消费个性展现、生活品质彰显的必需品。因此，**水产企业的营销着眼点要从提供选择升级到提供需求，要从产品展示升级到产品智造，要从品类销售提升到品牌识别，要从渠道流通提升到全网覆盖等层面上来。**

在水产业粗放成长时代，营销就是产销调度，就是产销一体；水产的深度分销是由于渠道商的崛起而触发的。这个时期，水产营销实际上是资源要素的组合。谁组合好了资源要素，谁把货铺得更广更深，谁就胜出。獐子岛从 2008 年度到 2010 年度的品牌、营销业绩飞跃时，用的就是"资源要素的组合和整合"这个工具。当水产业进入移动互联时代，营销的内涵和外延发生了翻天覆地的变化。

移动互联时代，消费者对水产品的需求呈现碎片化、精品化、便捷化、调理化、个性化等趋势。因此，移动互联时代，水产营销的定义是：必须精准地洞察细分市场，洞察各种碎片化需求，并努力建立起与顾客连接的适配系统。移动互联时代的水产营销就是要做出"傻瓜式"的便捷产品，给客户提供真正需要而又不必去选择的产品。

在移动互联时代，营销的首要任务是用全新的观念来审视产品和顾客的关系，审视初级产品的批量销售和精深加工产品的精准推广的关系，审视散点市场和局部社区市场的关系。如果能够精准地抓住这些"关系"，将抓住水产营销的要害，也就能够洞察并抓住市场的先机。如果不能，那就进入生死劫。

在全新的战场，营销必须从消费情境开始，必须从顾客心底深处的潜在需求开始，而不是从鱼塘边、加工车间、冷库里开始。在产业重构中，我们需要在重叠的部分寻找增量，寻找新的、更厉害的东西，而不是简单地重复旧套路、老节奏。针对痛点，打碎、重构、融合、创新，构建新的业态、新的方法，新的团队、组织、流程和技术手段。

第二节
重构产业发展模式

在水产业的发展进程中，产业竞争力研究一直滞后，产业规划、产业组织严重匮乏。全国仅有几个半官方组织，如中国渔业协会、中国水产流通与加工协会、中国远洋渔业协会等组织串联起行业，担负着产业松散型组织的职能。在不同的细分产业，各类利益群体组织的协会基本上只能起到交流信息、整合资源、担保融资的作用。在传统产业遭遇过坎爬坡的转型期，对虾产业剧烈波动、鲍鱼产业苟延残喘、海参产业遭遇寒流、大黄鱼产业面临困境。产业规划、产业组织的严重匮乏与滞后，严重制约中国水产业的发展。

十多年来，鉴于海洋渔业资源严重衰退的现实，我国把发展水产养殖业作为优先战略。水产业的上游产业链在全国各地迅猛成长。"中国对虾"养殖始于20世纪初期，因其利润空间和出口换汇潜力较大，很快就发展成一个遍布全国沿海地区的产业，直至1993年崩溃。随后，海湾扇贝、栉孔扇贝及其他一些种类，都发生过局部海区过度养殖致大规模死亡的情况。

从捕捞业来看，我国"四大家产"中的大、小黄花鱼和墨鱼早在20世纪50年代后期就遭过度捕捞，至今未有恢复的迹象。随后渤海的"中国对虾"、多年生底栖鱼类和原先并不作为目标鱼种的鳀鱼先后遭到过度捕捞，大部分种类目前都处于"商业灭绝"状态。黄海和东海渔业的情况也不乐观。近年来，沿岸排污，以及石油平台、海上运输等陆上过度活动对海洋渔业亦产生"雪上加霜"式的影响，彻底摧毁了近海鱼类的生存空间。

水产上游产业链的盛衰循环，地方政府难辞其咎。当许多种类的养殖技术趋于成熟、苗种供应相对充足、市场需求旺盛、行业尚未形成有效的自律机制时，"过度养殖"就已初露端倪。这时，地方政府本应扮演"刹车者"的角色，却发挥了"加速器"的作用——为追求政绩而扩大养殖面积，或"为收费而发证"，积极推动"过度养殖"驶上了快车道，开到了悬崖边。

在水产业，"过度捕捞"源自产权不明；"过度养殖"源自只知"加油"，不知"刹车"。它们的背后有一个共同问题，即顶层设计和监管制度的缺失。长期以来，水产业在技术研发上做了巨大的努力。但是，每一项被广泛采用的新技术几乎都会带来新一轮"盛衰循环"，因为诱发其发生的制度环境始终没有改变。换言之，是顶层设计的缺陷和制度短板导致了中国水产业"发展→过度发展→衰退或崩溃"的循环史。大黄鱼产业、海参产业、对虾产业、鲍鱼产业的困境，无不如此。

近年来，在政策不断吹来暖风的水产业，各地掀起了海洋牧场、水产加工、品牌创建的热潮，这一轮的产业发展同样欠缺产业布局、产业规划、产业组织，被大批水产龙头企业套用的全产业链更多地沦为跑马圈地、资源占有的伪命题。全产业链早在19世纪就已经开始应用，在20世纪60年代的全球产业化浪潮中，欧美、日本等国家和地区就已经形成了完整的理论体系。中粮集团在2009年年初提出"打造全产业链"的构想，才兴起了国内经济、管理学界对"全产业链模式"的激烈争论和探讨。全产业链因其具有产业环节的可控性、食品安全可追溯，一时间成为诸多水产、农产品企业追捧的对象，成了国内众多水产企业对外宣传的口号。

在水产企业的全产业链模式中，覆盖种苗、饲料、养殖、加工及销售为一体的全产业链模式，充分整合产业链上下游的资源，实现经营的集约化和规模化，是众多全产业链水产企业的愿景。但理想很丰满，现实很骨感——大量的全产业链企业纷纷被庞大的存货拖累甚至拖垮。

从产业分工及企业的竞争力层面而言：企业不可能去做好所有的事情。企业要包揽整个产业链，就要对每个环节进行有效控制，跨度很大，难度也很大。从产业链整合的角度看，全产业链可以划分垂直一体化、横向一体化的发展模式。而国内水产企业在全产业链的道路上主要以垂直产业链整合来构建全产业链战略。比如獐子岛、壹桥苗业、好当家、国联水产等，通过多年的打造，构建了相对完善的垂直产业链体系。从营销层面而言，品牌的竞争力源自企业的核心竞争力，源自产品带给消费者的体验与感受。当前国内水产企业在品牌营销层面最欠缺的就是对市场、对消费者的认识，而不仅仅是将产业链当广告、做卖点来传播。

全产业链的核心不在于打通产业链的各个环节，而在于价值产业链的驱动力高低，从而带动产业链整体价值的提升。因此，产业竞争力的高低强弱不在于做大做全，而在于是否拥有价值产业链。

全产业链实际上是企业垂直一体化战略的时尚表达，从可追溯的产品品质而言，全产业链是中国水产龙头企业的发展方向，但是对于产业稚嫩、管理稚嫩、营销稚嫩的中国水产业而言，全产业链可谓征途漫漫。管理大师彼得·德鲁克说："今天的国际竞争已经不是企业的竞争，不是产品的竞争，而是进入到了一个前所未有的、一个全新的产业链的决战。"从水产业的发展态势可以看出，在未来的市场竞争中，谁在产业链中占有更大的优势，谁就将在市场竞争中拥有更大的"话语权"。

中国水产企业大多采用垂直一体化模式来实现成长。垂直一体化的链条越长，对水产企业的管控能力要求就越高。于是管理学里的牛鞭效应就出现了：鞭子源头一甩，鞭子的末梢会出现大幅度的波动。链条越长，上游的波动就越显著地影响到下游，不同产业链的竞争变化也会影响到整个产业链条。具有核心竞争力的水产龙头企业实践证明，垂直一体化是有条件的，是特定时期的特定战略，而企业的核心优势在于精耕细作产业链中更具效率的关键环节、关键战略。忽略企业核心竞争力，忽略产业竞争和市场空间的存在周期，盲目把全产业链垂直一体化当成行业稻草是一种误区。当然，不同的产业，全产业链有不同的表现形式，但是全产业链肯定不是"假大空"，而应该是体现企业核心竞争力的一种战略，一种企业运营、发展的模式。

因此，对于转型期的水产企业而言，聚焦扁平化的产业价值链构建更有利于企业构建核心竞争力。水产业在上游行业和中游行业集中度高，关键性市场资源和营销技术却极为缺乏。现在市场上的水产品深加工程度不高，产品相对单一。大多数企业都看到了下游市场的诱惑，千军万马想过独木桥，向下游延伸，直接面向消费者，打造终端产品的品牌和营销；还有一些企业倾向于主力产品的"自给自足"，以防止产品供应不稳定而导致的竞争被动，于是很多企业变成了"小而全"的全能企业，导致资源分散，顾此失彼。构建扁平化的产业一体化战略有利于企业在品类市场或者特定的产业价值链形成核心竞争力。

第三节
重构产品，提档升级

有些披着"高大上"外衣的所谓爆品都是空心品牌，或者是两张皮——品牌和产品完全割裂。在水产业，绝大多数企业对于品牌和产品的理解是有偏差的。中小企业又严重漠视品牌，产品初级。

农产品、水产品的品类特性注定了它们的产品属性远远超越品牌属性。有人说："再怎么包装，它不还是鱼和虾吗？"可见，过度包装不对，但产品没有好包装也见不得人，这一点国外的产品内涵和外延拿捏得恰到好处。落地的品牌往往根植在消费者心中，形成了品牌忠诚。

从水产品或者农产品的品牌现象观察，产品个性或产品差异化的价值远远高于品牌形象。这里就诞生了一个新名词——产品品牌。产品品牌这个概念可能更加符合水产品的行业特征，更加吻合水产品的品类特质。

当新世代已经成为主力消费人群时，产品换档、市场提速是当时当下消费结构调整的重要表现。当前的消费主力已经由80后、90后主导，如果我们还拿着十年前的产品卖给他们，他们能接受吗？

提档时代的消费特征

提档时代，消费主义、族群消费盛行，市场产生了结构性的变化。这样的市场有几个值得关注的重要的消费特征。

第一，他们是物质安全时代的新人类。他们和60后、70后最大的区别在于出生成长在一个物质安全的时代，而不同于前人的物质匮乏时代。在物质安全、资源充裕前提下成长起来的新人类，对物质财富的理解、社会形态的认识、灵魂自由的追寻、个性体验的重视，都将汇聚成强大的潮流力量，并最终改写商业生态。

第二，快乐观发生了极大变化。他们是不跟团旅游、玩FB、泡在手机上的社交一族，他们的快乐需求与前人迥异。越来越多人的价值观中，都会把扫去物质追逐过程中的迷茫与焦虑置于首位。人们渴望得到足够的休憩，渴望与家人有足够的共处时间，渴望拥有随性而轻松的体验，渴望有志同道合的精神伙伴，渴望得到聆听与关切，渴望心理上的自主与强大。这些都被纳入现代快乐观的条目中，而无关物质财富的数量堆积。由此，我们可以理解以社交和自我表现为主的微信、微博为什么那么火爆。

第三，消费成为一种个性、一种表达方式。消费已经越来越超越简单的物质需求，而成为人们的存在方式，成为人们的心理安全的保护机制。人们把消费本身作为树立个人形象、反映精神世界、发布个性宣言的方式。借助消费，他们表达对自由选择的渴望、流露对个人幻想的追求、展现对品质境界的向往。

第四，个性表达与C2B。新消费人群正在运用各种方式，表达自己作为独立个体的真实存在。从T恤衫上印制的个性话语到偏爱物品的DIY改装，从网上订购家具到购买小众物品，新世代族群的个性诉求之强大，已经从根本上颠覆了以标准化为标志的20世纪商业逻辑。移动互联网的出现，成为当代人最能够展现自我生命价值的主阵地。从在论坛上晒晒自己的私密到QQ中的亲密群体，从微信中极富创意的作品到电商社区中温馨可爱的小店，"我"已经作为一个重要的主语，成为这个个性化时代最强劲的诉求表达。这种潮流体现在消费上，通常用C2B来描述，或者称之为定制化消费。

第五，一切商业皆娱乐。以《中国好声音》《我是歌手》《快乐男声》等为标志，娱乐现象快速流传的同时，也暗示着现代营销与传统营销的分野，提醒着所有人已经身处泛娱乐的时代。商业娱乐化、娱乐商业化已经成为现代社会的主要风景之一。马云、马化腾、雷军、董明珠，不管是互联网大佬，还是传统大妈，都成了娱乐明星。娱乐日益充斥于商业空间的各个角落，越来越多的商业理念需要寄托于娱乐形态表达，越来越多的消费交互需要嫁接于娱乐传递，越来越多的商业价值倚赖于娱乐模式实现。

第六，当时当下主流消费者的核心需求是什么？这一代消费者的需求可以表达为：我要购买那些能够带给我个性化生活的东西，我要购头那些能够让我实现心理自主的服务，我要购买那些能够让我创造自己、了解自己、成为自己的东西。这就是消费主义。

产品时代的难题

水产业哪些产品可以满足上述要求？几个企业真正重视新新人类的消费？哪个企业会玩 C2B？**当时当下消费浪潮与简单标准化、过分功利化的商业之间的裂谷，将掀翻很多传统企业，这种掀翻在水产业更加普遍。**

以科学管理为标志的现代大规模工业，为现代社会创造了无尽的物质财富的同时，也使每个人成为"标准化"的商业目标。但是，以个性精神复苏为标志的当代社会理念越来越鼓励人们挣脱标准化时代的被动商业消费者的命运。现在的消费者越来越不满足于"被安排"的命运，他们希望得到真正的尊重与信任、自己的声音得到真诚的聆听、自己的心理得到深度的支持与庇护。

规模性工业时代的基础商业逻辑，与移动互联网时代消费者的心理诉求出现了明显裂谷。**一方面，我们要正视移动互联网时代消费浪潮的惊涛拍岸；另一方面，大规模制造的逻辑统治商界已达一百年之久，绝大多数的企业资产、流程、战略、思维模式乃至价值观都是为大规模制造而生，两者之间的断裂显而易见。**严格地说，移动互联网属于所有人，不是移动互联网颠覆了谁，而是受制于传统观念的企业被移动互联网化的主流消费人群所抛弃。所以，要么适应，要么被边缘化，或被颠覆，或被淘汰。

这是一个摧毁你，却与你无关的时代；这是一个跨界打劫你，你却无力反击的时代；这是一个你醒得太晚，干脆就不用醒来的时代；这是一个不是对手比你强，而是你根本连对手是谁都不知道的时代。在这个大跨界的时代，只有你不断更新思维，才能立于不败之地。

这样的市场环境和消费情境，我们的水产品如果还是麻木地养，麻木地缺斤少两，加药、加冰，让初级、粗糙的产品在市场上流通，其实是自己给自己判了死刑。2015 年，品牌蟹全面遇冷，伴随品牌蟹寒潮的是大众蟹的繁荣，连四川地区都大规模养蟹了。看天吃饭、简单的、粗放型的产品不具备换档的驱动力。传统意义上的初级水产品，在市场变局和消费需求的悄然变化中渐渐失去了销售力。

触发用户，智造产品

在消费升级、城镇化进程和消费人口变迁、年龄变化等因素的推动下，水产品的精品化、料理化的趋势越发明显。这种精品化并不是价格意义上的高端精品，而是相对于粗放型产品、简单加工而言的产品升级。消费者的美食和个性需求，将推进水产业的产品结构向精致化、精细化、高科技、高品质、富含美食文化元素等方向升级。企业不能再沉迷于初级原料产品或者低价产品，要多关注精品化产品的消费价值。

水煮汉虾是国联水产在2008年推出的创新产品。几年后，这个创新产品已经成为一个典型的便捷化品类。国内有几百家企业在生产水煮汉虾。水煮汉虾的品类价值被瓜分，跟当年旭日升冰红茶的陨落很相似。现在旭日升没了，统一、康师傅把冰红茶做到过百亿元。为什么会出现这样的现象？原因很简单：国联水产缺乏整体营销能力，缺乏对渠道、对用户的整体掌控，从而导致在产品创新到品类成型的进程中的价值流失。

水产食品的消费者购买行为表明，冲动型购买占相当大的比重。因此，产品本身的推广动能对消费者的冲动购买将起到决定性的作用。在水产品这一新特性中，品牌被最大限度地忽略，而产品生动化、诱惑力成为消费者购买的唯一理由。因此，产品推广的常态化、即时性和推广花样将成为终端营销的关键要素。

十亿也好，百亿也罢，单纯的原料或粗加工的水产品，在中国散户为王的市场中很难成就霸业。但是，水产品一旦进入食品领域，就进入了快消品的营销范畴。水产品的快消特征在这几年的发展中越来越明显，一方面，快消品巨头加快对水产原料整合、利用的进程；另一方面，消费者需求迫使水产企业进入快消品领域，直接面对消费社群。

所以，产品提档要回归产品原点，从市场环境和消费需求的变化中重新定义产品，从产品结构、渠道结构、终端结构、价格结构、消费社群结构、团队结构、策略结构等层面寻找启动用户需求的按钮。这个再定义的过程就是产品智造。

我们所在的行业很少有决策者或者运营团队真正关心以下问题：

（1）为什么要推这个产品？

（2）这个产品在企业整体产品群中的作用与价值是什么？

（3）产品内在的特质或优势是什么？

（4）产品的核心卖点是什么？产品广告语够不够吸引眼球？

（5）外包装的亮点在哪里、记忆点在哪里？能否打动消费者？

（6）产品的营销推广模式、销售模式是什么？

这些问题，其实是基础问题。而基础的基础是谁来负责产品的营销，有没有团队支撑。再深入一步，提档升级的产品智造还要思考以下问题：

（1）产品如何定位？产品的品牌策略是什么？应该如何实施定位？

（2）产品命名的创意如何？

（3）产品是否有机会开创、代表或抢占一个品类符号的位置？

（4）产品能否有更高的溢价空间？支持这个溢价空间的因素是什么？

（5）产品要不要成为身份的象征？或只是做宽泛的场景定位？

（6）如果竞争对手推出同样的产品，怎样应对？

（7）为什么短命的产品很多，能持续销售的长寿产品很少？

因此，移动互联时代的提档产品，它的定义不是单纯的生产或实物形态，而是消费价值、用户价值的体现，是消费关系建立的抓手。弄清楚这个课题，我们的产品思维将发生翻天覆地的变化。弄清楚这个课题，我们再也不用担心开发一款产品会被人模仿，打造一个市场会被人偷袭，开辟一个渠道会被人控制。产品智造是供求一体化的抓手，产品智造是用户体验的媒体，产品智造是驱动营销升级的尖刀。

第四节
重构渠道，全网营销

在水产业，与快消品重视渠道终端不同，很少有企业认真研究渠道。超过90%的企业无法掌控渠道终端利润，也不知道产品到底去哪儿了。

原料型水产品的渠道界面，以中介、批发商、终端零售商为主，市场掌控在流通商手中；精深加工水产品的渠道界面，以餐饮冻品配送、批发或商超终端为主，渠道话语权掌握在区域经销商手中，以区域内的冷链配送为基础；中高端水产品以专卖店、礼品专业店形成界面，但是销量低，在遭遇限制三公消费的进程中受到重创。

以"产定销"的行业特性所形成的渠道界面，让水产企业几乎无法掌控渠道，更谈不上渠道运营。渠道商或终端商对产品形成了一种严重的价值遮蔽。流通渠道、餐饮或者走货量大或者附加值高，让水产企业又爱又恨，但是自己又无力对接。对于绝大多数水产企业而言，它们更加习惯简单、粗暴的产销组织，而无力构建具有持续价值的渠道终端网络。因此，大多数水产企业对于渠道是又恨又爱——如果全力发展，利润就拱手相让给终端，还要冒着收不到货款的风险；自建渠道终端，成本和管理都是企业面临的巨大挑战。虽然专卖、专柜和网络营销的出现将渠道和终端进行了融合，实现了渠道终端一体化，带来了水产渠道界面的升级，但几乎所有的水产企业由于渠道基础薄弱、渠道控制力缺失、终端推广能力低下等因素先天不足，在面对渠道升级时要么全盘押宝电商，要么踟蹰不前，错失界面升级良机。

正因为如此，我们每年都在国际渔业博览会上看到一些水产企业豪赌式的品牌推广。或者大摆筵席吃大餐，或者面对一群来自全球的所谓采购商放焰火，烧钱之后毫无实效可言。对绝大多数水产企业而言，渔业博览会似乎成为它们拿订单、走向市场的唯一通路。客观地说，在水产业真正懂营销、会营销的企业不多，业内也缺乏良好的营销氛围和市场圈子。企业与国内流通商、餐饮供应商及全球采购商之间仅仅是博弈的关系。所以，才出现打着推广旗号、披着虎皮卖货或者贴上互联网标签的所谓专家在业内大行其道。

封闭、固化、惯性运行的水产渠道，从 2013 年起受到了严峻的挑战。流通渠道在整合中崛起，优胜劣汰，发展成诸多的水产超级经销商。零散但数量庞大的高端水产品专卖店网络，2014 年海参、鲍鱼在全行业低迷的市场环境中伤痕累累，迎来了专卖店倒闭潮；2015 年海参、鲍鱼专卖店转型、倒闭的比例在 60% 以上；生鲜电商渠道迅速崛起，喵鲜生、顺丰优选、美味七七、我买网、本来生活等生鲜电商巨头打响了新一轮的上游产品整合战役。传统的水产营销界面，通过总经销、二级批发商等渠道环节很难实现销量增长，反而在渠道上形成费用压力。随着渠道的细分和终端渗透，寻找新的营销突破点和着力点成为所有水产企业的共识。面对市场和竞争格局的变化，几乎所有的水产企业都在谋求重构渠道界面，建设高效、畅通的复合渠道。

传统渠道界面与互联网时代消费者主导界面之间的断层和冲突，决定了传统渠道的命运——要么转型，要么寻找一块细分市场生存，要么退出。但在水产品的渠道终端，主流客户一般由餐饮、单位食堂或产品的重度消费者构成，对渠道终端的依赖性强、忠诚度高；传统的冻品、鲜活品、冰鲜品的区域化现状很难打破，因此渠道红利仍在。准确地说，基于信息不对称的渠道界面，已经无法适应上游企业及市场生态链的升级需求；基于信息不对称的渠道模式必定走向衰亡。

李嘉诚先生早年曾经说过："渠道是一个企业生存的重要因素。"在水产全行业渠道重构的汹涌浪潮下，水产品的商业市场更加倾向于依托传统渠道之上的网络化与电子化的进化；消费者更倾向于通过网络和电子信息工具认知产品、购买产品。因此，依托网络推广平台汇聚快捷的信息反馈和广泛的客户资源，将企业的线上渠道、线下渠道、各社交网络平台、自媒体等与顾客建立起来的关系整合起来的新界面，将成为水产企业渠道升级的主要方向。

在行业转型升级的拐点，撇开传统渠道谈电商或者撇开电商做传统渠道都是不可取的。电商的发展永远都离不开实体渠道、终端的分销；传统渠道商、终端商目前暂时还不具备融合线上、线下资源的能力。因此，企业要完成线上布局，实现O2O战略，要么倒逼传统渠道、终端升级，进行渠道界面更新；要么放弃传统渠道，重构渠道界面；要么循序渐进，提升现有渠道终端的运营能力。

对于水产业的线下渠道和线上营销，我将其比喻为瓜与瓜籽，这样对于瓜与瓜籽的资源分配一目了然。瓜要种好，瓜籽要优选，要播种。如果只摘瓜，那么总有一天瓜会摘完；如果只有瓜籽，无论是放到什么风口都不会飞起来。线下渠道终端是瓜，线上营销是瓜籽。从瓜籽到瓜，还要经历土壤、气候、施肥、浇水等过程才能瓜熟蒂落。只有针对线下渠道终端的补缺、升级、驱动，才能唤醒渠道和终端巨大的红利，才能支撑起以产品为核心的食品化品类大厦。

第五节
竞争重构，弯道超车

德鲁克有两段话非常经典：关于企业的目的，只有一个正确而有效的定义：创造顾客……任何企业的目的都是创造顾客，任何企业都有两个基本功能，而且也只有这两个基本功能：营销和创新。这两个功能是具有企业家精神的功能。

企业家从事创新，而创新是展现企业家精神的特殊手段。创新活动赋予资源一种新的能力，使它能创造财富。事实上，创新活动本身就创造了资源。人类在发现自然界中某种物质的用途并赋予它经济价值之前，"资源"这种东西是根本不存在的。

崔和会长在湛江水博会上讲了"守法""安全"两个关键词，这应该是底线，如果企业连这个底线都没有，是无法参与争先赛的，只能参与淘汰赛。由于企业是社会的一分子，因此企业的目的也必须在社会之中。

在水产业进入弯道赛、争霸赛、淘汰赛、进位赛的竞争模式时，企业家精神是赢得胜利的核心力量。

弯道赛

为什么对于水产巨头来说是弯道赛呢？

已经形成市场份额、产业规模或品类市场的领军企业，面对自身发展瓶颈，面对市场变局的战略转型或者升级。巨头的领先优势在互联网时代逐渐丧失，保持领先的关键在于弯道超车。在这场弯道赛中，高端水产品企业压力巨大；弯道赛决胜的关键是企业家智慧和营销团队的创新能力。

对于水产业来说，这个课题非常重要。弯道超车有战略上的超车，有战术上的超车，其中发挥关键作用的是企业家精神——这里表述为企业家智慧和营销团队的创新能力。如果哪个水产企业拥有培育企业家的土壤，能够诞生企业家群体，那么弯道超车的胜率将达到100%。但在弯道超车中，必须提防冲出跑道。失向、失速或者在弯道中用力过度，是非常可怕的事情。

其实，对水产巨头而言，超越自我是一句正确的废话；企业或者企业家最大的对手是自己，也是废话。移动互联时代，要么埋葬，要么自我革命，彻底革命。

争霸赛

争霸赛将在品类之间、渠道入口与上游厂商之间引爆。这里需要更多的企业挺进细分市场、细分品类；需要更多的企业主动冲进市场，构建集合型市场的战略优势。

尤其在对虾、罗非鱼、蟹类、各种冻品、各类具备竞争力的差异化产品中，要敢于抢位、占位，借助低成本的社会化营销和渠道终端整合构建新的市场制高点。如果还是在粗糙的原料或者双低产品之间争霸，那么市场将进入新一轮的恶性循环。尤其在对虾产业，这种现象如果继续持续，消费者将远离国内对虾产品，转向消费品质更高、价格合适的进口产品。

实际上，国内对虾企业的散、乱、差，正在摧毁消费者对于对虾的品质信任和消费信心。

淘汰赛

淘汰赛在《新食品安全法》的颁布和打击走私的深入，以及产业重构中，将疾速上演。病入膏肓的巨头，以及以出口加工为主的水产企业，在这场生死攸关的淘汰赛中，大量的不具备市场能力的企业将直接出局，取而代之的是专业且专注于内销市场的，具备产品优势、成本优势、技术优势的企业，尤其是挺进上游的渠道商、终端商。

市场能力不是指你有多大规模、多少资金、多大产量，而是指你有没有过硬的产品、过硬的品质，是否具备引领提档升级市场的能力，在新一轮的市场重构中保持竞争力。

实际上，在这场前所未有的产业和市场重构中，中小企业，尤其是拥有市场能力的中小企业更具优势。

进位赛

对于中低端水产品而言，进位赛是一个难得的市场机遇。同时，对于大量的养殖企业、新进入的加工企业，以及大量的水产业屌丝级创客而言，进位赛是千载难逢的成长机遇。比如品味园香辣虾，在全新的品类市场进位，成长为一个新品类。很多中小企业都具备这样的产品，拥有进位的机会。充满创新精神的品类或企业，将成为这一轮产业重构的黑马。

很多企业家喜欢喊口号，提目标。战略是什么？百亿、千亿这些数字其实不是战略，只是目标。如果没有领导力、组织力的配合，没有产品体系和市场体系的支撑，这些都是空谈。

刘春雄老师是这样定义战略的：战略是经过严密论证的"非分之想"。比如虾，要做到百亿，至少有几个十亿的支撑，靠什么？几款单品？几个渠道？如何做到？这种经过严密论证的"非分之想"，是对行业与市场、企业与市场的准确度量，是对企业成长发展路径的精心设计，是对企业未来的精准洞察，而不是空对空的，缺乏资源、技术、品牌、市场、团队支持的妄想、幻想。只有逻辑严密、有理有据的"非分之想"才是战略；别人看起来是非分之想，你不但能证明它，而且能实现它，这就是战略。

每个人、每个企业都有"非分之想"，只要你有条件、有能力证明，就能形成战略！褚时健老爷子在八十高龄，就是要证明自己的"非分之想"，加上他的人格魅力、做事（做企业）的方法，激发了他的商业潜能，所以成就了充满传奇的经营神话。褚时健和褚橙都是不可复制的，但褚时健的企业家精神是可以复制的，务实、顺势而为的经营本质是可以学习的，这一点对于水产业而言，具有重大的参照价值。

第六节
重构用户，圈层营销

研究表明，当一个社会的人均收入在 1000 美元～3000 美元时，这个社会便处在由传统社会向现代社会转型的过渡期，而这个过渡期的一个基本特征就是社会的碎片化：传统的社会关系、市场结构及社会观念的整一性——从精神家园到信用体系，从话语方式到消费模式——瓦解了，取而代之，以一个一个利益族群和文化部落的差异化诉求及社会成分的碎片化分割。

洞察市场

这几年，很明显感觉到水产越来越难做。无论养殖、加工，还是市场销售，都感到危机。问题出在哪里呢？除了产业内在机理发生变化，产业发展逻辑出现变化外，市场和消费者的变化是影响生意的关键因素。

这两年，大量的进口水产品侵占中国市场，使市场末端和前端呈现出火与冰的两重天。抛开互联网的影响，我们从德鲁克营销创新的七条路径中发现：人口的变迁是营销创新的重要驱动因素。通过这个规则，我们发现：原先认为的目标市场、目标消费人群已经不复存在，主要原因就是人口的变迁。如果用刻舟求剑的停滞思维来看待目标市场和目标消费者，那么企业就会找错战场。也就是说，洞察市场变化，必须首先关注消费人群年龄结构的变化。其次，洞察市场变化，需要关注消费水平和消费方式的变化。温饱阶段的消费群体，肉制品的消费比例较大；小康或富裕阶层的消费群体，海鲜、河鲜或更具品质的肉制品的消费比例较大。做电商，要关注客单价——设计产品规格、制订产品策略都必须以客单价为依据。同样，在实体市场，客单价也就是价格带，是消费水平和消费方式的显性表现。最后，洞察市场变化要关注消费场景的变化。

消费人群和用户的变化，是海鲜消费市场最大的变化。这种变化，正在重构需求、重构市场、重构水产业的生产关系。因此，用户时代的来临，是当前水产业的最大风口。企业必须：

（1）关注更加年轻、时尚，更具消费力的 80 后、90 后。

（2）以相对稳定、明确的客单价或价格带，以更加便捷的消费方式来推广产品。

（3）让顾客不仅可以在餐饮店享受，还可以带回家庭和家人共享，与朋友分享。

（4）有更安全的品质和信誉背书，更便捷的购买方式或服务，产品肯定大受欢迎。

可见，消费群体、消费习惯、消费方式的演变，让水产市场的渠道模式、产品形态、产品品类、产品品种、产品规格不断被分化。大量的细分渠道为水产品牌营销带来了全新的市场空间——尽管有的渠道空间是如此的狭小。在营销碎片化时代，每一个细分渠道均蕴藏着品牌定位和市场拓展的营销机遇。迈克尔·波特曾说过："在狭小的市场范围内（即目标市场规模比较小）构建战略，成为细分市场的领导者，是中小型企业应该首要采用的竞争战略。要从顾客价值层面，去分化、去区隔。"近年来，大获成功的水产品牌——千岛湖淳鱼就是围绕千岛湖资源，把有机鱼做到极致。大多数淡水鱼是粗放的、放任的（任性的），而千岛湖淳牌有机鱼是有节奏、有取舍地做强有机鱼品类。

盯紧社群

如何让一大块岩石分开？不是用大锤子砸，也不是用炸药轰，而是先要钻洞，然后炸。所有的创新与颠覆都源于边缘地带或者缝隙地带。必须用"一针捅破天"的精神来撕开，然后不断分化，不断做强，最后做大。

所以，在移动互联时代，当消费人群、消费方式、消费习惯发生剧变的时候，粗放、粗糙是不适用的。水产品已经过了大宗产品销售或者大批发的时代。虽然水产品依然处于劣币驱逐良币的烂市、滥市阶段，但是具备分化力量的水产新产品、新品类已经开始占领终端市场。如果说上一阶段的水产业发展由产业链上游驱动，那么移动互联时代的水产业发展将由下游驱动——顾客、产品、终端或推广方。水产业是一个未完全发育的市场，大多数企业依然以原料级的产品在市场攻城略地，对市场和消费的变化茫然无知。大众消费时代，渠道扁平化、消费社群扁平化和信息爆炸的作用，让城乡成为一体化无差别市场。因此，创新的品类、品种、市场布局、营销模式将为大众消费市场带来全新的战略机遇。

鲜誉的第一个市场测试产品花雕酿金鲳，通过消费情境的描述，通过对消费者吃鱼场景和习惯的研究，把产品做了改造——一夜精工腌制，收干水分（避免运输过程中出水）、包装改进（金箔包装替代真空袋）、外包装设计（个人定制，每箱三条）、价格定位（三条99元）。经全国各地美食家、营销专家、社群领袖的推荐，让花雕酿金鲳迅速在全国走红。随着新消费时代市场的变化，没有情怀、没有识别符号的水产品，很难摆脱低层次的竞争。

水产品的创新，从鱼、虾本身角度是很难创新的。但是，可以从产品形态、产品性格、产品气质、产品与消费者的沟通上形成强烈、强大的区隔。尤其在移动互联时代，只要敢于抢位、占位，就很容易从无差别市场中脱颖而出。移动互联时代是一个去中心化的市场，只要你敢做出第一，你就是第一。

鲜誉极参，一款新技术海参——速发海参，产品测试50天，卖了10000盒；自3月1日开始正式成立公司运作，鲜誉以极致单品撕开市场，跨界高端酒用户市场，短短9个月，销量已过150000盒，全国海参企业同款产品的销量全部加起来乘以100，也比不过这款单品的销量。这就是产品智造和用户思维共同作用的结果，改变推广方式，从顾客的需求和价值创造层面来做产品，用消费互联网很擅长的"爆款"思维在线下做产品，用移动互联来实现连接，这是中国目前最大、最成功的社群营销、圈层案例。

这些案例无一例外地证明了一个事实：市场变了，玩法变了！传统企业必须换跑道、换姿势，盯紧用户做创新。

玩转圈层

营销在中国走过了大宗销售大批发时代、密集分销时代，现在正在进入社群营销或者说社区营销时代。社群是指具备相同兴趣、爱好的人群。社区不是传统字面上的社区，而是由社群组成的，拥有共同的志趣、爱好或价值取向的人群。当全球经济一体化加剧，政治力量和差异逐渐弱化之后，部落化将是一个重要的趋势。

因此，基于社群或者社区的圈层营销将成为移动互联时代的主要营销方式。很多水产品的畅销、热销都源自圈层。海参品类的崛起，得益于以大连、济南、青岛为核心城市的海参信仰消费圈，进而扩散到东北地区、华北地区；对虾品类的冬季主销市场，往往集中在华北市场、东北市场。同样得益于消费习惯的影响，浙江的甲鱼消费，福建的黄鱼消费，中秋、国庆期间的从华东扩散到全国各地的大闸蟹消费，都是消费圈层对水产品集中需求的典型表现。可见，"集合性需求"是水产品市场份额得以扩大的原动力。把握碎片化市场中的"集合性需求"机会，是做大水产品类、打造大单品的关键洞察。如果大家所经营的品种，或者通过创新的产品，能够形成"集合性需求"，就将成功地引领产品或者市场升级。

在限制三公消费时代，对水产品而言，锁定圈层也就是目标消费群，以适配性产品，以更具产品认知的互动推广策略开展营销，将赢得未来的市场。水产品的传统营销是由批发商、渠道商或酒店供应商构成圈层，这是大家都习以为常的生意模式。水产企业必须在做好圈内传统渠道的基础上直面圈外的各种圈层，把营销做实、做细。传统渠道是典型的坐商，而分散的一个个小型的圈层，是新消费社群的重要力量。

圈层的共性

首先，圈层是一个小型化、集聚化、封闭化的组织，是一个独特的组织。要想跟这个圈层产生关系就必须深入其中。

其次，它比较松散，呈现出一定的低承诺性，没有现实生活中各种公司、组织的呆板僵化的制度约束。

最后，在这个圈层里，决策的产生来自领袖的巨大作用和偶像崇拜效应，来自极客或 KOL 的主动推荐与积极分享。

鲜誉 2015 年运作的海鲈鱼系列、海参系列，都是应用这种方式，有针对性地开展圈层营销，不断击穿、打通各种圈层，从而把碎片串联起来，形成一串串珍珠。当然，圈层营销与大批发、大流通相比，目前的销量还很小；但当圈层用户达到一定量级时，市场就发生了从 0 到 1 的聚变。这是当前营销的重大趋势：要想创建增量，厂商必须离消费者越来越近、越来越面对面，为消费者提供的产品体验值、服务附加值也越来越高。这是势不可挡的趋势。

链接阅读：水产食品发展趋势

雷军说："站到风口上，猪都会飞。"但是光有风口也不行，猪还必须练就内功，或者做好飞的准备，否则，再好的风口也白搭。

水产最大的企业是谁？獐子岛？国联水产？如今卖饲料给水产养殖的也号称水产企业。而美好时光海苔天天打广告，喜之郎旗下的海苔品类品牌销售额超过了 60 亿元！湖南有家做休闲食品的企业，近五年才发展起来，鱼米之湘，休闲鱼的领军企业，年销售额超过了 20 亿元。但是，它们从不参加水产业的各类会议，虽然用的是水产原料，但从未给自己贴上水产的标签。

有些水产企业家该认为：做水产＝搞养殖或者搞加工，做食品＝没有天花板的市场。然而，水产食品的趋势从原料级产品、调理级产品、菜品级产品、即食型产品到休闲类产品，加工越精深，产品的附加值就越大，产品的市场空间就越大。

美国美食家甄文达聊中美食品的看法时曾断言："不久的将来，中国的消费者跟美国消费者一样，不会再吃有骨头的东西。"随着人口的变迁和市场碎片化的趋势，以及消费者个性化的需求，便捷、快捷、易于烹饪的产品逐渐成为主流。近十年来，原先备受冷落的罐头食品连年实现增长。食品工业化的潮流可能是中国食品业的 4.0 版本。现有水产加工企业如果一味地只懂得就着原料做原料，或者盲目地在大批发、大流通市场做流量，可能很难获得未来的立锥之地。也就是说，任何形态的产品都有炼金的机会。实际上，水产的食品化趋势、调理化趋势、菜品化趋势、休闲化趋势，在当前的市场表现得非常突出。比如虾类产品除了虾仁，在其他产品形态上，由于同质化竞争激烈，在加工厂、渠道、终端发生价格血拼。

洞察趋势，重新产品定义

洞察水产的食品化趋势，不是让大家转行，而是从趋势中寻找产业分工、产品分工或价值重塑的机会。大多数企业在对待产品这个企业运营的核心要素上是相对麻木的，同时由于水产加工的规模化特性，导致很多水产企业无法转身或者无法开展产品创新。很多企业明知自己的产品缺乏竞争力，但是无法转身。目前，做餐饮供应的水产加工企业大多如此：一头受制于原料涨价，一头受制客商压价。因此，要洞察产品对于企业到底意味着什么——意味着利润机器还是消耗机器。

第一，产品具有双重性。产品是企业的核心资源，也是最耗费企业资源的经营价值链环节。

第二，产品的双重性意味着好产品是企业的财富与资产，不好的产品就是企业的包袱，是耗费资源的黑洞。产品的设计、规划、运营，是企业的头等大事。

第三，产品有两次生命，一次是在企业的制造流程里，一次是在营销流程里。

在移动互联时代，消费者主导了产品的选择权。如果你还在卖十年前的产品，那么肯定会被市场抛弃。实际上，产品的制造流程只能决定能够做出"品质好的产品"，而产品的营销流程却决定能否做出"好卖的产品"。到底是研发专家或者老板认为的"好产品"重要，还是顾客认可的"好卖的产品"重要？由此可见，真正的好产品不是从海里、池塘里、工厂里出来的，而是从市场上、舌尖上、消费者的口碑中出来的。打造出一款好产品，意味着拥有开启市场的金钥匙，如果拥有的都是拖累企业现金和效率的产品，那么企业可能会被拖死。

休闲产品发展趋势

中国沿海有很多生产休闲食品的水产企业，但是最大的是舟山做鱿鱼的富丹食品，专业做鱿鱼休闲食品，销售额 3 亿多元。但水产休闲食品最大的企业都在湖南，为什么？因为它们做出了好卖的产品。因此，水产加工企业不能迷信制造，要进入"智造"的模式。天猫、淘宝上好卖的产品都有包装好、花样多、推广勤、不断爆款等特征。

我们必须关注这个时代消费群体对产品认知的变化，关注消费者的消费方式和消费习惯。好卖的产品是在企业管理层的大脑中智造这个产品，让它在市场中能卖、好卖、热卖、长久地卖、高价值地卖（畅销、长销、高价值销）的思维方法。而且，好卖的产品不便宜，利润率并不低。任何好卖的产品都必须用营销方法智造，然后再用工艺方法制造。

互联网＋语境下的产品智造

在移动互联时代，什么样的企业，或者企业家，或者职业经理人最具优势？

第一，肯定不是做互联网的人，或者现在吊在线上下不来的人。

第二，也不是跟不上节奏，刻舟求剑，盲目迷信所谓品质、工艺的人。他们一定是具备传统营销功底，掌握连接工具，贯穿两个世界的人。

只有深谙传统产业特性，深谙产品智造技术，才能在互联网＋时代搭建起基于关系的供求一体化关系！过去的水产品制造是基于买卖的思维，基于事物形成的经营逻辑；互联网＋的产品智造是建立起基于关系的经营逻辑——你的产品必须具备建立关系的能力。因此，产品的定义不应该以生产或实物形态为核心，而应以关系创建为核心；产品也不只有"成本—价格—收入"一种获取利润的形态，移动互联时代的产品还可以通过产业链及商业价值创造去获得收入与利润。

第七节
重构布局，撒豆成兵

连续三年出现了一个很有趣的现象：一味"高大上"的、高喊做全国市场或者打造各种战略的企业，其实都表面风光，内里透虚；反而是立足于传统渠道、终端，立足于区域市场，精耕细作，扎根于三四级市场的水产企业，小日子过得十分滋润。草根企业、草根品牌贴地爬行，巨头大佬漫天飞舞，在变局转型中的水产市场成为一道独特的风景。

为什么原来谁都看不上的市场反而一片红火呢？

市场重构现状

在很多企业的年终总结会或年度营销大会上，我们发现，企业越大，数据越苍白，口号越强劲。而生存在三四级市场的企业，不但产销两旺，而且利润率不低，团队培育得很健康。一定是市场结构发生了变化，渠道终端的销量构成发生了变化，才导致这种现象产生。这种现象其实是典型的市场重构。

在近年来的水产全行业重构中，一线城市的水产渠道商正在遭受前所未有的挤压之痛、转型之痛、升级之痛。国内一二级市场渠道饱和，竞争激烈，营销成本日益增高，销售利润急剧下降，超级渠道的忠诚度日益降低，经销商日渐强大，与企业形成对抗局面。水产上游生产商长期依赖流通商（渠道商）的困境，在这一轮来势汹汹的市场重构中更加困顿。因此，一二级市场实际上已经成为水产生产商的鸡肋市场——食之无味，弃之可惜。

三四级市场的消费需求和习惯在互联网时代发生巨变，对产品和品牌的认知与一二级市场同步，甚至需求更加迫切。如果水产企业率先进入这个市场，既能够率先构建品类占位、品牌占位的优势，又能够获得全新的市场空间，同时提前一步下沉到终端市场，截断大流通商、渠道商的分销通路。在产品、价格、品质需求和一二线城市几乎无差异的市场，以更低的成本、更高的效率构建起全新的营销新战场。

酒水、家电、物流业早已把三四线城市作为与一二线城市同级别的市场进行精耕细作。但是在水产业，三四线市场依然是被忽略的。三四级市场基本上是县、镇一级的市场，从市场规模上与一二线城市无法相比，但在消费深度上，三四级城市的购买力其实不低于一二线城市。比如苏南市场，经济总量已经超过中西部等省市的省会城市，不再是三级市场，而是一级市场，是众多企业和商家的必争之地，战略地位甚至超过欠发达地区的省会市场。而在大量的一线城市的海鲜、冻品批发市场，由于互联网带来的信息对称，传统的坐商已经日薄西山、门可罗雀，所谓的一线市场仅仅是"皇帝的新装"。

重构布局，部署三四级市场

新一轮的经济增长点在城镇化市场有着巨大的空间，这种经济趋势和地缘板块再定义的趋势，让所有企业都必须重新定义市场分级，重新审视市场布局。

移动互联不仅颠覆了所有依靠信息不对称的商业体制，还让区域与区域之间的消费需求逐渐趋同。在移动互联时代，青海的山村青年和湛江的赶海人，在对于海鲜的认知上可能是一致的。因此，三四级市场的布局是水产企业在城镇化、信息化趋势中的关键战略。影响企业营销目标实现的因素是多方面的，包括适合三四级市场的产品设计、产品包装、品牌选择、价格的制订与调整、渠道商模式、产品的储存和运输、广告宣传、人员销售、营业推广、公共关系等。水产企业必须根据市场和消费者的变化，重视三四级市场布局，构建三四级市场的营销组合，把三四级市场当成一二级市场来开发。

在水产业，上天入地的时代已经终结。面对渠道成本高昂、渠道效率低下、大宗流通受制于人的尴尬现状，上山下乡不仅是构建未来终端化营销网络的战略部署，也是中小企业绕开传统渠道商，挺近终端市场的成长型战略。比如以对虾、罗非鱼、贝类为主要原料的菜品化产品，如果能够在苏南、浙南、福建等经济发达地区的三四线市场构建起乡厨渠道，就可能形成巨大的市场增量空间。福建霞浦有几个专门做鲍鱼、海参、鱼虾菜品半成品的加工企业，专注于三四线城市的乡厨渠道构建，形成了稳定的增长和利润空间，而且客户关系非常稳固。

怎样落子三四级市场

如何部署三四级市场战略，落子三四级市场？

（1）产品策略。尽可能选择针对三四级市场的全渠道产品，以更少的产品来拓展三四线城市的餐饮、流通、商超市场。

（2）价格策略。以适应三四线城市消费水平但略高于目标市场竞品的价格策略，并预留充裕的推广费用进入市场。因为企业直接进入三四线市场，意味着从大流通商手上截留了中间商的利润空间。

（3）渠道策略。尽可能地采用扁平化渠道模型，缩短渠道层级，开展密集分销或者以仓储中心为原点的仓储直销。

（4）推广策略。尽可能以独占式的声势，营造目标市场第一品牌的推广氛围。三四线市场范围小、推广成本低，很容易通过推广实现品牌占位的目标。

对于巨头而言，上山下乡意味着渠道扁平化、市场精耕化的开始；对于中小企业来说，上山下乡意味着开辟全新的战场，市场机遇是均等的。如果你的产品力或者某一方面的优势更加明显，你就抢先占据了目标市场，拥有自己的战场。

在移动互联时代，上山下乡还有另外一层非常重要的战略价值——构建O2O的地面碉堡！有的企业用高射炮搞O2O，尽是高空轰炸，但是消费者知道了，却买不到；想买了，却送不到。消费者像猫，聪明的、狡猾的、调皮的猫。猫一受惊吓就跑了，或许再也不会理会高射炮。O2O做到什么程度，取决于你有多雄厚的线下基础。没有线下基础，O2O是蛋对蛋、空对空。那些打着互联网先进生产力标签的各种咨询公司，对于渠道终端一窍不通，空谈O2O，卖完策略卖软件，卖完软件卖硬件，卖完硬件卖推广，就是找不到O2O落地的点。顺丰的网点布局、家电业的终端下沉，这些貌似很土很不入流的策略，实际上正在构筑一张O2O的碉堡网。因此，有效的营销必须接地气。水产业的上山下乡，就是一种接地气的营销策略。

水产企业的上山下乡实际上是从传统的散点式营销，延伸、升级为多点式、聚焦式的细分覆盖市场布局。在这个层面的布局中，如果提升资源、环境、过程、市场布局的优势，我们将在市场重构中找到适合企业快速成长的自留地。同时，上山下乡也是构建一体化市场的重要环节。

什么是一体化市场？一体化市场首先就是要去除市场级别差，去除从海洋到餐桌的不合理的环节。请注意，不合理并不是说全部去除。哪个企业如果想全部去除中间商，肯定会被吊死在空中。一体化市场讲的是厂商一体、产销一体、产消一体，比如哪个企业如果布局好县域市场，可能同样能够成为水产业的霸主。

第八节
战略重构，赢得下一个十年的筹码

下一个十年的水产业是什么样的？我们用什么样的筹码、什么样的战略去掌握下一个十年？从城头变换大王旗、万众一心齐创业的产业重构进程分析。

第一，水产业将由散户时代走向群狼时代。

在水产的散户时代，养殖企业、加工企业、流通企业，什么样的企业都可以生存。在缺乏产业规划、产业组织、产业秩序的行业野蛮成长丛林中，几十万家大小企业、商户构成了水产业低门槛、高度同质化、依靠信息不对称的竞争环境。几十万家企业挤在一个产业生存，而且不管大小都过得比较滋润，这不是一个产业的正常状态。

水产业的好年景，除了依靠好天年风调雨顺，更要依赖政策扶持、补贴，依赖消费需求旺盛或升级而带动。当消费升级带来的行业增速开始放缓时，意味着水产业将走向产业集中。当然，由于水产的行业特性、季节性和不同品类的生产加工特殊性，水产业不会完全成为快消品。因此，我们提出"产业集中"的观点。

产业集中将成为新一轮水产业发展的重要势力。产业集中的过程往往是一个血腥的优胜劣汰的过程，同时也是一个充满战略性机遇的过程。在产业集中的进程中，水产业的上中下游产业链将形成群狼割据的格局，彻底打破现阶段散户丛林的产业乱局。水产业不同细分品类的领先者、创新者，将成为不同品类市场的"头狼"，以强劲的拓展和创新的运营开疆拓土，开始新一轮的市场圈地。

第二，大象诞生的产业环境和市场环境逐渐成熟。

纵观水产业，这是一个缺乏大象的生态环境。历数水产巨头们的成长历程，都有市场运营、掌控的短板。所谓大象，也不过是虚胖、装点出来的假象。任何一个行业的进化，都必须经历如同自然界生态圈的物种进化。只有群狼时代的全面繁荣，才能成就水产业未来的产业大象，成就水产业生态链的平衡。

第三，水产业将进入高门槛、高强度竞争时代。

面对国家水产政策的暖风劲吹，面对已经完成跑马圈地的行业资源，水产业的低门槛时代一去不复返了。无门槛、低门槛时代的结束，意味着水产业只可能存在几种类型的企业或品牌：协会品牌、公共品牌，如盱眙龙虾、南日岛鲍鱼等；全球化、全域化的企业或品牌，如獐子岛、国联水产、百洋集团等巨头；全国性的品类龙头，如棒棰岛、海知缘、千岛湖、海欣、佰大等以聚焦品类为战略的企业；跨区域运营霸主，如水产超级经销商良之隆、彭成海产、诚泰水产等企业或品牌；区域地头蛇，如烟台海和、青岛老尹家、福建瑞芳、温州香海、大连晓芹及各区域市场的水产超级经销商、电商平台等。

水产细分行业的座次基本排定，就那么几张门票，很快就被抢完了，除了极少数的企业通过品类分化、品牌创新、运营创新获得战略机遇，其他企业再怎么折腾也没有用。因此，在群狼时代，高门槛、高竞争的水产市场化时代已经全面来临。

在高门槛、高竞争时代，准确定位自我十分重要，弄清楚我是谁、我要做什么、往哪个方向去做在产业转型期具有战略意义。所谓墙外开花墙内香、东边不亮西边亮的空心战略或骑墙战略，往往让企业迷失在战略的丛林中。

水产是一个神奇的行业，一直游走在政策与市场的边缘。在高门槛、强竞争时代，依靠政策、依靠资源运作、依靠东边不亮西边亮的长袖善舞也许还能创造一些奇迹，但是这种奇迹出现的概率越来越低。

品牌的内核是产品，产品的成功靠推广，这个简单的市场规律在中国国情下的水产业一直被蒙蔽。企业可以通过上市一夜成名，带动产品推广；可以通过政府的力量、政策的整合迅速崛起形成巨无霸。但市场规律一直在无声地发挥着作用。没有资源、技术、市场、品牌、团队的筹码，没有经过论证、系统周全的策略，水产企业很难获得长久的竞争优势，很难持续有效地增长。

面对产业重构，水产企业的战略重构是赢得下一个十年的关键筹码。掌握未来的关键战略是聚焦。聚焦资源、聚焦市场、聚焦品类、聚焦技术、聚焦产品、聚焦品牌、聚焦运营模式、聚焦顾客价值，其中最核心的要素是聚焦顾客价值。市场的不诚信、不对称的过度营销已经严重背离了营销本质，尤其是食品安全大于天的水产业，回归顾客价值、创造顾客价值是全行业制定未来十年战略的核心。从传统的 4P 时代，人们就习惯把"定位"两个字挂在嘴边，一边是"无定位不营销"的景象，但每每此时，更应该首先考虑消费者，消费者的需求到底是什么，也就是企业和行业的顾客价值在哪里、如何体现，弄清楚这一点，所有的产品定位、市场定位、营销定位才会有意义。

面对产业重构，水产业的企业家精神和团队建设，是掌握下一个十年的重要筹码。和其他行业形成巨大反差的是：水产业严重缺乏企业家精神。中国水产业是一个缺乏企业家精神的行业，遍地暴发户，无数企业家。虽然各种影响力人物、十大企业家遍地开花，但从企业家精神中的"冒险、创新、宽容、创业、再创业"等内核审视，水产业的重构、创新亟须企业家精神引领。一个缺乏企业家精神的行业，是没有灵魂的、没有标杆的、没有故事的；同样，青年领袖的崛起和成长，将是行业走向移动互联时代的标志。

面对产业重构，战略目标的实现，需要加强对战略机遇的辨识和把握。如何发现战略机遇？这不是普通人所能具备的思维，如果企业准确地预见未来十年产业发展的态势，发现了自身企业的战略机遇，就能精准地跨越行业的坎，进入发展的快车道。

面对下一个十年，水产业需要具有企业家精神的新领袖，需要深具洞察力的战略透视，需要聚焦营销的本质，聚焦企业发展的原点，把握战略机遇，高效实现战略目标。

第二章
触发：产业互联网

什么是产业互联网？如何触发产业互联网？与 BAT 的超级连接器不同，与消费互联网不同，产业互联网是以细分产业的需求链构建反向整合供应链，形成供求一体化社区。**产业互联网是细分产业的生态系统，始于需求链，成长于供应链提效增速，终于供求一体化的产业社区。**

从互联网发展的进程看，消费互联网市场已趋于稳定与饱和；对实体资源有充分把控能力的传统企业在互联网上探索，步履维艰且伤痕累累。虽然互联网改变了很多，但还没有从根本上改变供应链，仅仅在连接、迭代、推广等层面发挥作用。随着移动互联时代的到来，O2O 正在打乱传统渠道的布局，通过移动互联创造全新的产业价值，推动互联网行业迈向产业互联网时代是水产业的全新课题。

第一节
什么是产业互联网

互联网本质是缩短了人与人之间的距离

或者说，人与人之间的联系没有了距离，其他特征都是派生出来的。人与人之间的距离缩短了，这意味着什么？比如书院社区，意味着可以随时随地讲课，可以利用任何碎片式时间沟通；意味着一个虚拟空间可以24小时不打烊。

在消费互联网的喧嚣中，我们进去了，但进去之后又成了坐商，继续花费大量的费用做广告、买位置。连接方式的改变意味着商业逻辑的改变，这种本质的改变很重要。但一开始人们并不知道如何利用它。就像当年铁路的产生一样，很多人不知道如何去利用。所以很多企业家焦虑，着急花钱做 O2O。很多企业在消费互联网的喧嚣中迷失了方向，颠倒了本末。

互联网是工具，移动互联是更加便捷、快速的工具，有助于链接所有与我们相关的产业链、市场链。但是，互联网本身不是财富。当互联网还不能用来创造财富的时候，或者还不能用来提高资源利用效率的时候，互联网只是一个概念，只是用来制造股市的泡沫，或者赚取培训、咨询费的工具。

什么是产业互联网？要弄清楚产业互联网，就要回到**产业本质、企业本质、产品本质上找到连接的点、线、面。产业互联网的构建，就是从企业所在的最具竞争力的产业链节点向上或向下连接。**比如鲜誉，最强的是长期扎根水产咨询的积累，最强的是庞大的资料库，跨界的影响力，强大的营销能力。鲜誉从水产产业链的末端——市场新需求发起进攻，先借助社群营销引爆极致单品，然后迅速扩展渠道，3个月内完成全国渠道布局。

随着销量的持续翻倍，我们开始挺进上游；构建产销一体的海参、海鲈鱼产业社区。以单品创建价值，撕开市场；以品类驱动社群，构建用户社区；以传统酒类渠道的红利释放，形成了数量繁多的市场接口，从而形成产品流、用户流、信息流、资金流的四流合一。也就是说，我在用产业互联网的整体架构，通过鲜誉极参这个小单品表现出来。

由于鲜誉是从市场末端起步的，从碎片式的需求中集腋成裘，进而撒豆成兵，鲜誉走的是一条小变大、弱变强的路线。对于更多的水产巨头而言，在移动互联时代，从产业链层面谋求重构、谋求供求一体化的社区构建是形成新竞争力的关键。

在中国水产业，产业竞争力是企业竞争力的强力背书，没有产业竞争力基本上无法形成企业竞争力。**因此，基于产业互联网的商业模式构建（或者运营模式构建）是一个非常前沿的课题，从产业链的价值重构、流程重构层面，构建以我为主的战略模型。**

产业互联网要画地为牢，寻找属于自己生存、发展的战场画地为牢；产业互联网要重度垂直，在自己的产业范围内一竿子插到底，形成强关系链条。做产业互联网，要避免骑墙观望，要高度区隔，甚至高度封闭，建设自己的乌托邦，科通芯城就是一个很有启发性的案例。**产业互联网是属于自己的，或大或小的商务社区是构建产品竞争力、产业竞争力的新平台、新战场。**

产业互联网和消费互联网的区别

消费互联网从马云开始，直至现在的一些案例，比如三只松鼠、三个爸爸等。虽然它们的整个营销是以传播和推广为手段，但还不完全是纯粹的产业互联网系统，其中掺杂了太多的消费互联网的东西。原因如下：

谈到产业互联网，首先我们应该在头脑中先把诸如"大数据""云处理"，甚至客户细分、市场细分等放下。**产业互联网思维没有那么复杂，它只是对传统产业的一个重新确定，以客户为导向，进行产销一体化重构，但更多的是实现传统产业线上和线下相结合的一个整合过程。**这样的做法非常适合现在的传统的水产业。

其实区分产业互联网思维和消费互联网思维的方式很简单，我们只要看一下它的整个运作过程是不是"由终至始"，是不是从需求链到供应链的反向整合，这是产业互联网和消费互联网最大的区别。传统的营销，包括以流量、连接为主导的消费互联网，都事先设定一个目标，然后寻找完成目标的条件，根据条件的拟定找到实现条件的手段，也就是以前传统营销所强调的：目的、条件、手段缺一不可。

产业互联网和传统互联网最大的区别是"由终至始"重构产业价值链。当我们用传统的营销手段或者消费互联网思维运作一个项目时，比如卖一条鱼。事先就会设定鱼的成本，包括直接成本及间接成本，宣传费、不可预测费、人工、加工等，以及我们想追求的利润。最后得出这条鱼的最好卖价。而产业互联网，是反过来的——我们先设定鱼要卖给谁，如何构建起一个足以支撑、驱动上游产量的需求链，然后开展逆向运营。要实现这个目标，我们需要借助需求链的构建，对上游产业链进行无缝整合和对接，构建一体化的产业生态圈。

产业互联网不是手段或者工具的应用，而是一个系统的构建。我们必须抛弃对手段的研究，手段只是一个工具，如果我们太执着于手段，最后就会本末倒置、折本求末。

实际上，产业互联网并非高深莫测的新概念。其实，我们的老祖宗早就按照这个思路在做。这个老祖宗，就是三国的诸葛亮。当刘备去找诸葛亮的时候，兵不过两千，将不过两个。套用现在互联网的说法，作为一个"顶级咨询师和策划师"，诸葛亮之所以选择刘备的原因无外乎刘备是被小皇帝背书过的，具备了诸葛亮要做的所有事情的条件。而诸葛亮所做的事情就是一个典型的有"由终至始"的产业生态思维："天下必三分"。有了这个终局，曹操不能打，因为他兵多将广，挟天子以令诸侯；孙权不能打，因为他根基深厚，三代成就了大本营；剩下的随便打。而诸葛亮整个的打法只有两个字——"借"和"连"，他借荆州、借兵、借将、借东风、借箭等，不就是现在的众筹吗？而通过"线下的有效连接"——和孙权联盟打曹操，和曹操联盟打袁绍等，成就了"三分天下"的终局。

第二节
产业互联网：水产业的最大风口

在水产企业普遍缺乏数字化营销战略与战术的现实困境中，产品无卖点、推广不互动、冷链不配套、售后无跟进等成为水产电商亟待突破的最大瓶颈。很多抢占电商桥头堡的水产企业，都不同程度地遭遇被"电伤"的伤痛。

水产业的结构性缺陷

作为传统中的传统产业，中国水产面对的转型升级不单是抓住电商这根救命稻草。水产作为大农业中的分支产业，无论是顶层设计、发展模式还是成长质量，从宏观到中观到微观都存在着严重的结构性缺陷。这个结构性的缺陷，是以产业链条严重脱节、产业节点模糊不清、产业分工支离破碎为标志的。

为什么从 2014 年到 2016 年，绝大多数水产企业都举步维艰？问题就在于支离破碎与脱节。面对全球海产涌进国内市场，面对餐饮转型升级及后三公消费时期的来临，新常态市场已经让一直习惯了"三低一快"（低成本、低品质、低价格、快进快出）的水产业遭受了前所未有的寒冬。这个寒冬持续了两三年——如果无法洞察移动互联对水产业的"链接"和"连接"价值，那么这种低迷还将持续。

产业链是从分工开始的，是从自觉应用亚当·斯密的分工理论开始的。分工之后的结果是"供求分离"，供应者与需求者的分离、生产过程与消费过程的分离。生产者不再为自己生产，而为消费者提供产品，成为产品的供应者。消费者不生产消费的产品，而是成为产品的需求者。

过去统一的过程，生产什么消费什么、生产多少消费多少、什么时候生产什么时候消费，现在分离为两个过程，并且是两个对立的过程，需要重新统一起来。对任何一个生产企业来说，供求分离之后必须统一起来，必须重新构建供求一体化的关系，否则会威胁到销售的效率及企业的命脉。**可见，在水产进入产业互联网时代的进程中，把原来对立的过程通过重构统一起来，是构建供求一体化的核心课题。这个课题就是产业互联网可以解决的难题。**

有人说，互联网的本质特征就是在陌生人之间进行交易，在相互不谋面的情况下实现交换或交易。如果这个判断能够成立，就意味着互联网会使营销成为多余。这是难以想象的事情，一个网站或一个商务平台如果缺少必要的信誉和信任，一定会被人遗忘，一定是门庭冷落，谁也不会主动上来搜索。进而，如果不能在交易的过程中让顾客体验到诚信，产生起码的信任，不会产生持续的购买，更不会对风险商品、高价商品或有争议商品产生需求或购买。信息爆炸的网络时代，构建与顾客之间的信誉关系不是更容易而是更困难。

从野蛮、粗放的制造到价值产品、价值品类、价值品牌、价值产业的智造与锻造，依靠消费互联网的上线售卖或者推广传播，解决不了水产业转型升级的根本问题，解决不了水产企业产品体系更新、渠道终端重构、推广策略精准等根本问题。**因此，构建基于产业逻辑、产品特性、品类细分、品牌背书的产业互联网，将成为水产业的最大风口。**

三公消费成就的海参产业陷入前所未有的低迷与困顿，海参产业的苦冬在供需失衡中刚刚开始，渠道分崩离析、终端支离破碎在 2016 年冬天愈演愈烈。纵观十年海参市场发展，老三样产品依然不变。在消费产生结构性变化的市场，十年前的产品还能产生什么样的销售魅力呢？很多海参企业试图抓住消费互联网的电商渠道，但当各类消费互联网平台日渐成为媒体时，海参企业往往梦断电商路。对虾、大黄鱼、海鲈鱼、石斑鱼，无一例外地遭遇同样的瓶颈，从事国际冻品贸易的企业也都遭遇同样的瓶颈。问题出在哪里呢？

市场与消费者在互联网时代的急剧变化与演进，是低要素成长的水产业所要面对的最大的坎、最陡的坡。当各种互联网的概念泡沫逐渐破裂，扎扎实实从产业基础要素、从产品本质要素对接新市场、新消费，发挥水产企业的强项，打造对接市场的接口、插销或钥匙，才是水产业迎接新消

费时代的根本之道。

互联网不仅是技术、工具，还是我们赖以生存发展的空气。田溯宁说："如果过去20年我们经历的是消费者互联网时代，未来20年我们将迎来产业互联网时代。"工业革命最辉煌的不是蒸汽机发明的时候，也不是电发明的时候，而是几种力量聚集在一起的时候。今天我们所处的时代，四种力量已经开始汇拢、聚集：云计算，大数据，新一代的3G、4G网络，无所不在的智能终端。当四种技术力量聚在一起的时候，产业互联网时代就到来了。我们可以很快忽略各种互联网思维的喧嚣，但**未来20年将是互联网真正改变社会、改变产业、改变企业、改变每一个人生活的关键时候**。

当消费互联网褪去神秘的面纱走下神坛时，传统产业的能量就成为互联网＋的坚实底盘，那么，什么是产业互联网？

产业互联网有别于消费互联网主要体现在两个方面。一方面，用户主体不同。消费互联网主要针对个人用户提升消费过程的体验，而产业互联网主要以生产者为主要用户，通过在生产、交易、融资和流通等各个环节的网络渗透从而起到提升效率、节约能源等作用。**另一方面，发展动因不同。**消费互联网得以迅速发展主要是由于人们的生活体验在阅读、购物、娱乐等诸多方面得到了有效改善，使其变得更加方便、快捷，而产业互联网将通过生产、资源配置和交易效率的提升得到推进，进而释放渠道红利，引导依靠信息不对称的水产渠道商实现升级。

从互联网发展的进程看，消费互联网市场已趋于稳定与饱和，但是对实体资源有充分把控能力的传统企业仍有很大探索空间。比如獐子岛和国联水产在消费互联网市场的大规模尝试依然在探索。随着移动互联时代的到来，O2O正在打乱传统渠道的布局。因此，通过与移动互联网融合创造全新的产业价值，推动水产企业迈向产业互联网时代是我们需要面对的全新课题。

产业互联网的商业模式不是眼球经济或者流量经济，也不是依靠双低产品获得线上销量。**产业互联网商业模式以价值产品或价值品牌为主导，通过创建传统企业的产品价值或品牌价值，借助移动互联网的融合，寻求全新的管理与服务模式，为消费者提供更好的服务体验，创造出不局限于**

流量的更高价值的产业形态。实际上，产业互联网就是产业价值链成员与用户深度连接的友好型社区。

水产业最大风口

在水产企业的消费互联网实践中，大多数企业困于冷链物流而无法做强做大。实际上，当越来越多的消费互联网平台日益成为媒体时，水产品的电商往往被"电伤"。因此，对于传统产业中的传统——水产业而言，需要一个向上衔接产业集群（产地，如湛江对虾、舟山鱿鱼、福建鲍鱼、山东海参）和生产企业，向下服务渠道终端的生产型服务业出现。可以说，**产业互联网将成为引领水产业快速对接主流换档的消费市场的最大风口。**

水产业当前的低迷，其症结在于低要素和粗放型的"加工制造""粗制滥造"，其根源在于从养殖、加工到流通销售的"三低一快"。可以断言，**未来十年水产业发展趋势将是：以"三低一快"为发展模式的企业将全部被判处死刑，中小企业立即执行，大企业缓期执行；靠策划、包装的**所谓高端水产品逐渐被边缘化。主导水产市场的将是充满品类价值、品质价值、饮食文化价值的差异化产品。产业互联网将成为水产业对接市场、创新成长的最大风口。**未来的水产业将以产业互联网为主导，以细分价值品类为驱动，不断从非标准化产品走向标准化、品质化、价值化产品；以饮食料理文化为原点，不断沉淀营养、人文、民俗、养生文化；水产营销将彻底从大流通转变为精致营销、精益营销、定制营销、圈层营销。**

在供大于求的情况下，更利于构建供求一体化，更利于建立社区。这是一个非常有意思的命题。也就是说，水产上游企业并不用担心供大于求，而必须关注是否建立起产销一体化的社区。如果拥有产销一体化社区，那么供大于求反而是诞生新产业领袖的最佳时机。一体化意味着长期共生、共荣、互惠互利。

那么，供小于求的情况下如何构建供求一体化？这里就蕴藏着构建价值品类、价值品牌的战略机遇了。水产加工业是从满足大流通需求的"自觉分工"开始的，成长在粗放、野蛮的成长过程中，背离了供求一体化的关系体系或社区。生产的盲目性由此发生，大量生产方式问世以后，以内在的暴力倾向突破时间和空间的限制，把产品销售到更多更远的地方、销售给更多更陌生的消费者，也带来了更多的积压、更恶性的竞争。

这种集体无意识的自觉分工，水产巨头们，尤其是玩全产业链的巨头，付出了昂贵的代价——门店、物流、信息不对称，地缘不熟悉，还有因竞争引起的降价促销等。反过来，这又进一步促进供应链的延伸、专业化分工的深化、自然力的应用，以及规模化的扩张等，由此形成恶性循环，导致企业经营陷入恶性循环。

产业互联网、大数据支撑的物流体系给了水产业一次全新的升级机会，可以有效地克服时间和空间的障碍，可以实现供求者之间的直接交易，由此打破盲目追求规模化扩张带来的恶性循环。因此走向风口其实需要扎实的内功，需要坚实的步履。

第三节
产业互联网：从粗制滥造到精确智造

2015年7月5日，大洋岛海参在成都王府井商场遭遇职业打假。最严食品安全法对于粗制滥造的水产品来说将是严峻考验。到市场上转一圈，我们就能抓到一大把同类标签，包括一些大企业。产业发展走进困境，跟这些问题密切相关。以资源谋价值、以产量求规模、以环境换市场、以低要素生产力获取信息不对称利润的发展模式，基本上走进了死胡同。我们看淡水鱼市场，这种困顿非常突出。这些问题反映出产业的病态发展、病态思维。

产业再定义

传统市场正在解构与被解构中进行重构。解构与重构是近年来水产业的关键课题，从各类论坛、企业家关注的问题点等层面，很少听到或者看到企业对解构与重构的思考。消费的支离破碎和市场的分崩离析是交织在一起的进程，在这个进程中，解构和重构不断发生。

如果从单纯的战略或者战术要素层面审视这场解构和重构的进程，我们很难找到具体的应对方略。所有的挣扎都显得那么无力；所有的努力都显得那么苍白。那么，问题的关键在哪里呢？必须回到产业和企业的基本面上思考问题。**产业的基本面，实际上就是要重新定义——卖什么、卖给谁、怎么卖三个基本问题。**

宁德大黄鱼产业，从曾经的出口创汇的"国鱼"沦落为无人问津的注水鱼、填充鱼。过度养殖、疯狂喂药、注水填料增重等产业潜规则，毁掉了这个可能成为国鱼的产业。山东的海参产业，以糖干、盐干、冻干等千奇百怪的增重造假手法形成了低价劣质的产业链条；对虾品类中的虾仁包冰、熟虾包冰，就是对虾产业的潜规则，也是加工企业、流通商赚钱之道。在粗制滥造、缺乏行业标准、产品标准、企业自律和市场监管的产业链上，劣币驱逐良币成为普遍现象时，反而是坚守品质、固守标准的企业沦落为产业的另类。

劣币驱逐良币的现象有多严重？举一个小案例。

我们有一个客户想进军快乐购。大家知道，快乐购是目前国内最大的电视购物平台。他们对于海参的看法是什么样的呢？大连某品牌海参，在电视购物上，把质次价廉的海参借助轰炸式、钻心式讲解，直接推销给大众，质次价廉的产品在疯狂的传播中，在消费者心中建立起所谓的"品质标准"，形成了"品质认知"。结果就是：再高品质的海参产品，如果没有更强力的轰炸，如果没有更有说服力的认知就上不了平台。

谁来管？市场的力量有没有用？我们思考这个课题很有意思——如果质次价廉产品或者无良企业的市场化程度更高、市场力量更大，那么市场的力量是起反作用的，对虾市场就是如此。

如果无法从产业、企业的基本面来重新定义，我们很难摆脱当前中国水产市场的桎梏。如果听之任之，奉行所谓的"以不变应万变"的经营哲学，我们所在的行业将被外来产品彻底解构，消费者也很难对本土产品建立足够的信心。

近年来，消费者在海鲜产品上最大的改变是从尝鲜消费到营养需求、休闲需求、养生需求、交友需求、个性化需求等，随之而来的是消费品种、购买方式、消费习惯的变化。**从中国人口变迁的趋势分析，水产品消费市场将逐渐接轨国际市场，更多的标准化、调理化、工业化产品将成为消费者更加安全、便捷的选择。因此，订单式、定制式消费将在未来几年迅速成为水产养殖业、加工业的主流。**

产业互联生态的构建

如果有一张网、一个入口（或者多个入口），把分布在分崩离析市场上的支离破碎汇总起来，是不是就意味着形成一个全新的商业模式呢？从研究和实践中发现，产业互联网就是这个东西。

我们看国内排名靠前的社群，如罗辑思维、黑马会，我们姑且称之为

"知识产业互联网"，它们用独具特色的知识，或者文化，或者具有包容性、延展性的内容智造和社交价值，形成了强关系群。社群经济、社群营销是未来几年的热点课题，也是市场部落化的典型表现。我在 2015 年就断言：**社群经济是产业互联网的依托，社群营销是构建产业互联网的关键策略。**

在欧美市场，中国水产品的出口一直遵循着 C2B 的路径。实际上，水产内销市场的发展趋势就是 C2B 模式——**客户对企业的标准化、个性化定制是一条全新的康庄大道。餐饮连锁的定制、商超终端的定制、各种跨界的订单定制，将成为专属于水产业的反向定制营销模式。**

做外贸是 B2C，但执行过程是 C2B。如果我们用入口、用一张网满足各种各样的 C 端需求，实际上就构建了一个全新的商务社区。这个社区的用户越多（请注意是用户），社区的供应链就越短，社区的运营效率就越高。

在这种反向定制营销中，产品生态、产业形态、产业组织和产业秩序的改变，只能依托于产业互联网。借助产业互联网的大数据，通过精准的分析研究，开展产品矩阵的精准智造。对于水产业而言，只有链接起实体世界的数据或销量，才是真实的、靠谱的、务实的。所以，**水产的产业互联网，首先是依托于物理世界，而不能莽撞地一头扎进数字世界。其次，产业互联网构建的是用户世界。**哪个企业能够率先从物理世界中借助数字力量抢先构建起用户世界，它就是未来的霸主，或者是细分品类的霸主。

用户世界的构建，首先必须懂用户。请注意是懂用户，而不是懂客户。比如獐子岛访问良之隆，国联也在加强与良之隆的关系。这些现象说明什么问题？这是一种转变，但这是客户世界的维护或重建，而不是用户世界。这些现象还说明了一个问题：上游企业还想大宗销售。

从粗制滥造到精准智造

在近三年的市场剧变中，渠道商实际上也在分崩离析中支离破碎。更多的、更加细分的、更加专业的、分布更广泛的渠道新生力量，正在构建细分市场新的入口。因此，如果没有精准智造的支持，没有强有力的产品线创新这个抓手，在去中心不断深入的市场，大客户不一定是上游企业的最优选择。

水产和白酒行业最大的区别在于江湖。水产业没有江湖，巨头们各自为战，每个人都是自己领地的王。白酒业有江湖，厂商协同、厂商合谋、厂商博弈构成了不断做大蛋糕、做深市场的江湖。

从粗制滥造到精准智造，是水产业从思维到方法和操作手法的深刻变革。粗制滥造基于产量或者产能或者企业主的一厢情愿，基于赌行情、赌份额的野蛮运营思维和经营方法。但这两年来，赌对虾、海参、鲍鱼行情的水产企业或收购大户基本上都一败涂地。水产市场早已不是渔霸虾佬占山为王的江湖了，这个江湖以人的需求、人的体验为主导，以消费数据引领产品标准，以去除各种车匪路霸的中间环节为手段，以智造实现产业上中下游的良性循环和可持续成长。这个江湖，就是以精准智造为标签的产业互联网。

如果从养殖端到客户端都能够遵循精准智造的思维和方法，水产业会逐渐健康起来。在这个互联互通的世界，未来的竞争焦点不是厂商的空间之争，也不是生产者与消费者的信息博弈。**未来的竞争焦点是接口之争、时间之争、社群之争、用户之争，接口、时间、社群、用户将成为水产业的产业互联网关键词。**

因此，**水产业的产业互联网就是以产业链关键节点的精准智造，形成链接金融、市场与消费者的接口，让产品或者品牌更近、更快、更短、更有效地对接，让产业从物理世界到用户世界之间通过数字化架构起直达的高速通路。**

第四节
产业互联网：从空心品牌到价值品牌

为什么产能产量巨大，体量庞大的企业很难构建起产业生态，进入用户社区？而那些没有库存、没有负担的轻资产公司反而更容易进入以用户价值创建为核心的社区商务模式？因为后者更容易成为社区生活方式的采购者，而不是产品产能的推销者。产业互联网就是这种轻资产公司的载体。

从产业链上游建立起穿透产业链中下游，直达消费者餐桌与味蕾，串联起生活品质和营养价值的标准化、差异化、个性化。对于水产品的价值品牌塑造而言，产业互联网将为这种标准化、差异化、个性化提供最适配的高效运营模式。这是杜绝空心品牌的最佳方式，也是构建从养殖端、加工端直达消费端的最佳路径。

1932 年，克拉克和韦尔达合作出版了《美国农产品营销》。书中指出，大量生产企业不能放任产品自由或自然流通；必须对漫长的分销过程进行干预，尤其是农产品，必须通过有效的协调手段缩短流通周期、加快分销速度、提高盈利空间。包括按照市场终端的实际需求及其反馈数据，对农产品的分销过程进行有意识的调节或协调，使生产、分销与零售过程协调起来。

当我们拥有了移动互联和大数据的支持，就可以开展这种调节和干预，从而提升从养殖端到客户端的效率，提升运营质量。产业互联网是一个全新的生态系统。**对水产业来说，必须抓两头，一头是技术端，一头是市场端。**以前的品牌，是靠广告或者推广实现的；现在的品牌，其实更精确地归集为产品品牌，需要从技术端到市场端全程协调。

因此，**产业互联网实际上就是建立品牌一体化、产消一体化的社区。**请注意，这里的产消，是产品与消费者，而不是产品与销售者。不同的产业，不同的企业，产消一体化社区有大有小。**在水产业的移动互联时代，产品是抓手、用户是入口、社区是平台。产业互联网的核心要素是产品与用户、产品与社区的适配。**

第五节
产业互联网：从野蛮产业到精致产业

产业互联网的出现，改变了水产业的传统产业链思维。因为它涵盖了从产业规划到产品智造、消费社群的顶层设计、研发、生产、销售到协同合作等在内的不同的产业链环节，对整个产业链流程形成了全方位的重塑。

精致产业链——水产业的关键课题

近十年来做全产业链的水产企业，实际上做得很辛苦。问题出在哪里？问题就在于产业链节点过多，企业的技术、团队、运营很难全面满足全产业链的要求。

从产业分工及企业的竞争力层面而言：企业不可能做好所有的事情。水产企业要包揽整个产业链，就要求对每个环节都进行有效控制，跨度很大、难度也很大。从产业链整合的角度看，全产业链可以划分垂直一体化、横向一体化的发展模式。而国内水产企业在全产业链的道路上主要以垂直产业链整合来构建全产业链战略。比如獐子岛、壹桥苗业、棒棰岛海参、国联水产等，通过多年的打造构建了相对完善的垂直产业链体系。从营销层面而言，品牌的竞争力源自企业的核心竞争力，源自产品给消费者的体验与感受，当前国内水产企业在品牌营销层面最欠缺的就是对市场、对消费者的洞察与认知，而不仅仅是将产业链当作广告或者卖点来传播。

我们很清醒地看到：国外的三文鱼、各种虾、各种鱼长驱直入内销市场时，他们讲产业链了吗？**全产业链的关键不在于打通产业链的各个环节，而在于实现各个环节之间的协同作用，提升产业运营效率，提升产业价值。**但在大多数水产企业的全产业链中，市场链是被忽略或者无能为力、力所不及的。这几年水产龙头企业所遭遇的经营困境，绝大多数源自市场链的薄弱或无力。垂直一体化链条越长，对水产企业的管控能力要求就越高。于是，管理学里的牛鞭效应就出现了：**鞭子源头一甩，鞭子的末梢会出现大幅度的波动。**链条越长，上游的波动就越显著地影响下游，不同产业链的竞争变化也会影响整个产业链条。

这两年消费互联网对于水产品的认知普及起了关键作用，而价格的透明化，则让弱于感知市场变化的水产龙头们十分受伤——决策总是滞后，策略总是失效。因此，**移动互联时代催生的产业互联网，将水产企业运营的重心从上游逼迫到下游。**当我们从市场端、消费端不断获得数据、销售机会时，我们可以用这些数据和销售机会来重构产业链条。很多成功的、具有核心竞争力的水产龙头企业实践证明，**垂直一体化是有条件的，是特定时期的特定战略，**而企业的核心优势在于精耕细作产业链中更具效率的关键环节。因此，精致产业链成为当前乃至未来中国水产业的关键课题。

如何构建精致产业链

顶层设计、规划和研发重塑

从技术驱动、产量驱动、养殖驱动的低要素产业发展向可持续产业、精致产业链演进，由养殖技术驱动向精准产业智造、品牌智造、产品智造变革。

某企业的基因测序是前沿科技，基因测序如果应用到水产种苗、饲料、养殖、防病、加工及可追溯品质领域，空间巨大。但这个项目，该企业不懂水产选择的合作方是养鲟鱼的，既没有产业视野，也没有产业竞争力。对于中国从南到北跨越二三十个纬度单位的水产业而言，精致产业链的顶层设计可能会成就很多未来的品类霸主。

生产重塑

由以产定销的季节性大规模生产向周期性柔性定制生产变革。对水产业而言，精致产业链可能比粗放、低要素的一哄而上的生产制造更具价值。养殖、加工、销售依据不同细分市场、不同消费社群的需求开展生产活动，形成周期性的柔性定制生产体系。**产量和需求之间的良性循环，是促进中国水产业走向可持续、高价值、有质量成长的关键。**柔性定制生产，其实就是针对餐饮渠道的订单。

销售重塑

即由简单的线下推进向融合式全渠道营销转变。传统的销售环节，企业在线下寻找客户，或者通过渠道商进行代理销售，市场拓展面有限，利润被盘剥。而采购方则长期受困于市场的信息不对称等因素，需要进行复杂、烦琐的招标，资质审核流程，给买卖双方都带来了大量的时间与经济成本。产业互联网的介入，加速了信息的交流与推广，削弱了信息的不对称性，电商平台的兴起，增强了市场的公开性与透明度，通过线上的交流带动线下的互动，多渠道协同发展将给企业的销售带来新的活力。借助养殖端与市场端的实时性与互动性，针对一些特定产品可能会产生类似股票市场的动态定价模式，产品价格可根据买方数量与报价实时调整。这就是产业互联网销售末端的发展方向。

协同重塑

由企业内部协作向全产业链协同变革。在企业内部，产业互联网可以应用于云平台办公、多组织协同管控、移动办公等领域，加强企业自身的信息沟通与协作。在产业层面，互联网一方面可以将电子商务、互联网金融、智能生产、移动办公等独立的应用领域连接起来；另一方面可以将产业链的上下游企业连接起来，形成产业链的联动与产业生态的发展。如此环环相扣，每一环产生的信息都可以应用于其他环节，信息的价值成倍放大。产业互联网就是营造这样一个共生的产业生态圈，盘活整个产业，实现多方共赢的局面。

从野蛮、低要素产业到精致产业链打造，产业互联网主导的产业流程重塑将加速水产企业的产品革新与商业模式改变，大量市场接口和销售机会也将随之产生。因此，无论是地方政府还是区域水产龙头企业，**通过产业互联网的产业生态圈营造，盘活弱质产业，提升产业发展层次，将成为下一轮产业发展的主流。**

海洋牧场是一个非常好的精致产业链模板，基于市场端、需求端的定制化养殖、加工，也是比较好的精致产业链模板。从养殖到中央加工厨房，再到餐饮终端，也是精致产业链的表现形式。

第六节
产业互联网：激发市场潜能

这几年各地水产市场的变化，其实就是水产业的解构与重构的最直观表现。互联网对产业与市场的改变，在不同地区的水产市场发酵。**在产业与市场之间，水产批发市场是衔接者，也是最先、最易获得"冬江水冷鸭先知"感知的产业链关键枢纽。**由于信息透明化和供需逐步垂直化进程，水产市场受到了最直接的影响。很多水产批发商直言："生意每况愈下，不改变就等死。"

在厂商直供、渠道商以最后一公里的配送服务强势崛起、消费互联网价格透明化、食品安全等因素对批发市场的冲击影响下，水产品有效需求下降→水产品生产企业因为需求不足导致水产品降价→水产批发、零售企业跟进降价→销售数量单价下降导致相关企业经营规模、盈利能力下降→引发水产生产、批发、零售企业裁员、降薪乃至倒闭→水产市场收入减少等恶性循环正在上演。

很多人断言："水产市场必死。"水产市场其实是水产业产业互联网的一个重要构成单元。从中国水产业的流通格局和发展趋势而言，水产市场是产供销链条中的承上启下的关键环节。在冷链物流不发达、不成熟的幅员辽阔的内销市场，水产市场和上下游其实不是零和博弈的对立者，而是分工合作的共同体，更是调剂水产品季节性产业特性的关键枢纽。关键问题在于水产市场如何重新定义，如何激发产业链关键枢纽的潜能，承载起最后一公里的配送与产品推广服务，如何承担起连接从养殖端、生产端到用户端、顾客端的职能。因此，对于绝大多数水产品类而言，水产市场是值得研究的市场端口，是值得投入的市场接头。

水产品现有的流通方式为：生产商（养殖、捕捞）→产地水产市场→销地水产市场→零售商（含菜市场零售商、超市、餐馆、单位伙食团等）→终端消费者。随着养殖、捕捞生产领域的规模化经营，随着流通领域经销商的优胜劣汰，生产商、经销商的数量不断减少，而其单体的生产、经销规模不断增加，产销直供是水产品流通的发展趋势。这样，水产品流通方式演变为：生产商（养殖、捕捞）→产地水产市场→零售商（含菜市场零售商、超市、餐馆、单位伙食团等）→终端消费者，乃至发展为：生产商（养殖、捕捞）→零售商（含菜市场零售商、超市、餐馆、单位伙食团等）→终端消费者。

水产市场是产业互联网枢纽环节

移动互联时代有四大原动力，一是分享，二是互动，三是流动，四是连接。因此，水产市场其实是产业互联网的枢纽环节。只是绝大多数水产流通商没有发现自己存在的价值，绝大多数上游企业也未能洞察水产市场的强大连接价值，这就是新生型的水产市场。其实从2015年到2016年，各地的水产市场变化很大——大量的终端型、体验型商家出现并形成了新势力。

产业互联网的出现，可能会彻底改变水产市场被动转型、两头受挤压的被动局面。在产业互联网中，水产市场将成为典型的生产服务型单元的核心组织或者企业，承担起产品流、活鲜或冷链物流、区域或细分市场需求信息流等中枢集配平台的职能。可以预见的是，**如果区域水产批发市场构建起基于本地辐射范围内的最后一公里配送和产品推广服务价值链，将彻底改变水产市场脏、乱、差和两头受挤压的困境，激发出全新的产业枢纽价值。**

水产市场往往以坐地收租为主要经营模式，商户各自为战；同城、同地区的水产市场相互之间竞争激烈，往往伴随着各种恶性竞争的手段，比如湛江的霞山市场和南方水产市场。抛开重复建设、巨头争霸等因素，从产业链关键枢纽的转型升级而言，对接产业互联网，借助产业互联网与全国各地的水产市场、商户及大宗采购商互联互通，将大大提升水产批发市场效率。

打通市场链接，激发市场潜能

如果有一张网，连接起从产地到各个枢纽城市的水产市场，辅助以冷链中心、集配中心等分销工具，那么一张可持续的、数字化的、可追溯的产销链、产消链就建立起来了。比如对虾、大闸蟹、大黄鱼、海鲈鱼、金鲳鱼、各种贝类，其实都具备直达连接枢纽城市的条件，都有可能实现从养殖端到用户端的无缝连接。很多水产企业，在连接这个关键节点上走进误区——只关注覆盖，不考虑连接，或者连接上不具备接口性能的接口，从而导致产销失衡、失序。

水产市场的"互联网＋"课题不仅仅是市场或者商家本身需要深入研究的，还是上游厂商重点关注的课题。在养殖端，实际上淤积着巨大的产能、产量，比如各种鱼类养殖。**打通水产市场的连接，构建畅通的产能、产量接口，同时在终端不断强化品类价值和产品文化，这样就形成了从养殖端到用户端的有效连接。**

在移动互联时代，驱动产业前行的动力是提档品类、高效连接、实效推广、用户推荐。当你创建一个新品类或者拥有一款好产品，通过实效推广与用户高效连接，快速形成体验，你就会很快创建了一个爆品。

分享、互动、流动、连接四大原动力实际上来源于用户本身，只要你启动任何一个动力都能产生非常强大的力量，有一群人在帮你推动公司成长。所以，在移动互联时代，并非水产巨头才具备优势。有很多公司很小，但是影响力非常大，原因是粉丝和用户成为它的员工、成为它的渠道。不断分享、互动、流动、连接，这四大动力快速拉升产品的曝光度，提升品牌的吸引力，带来巨大的流量，包括曝光量、转发量、资源量，然后转化为巨大的销量，形成强大的口碑。

释放能量，其实就是释放分享、互动、流动、连接四个原动力的能量。无论是面对小众消费还是锁定水产市场，如果水产企业能够构建这样的运营战略，将会在市场上形成全新的整合型运营模式，形成快速裂变的核动力。很多企业家在互联网的喧嚣中迷失了方向，认为水产市场是落后生产力。其实，存在就意味着合理、意味着价值。当我们用产业互联网思维重新审视、重新定义水产市场的能量时，我们的视野将更加宽广，战场将更加宽阔。

金鳄科技辛红霞的北极虾推广案例，得到各路意见领袖的大力推广，但实际情况是：线上卖的北极虾只占10％，各地水产市场销掉的占90％。移动互联时代我们都将释能提速，释能在传统渠道，提速在产品换档、推广节奏、互动频率、流动速率。

第七节
产业互联网的原动力

当成吉思汗率领十万狼虎之师，兵分三路杀向中亚帝国花剌子模国时，花剌子模国国王摩柯末并没有把成吉思汗放在眼里。在摩柯末眼里，蒙古兵都是乌合之众，因为他们连统一的着装都没有，装备不一，个人的手法也不尽相同。中亚帝国受西方诸国的影响比较大，特别是著名的希腊方阵，统一的着装及高度的纪律性使得希腊军团声名鹊起，亚历山大大帝正是凭借着改良后的马其顿方阵，击溃了数倍于自己的大流士波斯军团。所以摩柯末看不上蒙古军团是有其道理的。那么，花剌子模国的"正规军"是如何输给"乌合之众"的蒙古军的？

如果我们用现在的流行词：互联网思维、创业团队等来解读这个问题，得出的结论比较有意思。问题就在于骑兵是一个创业团队，而不是纪律团队。当然蒙古骑兵也有自己的目标，但这种纪律多半是粗放的，在草原上骑兵歼灭战中，骑兵更多的仰赖自身的机动性来获取战机，需要士兵有更强的灵活性、个人能力及创造性。一句话，那些步兵的战法更多的是仰赖团体的纪律性来实现，而骑兵更仰赖自身的灵活性。

如果说步兵是一个有条不紊的指挥系统，那么骑兵就是一个创业平台。战略目的要靠骑士们百花齐放的主观能动性才能实现。成吉思汗告诫自己的骑兵团，面对敌人的全线防御，不可全线进攻，而是到处攻击，看到薄弱点之后，全部骑兵就顺着薄弱点鱼贯而入。这种寻找突破口的做法非常需要创新性的打法。

当行业的边界越来越模糊时，竞争对手多半不是同类，而是取代关系的异类。中国移动只能发动针对联通的进攻，却对微信的突飞猛进视而不见。肯德基最主要的对手不是麦当劳，而是其他业态的餐饮，甚至是游戏。因此，你武功再高，天天练内功，天天进步，可是人家练习的却是枪法。

所以，在讲解中国水产的产业互联网时，我们讲风口、讲释能、讲连接、讲供求一体化社区。**从养殖端到用户端的一体化社区构建，是产业互联网的重要命题**——面对遍地游击队，劣币驱逐良币的市场，面对不知道从哪里冒出来的骑兵，只有一体化的社区，才能形成吸聚碎片式消费的力量。

从产业的维度去"＋"

现在到处都在讲"互联网＋"，"互联网＋"不是站在企业的维度去"＋"，而是必须站在产业的维度。如果仅仅站在企业的维度去"＋"，那么各种种瓜得豆的结果都会出现。

为什么很多水产企业的电商之路都是种瓜得豆？被"电伤"之后，转头又回到传统渠道中来，重新构建渠道终端体系，但到实体渠道一看，市场变了、产品过时了、服务跟不上了！问题的症结在于他们站在企业的维度去"互联网＋"，或者上错了车——忽略了产销一体化社区的构建，盲目进入消费互联网这个碎片式的、以双低产品为主导的市场。

当时当下的消费市场提档升级无时无刻不在发生，消费者对品质、品位、文化、个性的需求让绝大多数企业都难以跟上、无法连接，如图2－1、图2－2、图2－3所示。

可见，**构建基于精致产业链的产业互联网，以数据架构起从养殖端（原产地）到用户端的产品流、品类流、品牌流，将成为未来水产业发展的主导模式。这个主导模式是由产品智造、产业智造、渠道对接、价值消费、资本引领共同构成的，缺少一个环节，供求一体化的生态系统就不太健康。**其中，产品智造包含了品类智造和品牌智造，我们统称为产品智造。

基于市场提档、消费需求升级的产品智造，需要重新定义产品、重新定义目标消费人群、重新定义市场，构建具备安全标准、品质价值、工艺优势、原料优势的产品能力、品类能力或品牌能力。这个重新定义实际上是企业战略的原点，很多企业一直以刻舟求剑的方式做运营、定义产品、定义渠道、定义市场，因此总是慢半拍。

人均消费(指数)
快速消费品、享用品、健康与生活方式

人均消费(指数)
高端产品

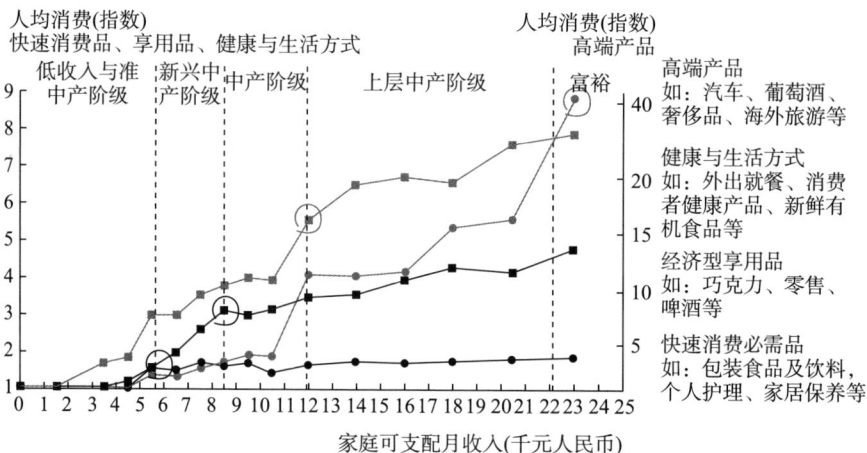

图 2-1　中产阶级及以上家庭对各产品类别的影响

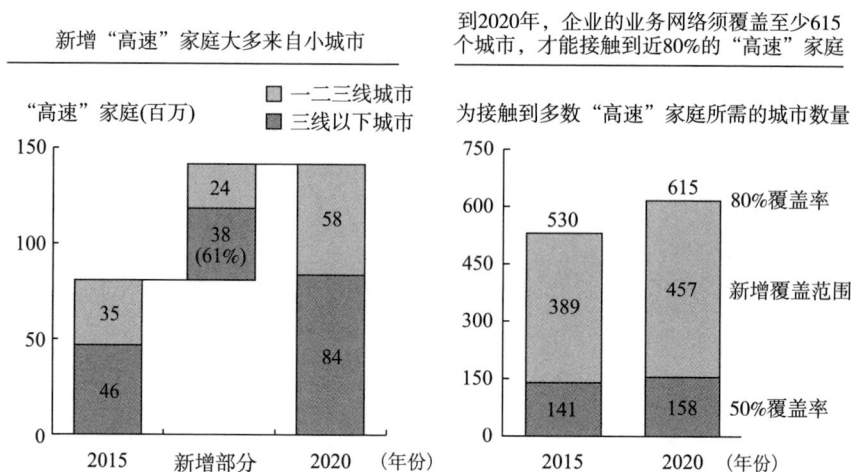

新增"高速"家庭大多来自小城市

到2020年，企业的业务网络须覆盖至少615个城市，才能接触到近80%的"高速"家庭

图 2-2　企业应拓宽业务分销网络

产业智造是在产品智造的基础上，构建起精致产业链运营模式，全面对接渠道终端，锻造产业链价值，提升养殖端、加工端的核心竞争力，区隔或者摆脱低要素产业发展的困境。在产业智造中，其实一些具备技术、营销、团队优势的企业，可能更容易获得快速成长的机会。渠道对接是产销一体化的核心枢纽。

互联网时代讲渠道好像不合时宜，但当互联网思维远离喧嚣时，渠道红利的价值正在不断显现。渠道对接就是借助分享、互动、流通、连接等

家庭月支出(元人民币)

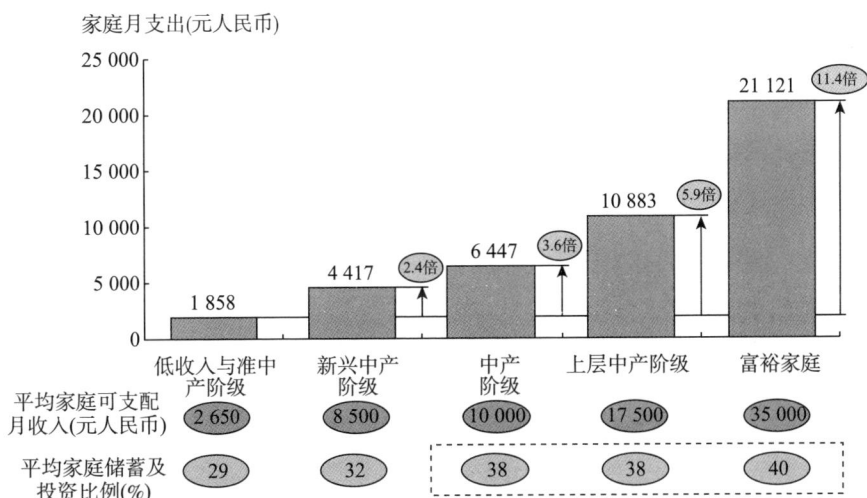

| 平均家庭可支配月收入(元人民币) | 2 650 | 8 500 | 10 000 | 17 500 | 35 000 |
| 平均家庭储蓄及投资比例(%) | 29 | 32 | 38 | 38 | 40 |

图2-3 不同收入等级的家庭月支出情况

创新营销技术的应用，强化对接餐饮、流通、商超等细分市场，通过大数据形成产供销一体化的市场流通新秩序，打破水海产品运营中信息不对称的经营乱象，驱动、引导水产渠道商升级，释放传统渠道在流通和分销市场的红利。

价值消费这个支撑点应该非常容易理解。**价值消费的创建是基于目标市场、目标消费社群的需求，建立从养殖端到用户端的品质标准，以可追溯的数字化技术应用，确立价值消费的标准与区隔。** 就像顾客心中的定海神针，值得企业在标准与区隔方面投入、投资并持之以恒。

产业互联网的原动力

在水产业的产业互联网构建中，资本引领是不可或缺的。前一轮水产业的资本引领是以资源占有、跑马圈地为目标的；新一轮的水产业资本可能更倾向于产销一体化社区，或者用户端的投资与并购。

实际上，产业互联网的原动力是连接，通过产业链节点连接、产品连接、营销连接和金融连接，与用户形成了供求一体化的关系体系。这种数字化生存的社区规模越大就越有能力深化数字化生存方式，就越能深化数字化需求的结构，就能提高数据的深层次结构，就越能整合供应链，成为产业中的供应链网络的组织者。

回到我们的主题：**产业互联网最后归结为一个关键词：连接（或者链接）**。

无论企业大小，无论是地方性的传统企业还是全国性的行业巨头，**如果我们能够在各自的领域构建起从养殖端（原产地）或者供应端到用户端的供求一体化社区，我们将稳步构建起未来的产业竞争力和企业竞争力。**

孟尝君手下有门客三千，上至豪士下至盗贼都有，孟氏公司可谓人才济济，是多元化、多样性的典范。孟尝君凭借着像冯谖这些智慧之才，跨过了许多人无法跨越的门槛，从秦国层层的堵截中逃出生天。

读过《进化论》的人都知道，物种进化是朝多样化展开的，并且具有不可逆转性。这种本能贯穿于我们的生活需求中，服装开始了个性化，甚至汽车也开始了个性化。个体极富个性的物种才能在未来活下来，处于中间地带的平庸型人格将首先成为被淘汰的物种。未来你无需磨平自己的棱角，变得很温顺，或者装得很老辣，尽可能展示你的原型，这才是那个不太遥远的未来所需要的。

产业互联网一个最简单、直白的定义——产业互联网就是连接或者链接，就是利用互联网手段，深化消费者数字化生存的方式。谁先做到，不管用什么手段做到，谁就是赢家。

第三章
触发需求链，
整合供应链

第一节
从需求到需求链

需求，你见或不见，它就在那里

很多企业都在说创造需求，其实是创造某种方法、手段、工具，让人们满足需求。人类进化这么久了，人性其实没有什么变化，需求一直存在，从来没变过。我们的生活看似极大地丰富了，更多的需求被满足了（或者说被更好地满足），都是手段和工具进步的结果。

所以，用现在很流行的话说：**需求，你见或不见，它就在那里，这就是需求**。在需求被发现之前，它跟供应其实没有半毛钱的关系！人的需求一直没有变，满足人需求的东西一直在变，越是以物来满足的变化越大！所以，大凡精神层面的品牌，无论怎么艰难，总会有拨云见日的一天，而不断以物来满足需求的，往往陷入困境。那些大品牌不断以技术、文化、场景等各种符号化的东西来强化信仰，其实它们在巩固需求链，而不断用产品本身属性来满足用户需求的企业就不知所终了。

互联网改变了什么？当我们从大量的低价、低质的产品海洋中冷静下来时，我们惊讶地发现：这些东西不是我们要的。**需求和满足需求其实是完全不同的两个概念，需求和满足需求是有差异的。期望"快一点"到达是需求，乘车、乘飞机是满足需求的方法。**

"快一点"的需求顾客是知道的，但怎么能再快一点的方法是交通工具的供应方要考虑的，顾客就不知道了。所以，"创造需求"的说法并不靠谱。比如"想上天"的需求自古以来就有，不用创造，但一直以来上不了天。后来有了飞机，可以满足人们"上天"的需求，只能说是提供了满足需求的方法和手段，从而满足了人们的需求。

互联网是不是也是这样呢？当我们拥有了互联网的工具，我们可以天涯若比邻，可以建立起守望相助的社区。因为在商业社会中，在钢筋水泥中，人们有"在一起"的需求，有"守望相助"的需求。所以，当我们想要用某种产品满足需求的时候，就要找到一个公式，不能说去创造需求，或者笼统地界定需求。

发现需求→筛选需求→创造需求→验证需求→满足需求。

需求、满足需求、需求链，这个三个关键词的内涵和外延各不相同。**需求链实际上是基于需求的服务价值链体系，是从市场端到供应端的逆袭，是一个消费社区的构建，是从社群到社区的前瞻性课题。**

什么是需求链？我们看看波音公司，看看空客公司，它们以技术和规模形成了全球化的需求链。这是第一种类型。

第二种类型，满足庞大的精神性、嗜好性需求。如中国的烟草专卖局和各地的烟草工业公司、专卖局及专卖店系统，以强制性的产销链形成稳定的需求链。极少数的名酒也有这种特性，比如茅台和五粮液。

第三种类型，自发型的需求链。以共享经济的代言人的优步为首。阶段型、片段型的需求链则很多，也是大多数企业梦寐以求的理想状态，如小米、苹果、华为，以及各种各样的社群。**需求链基于需求，但如何形成价值链则是一个十分前瞻而又艰难的课题。**

谁能够建立需求链？大家看看乔布斯、Facebook 创始人扎克伯格、特斯拉创始人马斯克、优步创始人卡兰尼克等，他们赋予产品以魔力，创造无法割舍的情感共鸣；他们化解用户的困扰，解决顾客不用张口的问题；他们用看似无关紧要的细节让用户尖叫，让潜在需求变成真正需求；他们不断打造产品精进曲线，一次次以不凡来杜绝平庸。真正的需求，很难一下子被挖掘出来。

我们天天说用户、天天说需求，却忽略了一个大问题，也是根本问题：到有鱼的地方去钓鱼。互联网硝烟弥漫，那么中国商业 90% 的流通渠道与消费终端真的都要去死？这是对需求理解的最大魔障。

链接阅读：鲜誉极参的需求链构建

鲜誉极参在短期内迅速崛起，走的就是需求链构建的路线。

（1）需求来自于人。中国海参排名靠前的品牌基本上都跟我们的咨询公司原本智造有关联，我们对海参的研究可能比任何一个企业都要深刻。因此，我们更能看到海参的需求——更多的职场白领、金领、精英需要养生滋补。但是传统海参产品不方便，价格从几百元到几万元不等。于是，我们做了产品测试：送出700多盒新开发的便捷型产品。给谁呢？给营销大咖、专家学者、媒体高层等，当然以白酒超级经销商居多。

（2）用保温杯炮制、方便即食的产品，很快赢得了大家的青睐。于是，我们发现了需求。

（3）当需求和产品之间发生关系后，就形成了连接。于是，一轮、两轮、三轮，50天，鲜誉极参就卖了10000盒，所以才有了现在的鲜誉。

（4）前面三点其实都可以被模仿，但是我们把海参的产业链吃透了、市场链吃定了，就开始构建谁也无法跟进的价格体系、供应体系、推广体系，并迅速地借助《糖烟酒周刊》的巡回论坛，通过跨界营销迅速建立起名酒超商渠道平台。我们制定了"小三战略"，只为名酒做配套。

我们把KOL的需求转化为超级渠道商的需求，很快形成了释放名酒渠道红利的高端用户需求链。鲜誉通过跨界、通过对名酒超商的战略形成需求价值链并反向整合供应链，不断把增量转化为存量。

其实对于需求，我们需要区分"我的需求"和"他的需求"，要抓好"硬需求"而非"软需求"。绝顶高手的招式往往非常简单，化繁为简。因此，需求链必须以"我的需求"为核心，当然"我的需求"是从用户价值创建层面出发的。

为什么那么多水产巨头在消费互联网上烧了那么多钱之后毫无效果？问题就在于他们去抓"他的需求"，去满足"软需求"或泡沫化的潮流式需求，而忽略了产业重构、市场重构中的B端刚需。为电商，被"电伤"；为线上，屏蔽甚至抛弃了线下；为1%的需求，砍掉了99%的需求。

在不确定的市场，**真正的需求创造者总是一刻不停地搜寻，持续不断地试验，痴心不悔地试错，以期尽快找到观望者转变为用户的关键力量。**

鲜誉从 2015 年 11 月 22 日开始，就是这么走过来的，一直不断地搜寻、试验、试错，一直发现、分享、连接、流动。

在搜寻、试验、试错的过程中，无论从运营层面、团队建设、技术提升或情感共鸣，产品和品牌的每一点提升都会打开新一层的市场需求，都会聚合新一轮的市场能量，并把东施效颦的模仿者挤压到更小的空间中去。

第二节
触发需求，从分析开始

"需求分析"是当时当下非常重要的课题。企业需要从消费行为的掩盖中找到用户需求。被行为掩盖的用户需求到底是什么？比如"手机是什么"这样的需求分析课题，我们尝试一下展开分析：

从消费情境上分析，手机已经成为"承载需求的硬件""炫耀时尚的工具"。比如以前在公交车、地铁上，大家都在看书、睡觉、听音乐、发呆……现在都在玩手机。以前手机是通信工具，现在手机是时尚配饰，年轻人往往半年换一次手机。

实际上，时代的变化无法引发需求的变化，变化实际上是需求的形式、方式或节奏。**因此，当我们需要定位用户、研究需求时，如果仅凭看到的消费行为，而不是深入了解被行为掩盖的本质需求，那么最后被骗的绝对是自己。**

需求有很多种，如财富、温饱、精神……当然也会分层次，表面需求（行为）、心理需求（触发动机）、意识需求、潜意识需求……如果这些词不好理解，就举一个简单的例子：恋人分手。分手的理由总是这样的："这不是我想要的生活。"所有人都愕然：当时在一起的时候你说这就是你想要的幸福！实际上，分手时的他只是发现了能满足自己更高层次需求的承载者！这便是不同层次的需求。

为什么微信这么牛？为什么优步是未来的一大风口？实际上，这些超级产品表达的是"超越需求"的意识需求或者潜在需求。当我们研究需求时，必须更加关注时代背景、消费趋势下的"法则"。

笔者最近在市场上走访，每天一个城市，感受到的市场变化、需求变化，尤其是提档升级的需求前所未有的深刻。**市场深层次的结构与机理变化正在形成全新的市场规则与消费法则。**成功的企业或者产品、个人，无疑掌握了更高层次的法则。

有人说："成功的人是站在上帝身边的人。"这句话讲的就是成功者了解上帝的法则。掌握需求不如制定法则，不如打造超越需求的神器，这或许是提档升级时代把握需求的秘密武器。超越需求实际上就是"需求＋"，它的后台是"产品思维＋""运营模式＋"，各种带有共享符号的"＋"。

现在的消费者像猫，如果把猫激发了，猫就天天想着尝鲜，这就是主动式需求的激发。当产品成为一种谈资、由头，或者随时可以唤醒用户的兴趣时，产品的驱动力就出来了。这种驱动力有多大？取决于你的营销保障系统和持续互动系统。所以，从一见倾心到再见倾情之间是有鸿沟的。谁跨越了鸿沟，谁就对接上了需求。跨越不了，那就是垫场的过客。

另一个层面，移动互联时代的需求占位确实遵循着有第一无第二的法则。只要你抢先占位，跟随者根本找不到地位，而且所有的新玩法都只有3~6个月的时间。玩不转就得撤，撤不了就遭殃。当你真正洞察到需求时，你得有能力扑上去、压上去！

第三节
构建需求链

现在的营销发生了根本变化，从供应链到需求链的大逆转，成为中产阶级或新世代消费时代的最新课题。过去是供应决定需求，现在是需求决定供应，整个链条倒转过来了。因此，**需求链就是让你的产品、品牌、服务参与到别人的商务方式、生活方式中去。**

乔布斯和苹果的成功，就是让苹果成为全球用户一致的生活方式。现在这种生活方式正在被分化、被瓦解、被冲击，所以苹果的危机就出现了。2015 年中国香港的 6S 退货事件就是一个分水岭。实际上，耐克、阿迪这些世界级的运动品牌也是如此，用各种推广的方式嵌入运动者的生活方式中去，形成需求链，然后配套供应链。所以，**构建需求链表面上看起来是以产品为核心，其本质是以用户的需求为核心，而且这种需求具有延续性，延续"昨天""今天""明天"的产品特质和品牌特性。**

这几年，由于互联网在中国被过度透支、过度解读、过度应用，需求的可持续被深度掩埋，品牌也因互联网的喧嚣被淡忘。所以，市面上充斥着大量的伪需求产品、伪需求商业模式等。面膜党为什么会消失？各种各样的众筹产品为什么只是昙花一现？为什么在移动互联时代的模仿就是为他人作嫁衣？问题在于需求的可持续。苹果从 4 到 5 到 6；三星的族系和谱系也分得十分清楚，而且是不断延展的；华为手机的延续性已经从定制机、低端机升级到以 M7、P8 为代表的新产品上来。当你觉得洞察到了一片巨大的蓝海市场，抓住了一个巨大的需求时，如果无法在产品、品牌的系统运营上构建起从"昨天"到"今天"再到"明天"的价值链，需求还只是需求，还只是碎片，无法形成需求链。

为什么小米在短短的几年时间撼动了手机市场？其根本原因就在于小米建立起了用户深度参与的社区，这种社区形成的"小米部落"实际上就是一个巨大的需求链。小米用这个需求链，撼动并颠覆了手机产业几十年构建起来的供应链和供应模式。

需求链的力量在于从反方向，从产业下游打通中游、上游，从而形成反转的力量。从这个层面看需求链，我们看到电商，尤其是消费互联网，或者各种微商，解决不了需求链的构建课题。需求链的构建完全依靠电商不靠谱的事实，现在已经很明朗了。

那么如何构建需求链？

第一，借助社会化媒体的营销传播形成热点，抢占品类或市场细分的风口。

第二，借助社群的连接，构建有组织、有系统、有互动、有链接的社区。这种社区一开始是玩，然后是商务关系，最后是形成价值。

第三，必须从传统渠道与终端的红利释放中寻找落脚点。传统渠道的重要性正在互联网泡沫退却后显示出来，传统渠道与各种电商的连接将成为需求链构建的主要力量。

需求链或者表现为一个圈层，或者表现为一个部落，或者表现为一个社区，但是一定要注意，这个圈层、部落或者社区是可持续的、不断升级的，也是有生命周期的。

人们习惯性认为，指北针当然指向北方。数千年以来，水手依靠地球磁场来导航；鸟类和其他对磁场敏感的动物应用这个方法的时间更长。但是科学家的考察研究表明：地球的磁极并不是一直都指向现在的方向的。地球物理学家认为，地球磁场变化的原因来源于地球中心的深处。地球和太阳系里的其他某些天体一样，通过一个内部的发电机来产生自己的磁场。发生逆转需要三个条件：大量的导电流体、驱动流体运动的能量来源、旋转，而它们之间一定会发生某种相互作用。"唯一不变的是变化"。科学家发现，其实在南北半球，少数地区的磁通量的指向与所在半球的磁通量指向是相反的，如果它们覆盖了两极，就会发生极性反转。

在美国电影《后天》中，群鸟迅速迁徙甚至一头撞向墙壁，大如拳头的冰雹砸向四处躲避的人群……电影用虚拟的手法，为我们真实地展现了地球磁场易位给人类带来的巨大灾难。需求链对于传统供应链的整合与颠覆，大致也是如此。

链接阅读：邓沉飞谈需求链

需求链也可以是一条降低成本、提高利润的经济活动链，是以需求为目的的竞争工具，是消费主导促成需求链。**需求链的特点在于以服务需求为起点，满足服务需求为终点，与供应链的以原材料供应为起点，满足产品需求为终点相对应。**可以看出，两者是截然不同的，因此供应链不可能转变为需求链，需求链也不是供应链中的一部分，但两者却在一定程度上有联系。因为产品需求和服务需求之间存在关联关系，供应链往往和需求链又相伴而行。需要指出的是两者不一定是绝对的衔接，如一些文章所认为的供应链是前半部分，需求链是后半部分，而是相互交错和影响的，需求链也不单单是营销、销售和售后服务那么简单。

需求涉及客户关系、产品生命周期、销售、库存、事件、企业协作等领域，卓越的需求分析还必须能整合上述各种领域之间的决策、计划和执行，使各种目标达成一致。

随着现在市场竞争日趋激烈、信息技术的不断发展、消费者服务需求的不断提高，消费者的地位逐渐提升，消费者需求在供应链中占据了主导地位，左右着供应链，导致需求链的产生。

在传统的供应链管理过程中，零售商是离消费者"最近"的组织，它承担了消费者需求调研、产品满意度反馈等了解消费者的责任。而在需求链管理中，需求链上的每个节点企业，消费者需求的监控者，都承担着了解有关消费趋势产品和市场需求方面信息的责任，这使得各节点企业更容易对产品进行改进、开发新产品、实现营销手段，更好地满足变化之快的消费者需求与市场需求。

实际上，创建需求跟踪与分析能力是困难的，尤其是在短期之内会造成开发成本的上升，虽然从长远来看可以减少产品生存期的费用，在实施这项能力的时候应循序渐进、逐步实施，精准定位与分析。需求跟踪的一种通用方法是采用需求能力跟踪矩阵，它的前提条件是将在需求链中各个过程的元素加以编号，比如需求的实例号、设计的实例号、编码的实例号、测试的实例号，它们的关系都是一对一和一对多的关系。通过编号，你可以使用数据库进行管理，需求的变化能够立刻体现在整条需求链的变化上。

需求跟踪分析矩阵并没有规定的实现办法，每个企业注重的方面不同，所创建的需求跟踪与分析矩阵也不同，只要能够保证需求链的一致性和状态的跟踪分析就达到目的了。

第四节
需求分段

需求分段实际上就是需求链的节点衔接。为什么很多很厉害的专家洞察到了新需求，却无法把这种需求转化为商业模式？问题在于他们只看到了需求，却找不到转化需求的办法，看不到产业价值链中需求分段的节点。需求分段其实源自分工。现在满天飞的各种需求，绝大多数都是泡沫，你若当真，就成了陷阱。

在市场重构中，并不是要干掉中间商，也不是要全部重构成O2O，而是要构建更高效的，更有助于用户选择、体验的新商业模式或新商业秩序。这种重构不是以干掉中间商为目的，这个道理，我们用食物链来解释也很直观。处于食物链顶层的老虎、狮子，如果做O2O，去掉中间食物链，那只能满地找虫子吃。显然，虫子是喂不饱老虎、狮子的。因此，洞察需求分段、洞察市场生态中最关键的需求，或者可对接的需求环节，是打造需求链的关键。

水产业最关键的需求环节在哪里？绝大多数上游企业都忽略了水产批发商、流通商转型升级的需求，忽略了分布在各大枢纽城市，掌控了渠道终端却苦于双低产品的各类食品经销商，以及大量的跨界融合的、具备强大运营能力的其他经销商。

那么如何链接这些分段式需求？

首先，位置与姿态的问题。2015年8月，笔者发过一篇文章——《换姿势，换跑道》，讲得就是位置与姿态。绝大多数水产企业困囿于行业，被"水"困住了，从思维到方法、从理念到动作。山寨大王、东海龙王、南海龙王式的位置感和姿态，如果无法调整到和市场生态同频、和用户需求同频，那么只能在困境中挣扎。中国水产业未来的精英们不仅封闭，还缺乏思想，缺乏对产业和市场基本的认知。大多数水产巨头也是如此，这种位置感和姿态感可能是自我泯灭的源头。

其次，运营层面的各种纠结。产品纠结——明知在不断生产库存、制造垃圾，但就不愿意去适应用户、适应市场；价格纠结——明明在不断亏损，却不断地采用各种掩耳盗铃的方式来保持虚高的价格，试图用价格维护所谓的品牌；渠道纠结——做电商找死，不做等死，左右都是死，就是看不上那些只会砍价，或者要求很多的传统商家；团队纠结——明明是一群火鸡，却要求他们像松鼠一样的爬上窜下，不惜拿枪找炮来震慑；组织纠结——明知道庞大的组织、繁杂的流程让决策远远地滞后于市场，但就是下不了手来调整组织架构、改造组织机制。

这些问题归根到底都是思维和方法、理念和动作的问题。**企业的核心使命，是满足自己用户的需求**。这里的用户是分段式的。有的企业需要先满足渠道用户、终端用户的需求，然后才是消费用户的需求，这是串联型的链接。有的企业可以采用并联型链接，把所有的渠道层级都当成用户。

从逆向看，也就是从用户的角度看需求，我们会发现，不同用户的需求是有鸿沟的。比如海鲜产品，用户想买，但用户想的是制作的难度和麻烦；另一方面，用户真心想让家人共享、朋友共享。如果你的产品和服务模式能够跨越这个需求的鸿沟，你就把需求链接起来了，对于想经营海鲜产品的经销商同样如此。卖酒不赚钱了，卖海鲜是一片蓝海市场。如果卖酒的分出1%的人去卖海鲜，那么水产业就迅速成长起来了。

谁跨越了这样的鸿沟，谁就对接了新的需求。所以，当我们明白了需求分段的特征，洞察了链接需求的接口时，我们惊讶地发现：构建需求链如果靠产品、靠服务，或者靠任何单一的要素，那是远远不够的。

构建需求链实际上是在重构你的商业系统。在欧美、日本这些商业系统成熟的国家和地区，很少听到颠覆式创新，也很少发生一个产品颠覆了一个行业的现象。这只能说明一点：我们的市场机理和生态并不成熟，商业社会还没有成型。所以，我们如果抛开喧嚣的互联网泡沫，回归到需求的本质和商业的本质中，从商业层面来看待企业战略，指引企业运营，成为商业公民，可能会更加理性地看待当时当下的喧嚣和闹腾。

构建需求链实际上就是构建商业社区，产销一体化的商业社区。无论是区域市场的渠道商还是行业巨头，或者像鲜誉这样的创客企业，如果能够从商业社区构建上有所成就，那么一定有未来。

第五节
触发需求

需求的本质到底是什么？是什么引发和驱动需求的？我认为，**需求是引导用户觉醒和发现的过程，是带领用户不断发现产品价值、创造产品价值的进程。**

在移动互联时代，消费需求的碎片化、部落化呈现出更加强大的主权特征，这是消费主义的重要标识。消费者是发现和分享的中心，是连接和传播的中心，每个消费者将有更加主动的消费选择，并通过各种社交媒体平台进行重新连接，从而形成各种各样的消费社群。

对需求的洞察，必须要对已经发生的未来或必将发生的未来有着充分的认识和准确的把握。但是，绝大多数企业都在盲目焦虑，或者妄图全力回天。"已经发生的未来"在很多行业都有清晰的印记；"必将发生的未来"在移动互联及各种"＋"的推动下，越来越快速、越来越迅猛。2015年的后半程，传统市场的连接逐渐成为主流。电商巨头们虽然不承认消费互联网大势已去，但已经开始了分布式电商的部署与重构。

分布式的电商、分布式的重度垂直商业模式、分布式的组织运行机制、分布式的社群、分布式的终端整合，正在悄悄地改变商业秩序和市场结构。在这种前所未有的重构中，一些看起来很渺小的因素，在"必将发生的未来"中发挥着重要作用。比如，你以哪种方式来构建对接全新需求形态的领导力？是套用惯有的组织流程控制体系，还是寻求生态型的自组织领导力？你以哪种方式来组建团队、管理业务、驱动客户？或者说你以哪种形式来构建企业文化，从自娱自乐到互动互乐？

需求的变化来自我们身边环境的飞速变化，这就是让绝大多数企业家抓狂的"不确定性"。而人口的变迁，尤其是中产阶级的崛起，消费主权的主导，让世界的"惰性"越来越强大。因此，在不确定的市场中，抓住中产阶级和消费惰性两大主题，可能演绎出诸多的商业文章，也隐含着诸多的商业命题。

实际上，当互联网从喧嚣回归理性时，"互联网＋"或者"＋互联网"才刚刚开始。BAT只是超级连接器，并不代表未来，当时当下火爆的各种平台也不代表未来，鲜誉也不一定有未来。但是，代表未来的一定是直接能够链接起需求、用户的商业模式或企业模式、产品模式。"必将发生的未来"潜台词中的核心字眼是"生"或者"死"，对很多传统企业家而言，可能需要一种置之死地而后生的勇气与魄力。

我经常在公司的各种会议上，或者针对各种管理问题上，用很新奇的观点来应对：触发。必须不断地去触发。不管好或者不好，对或者错，只有触发之后，你才能知道。不去触发，你永远处在懵懂或者蒙蔽状态中，那种状态最可怕。在常规竞争时代，有时候企业还可以依靠资源、家底或者安分守己。现在这个时代，胜者不一定为王，而剩者可能连角落的位置都占不稳。

所以，寻找需求、创建需求链，最后其实只剩下两个字：触发。从个人触发到企业内部的触发，到组织运行的触发；从产品对用户、细分渠道的触发，到对整个行业和市场的触发。很多经验、很多成果就是来自于"一触即发"，很多麻木、很多停滞也是源自麻木不仁或者习以为常的"不触不发"。

触发跟量的积累没有必然的关系。关键是你敢不敢触，有没有抓手去触。这个问题换个角度来看，那么多大企业，"厚积"了很多，但是没有"薄"，也"发"不出来。我有时候采用新奇甚至粗暴到蛮横的方式来触发。比如谈客户，我经常跟事业部老总们说："只谈一次。你必须做好只谈一次的准备。一次谈完搞不定，过。"

实际上，樊登老师的课题"点燃员工"，自然醒、点燃醒、点不醒的分类对企业或者客户也是适用的。客户意识到了自己在品类、经营瓶颈上的问题，有的自然醒了，就会寻找对自己有启发和拉动作用的企业或者产品合作；有的点燃一下就醒了；那些点不醒的，你怎么说都没用。对外来的高管也是如此。很多人羡慕鲜誉拥有很强的专家级团队。为什么？还是触发。鲜誉是初创企业，什么也没有，至今还在一个小楼里办公。但是我用真诚和事业来触发。触发动了，就是一把好手；触发不了，就自然淘汰了。同样道理，甚至对于跟我们洽谈资本的，我也是这个态度。我给他们定了"三观"：价值观、产业观、市场观，谈不到一起去的，或者评估结果显示"三观"有问题的，就直接忽略。

无论是哪种合作，最怕无感。测试无感的最好工具就是触发。

链接阅读：淘宝零担，O2O 为何火爆异常

我对中国水产的机理与路径比较熟悉。因此，我的创业从水产业最大的、最具经济价值的品类——海参开始。产品测试实际上就是投石问路。现在很多企业也在这么做，包括丁丁老师做的好多经典案例。

产品测试之后，我们开始规划战略，如图 3 - 1 所示。

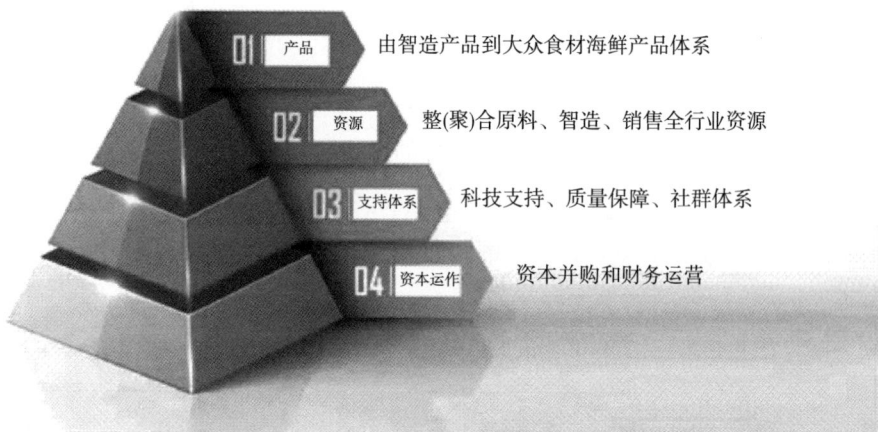

图 3 - 1　规划战略

（1）抓住行业的解构与重构，消费升级与不断强化的行业监管所产生的机遇，利用移动互联营销技术，快速跨界、迭代、更新细分水产品类的主力产品，高效整合行业资源，快速发展。

（2）以智造平台为基础，以产业金融为驱动，构建中国水产业的产业互联网创新运营模式。

（3）集中优势资源，以海参单品快速切入市场，整合资源完成产业链布局，快速向水海产品全品类扩张，构建中国特色水海产品孵化平台。

这是我们的顶层设计，就这三句话。因为我们拥有水产业几乎所有的

数据，拥有策划、设计、推广、数据等全知识链的咨询团队，因此我们很快就找到通往快速成长的路径。懂产业，找到市场路径，剩下的就是产品打造了。

鲜誉极参可以说在全中国的性价比最高。高到什么程度？没有任何一个海参企业敢这么定价，就算这么定价也卖不掉，因此我们的这款单品迅速"击穿"。这个击穿不是在线上，而是在线下。我们抓住高端酒市场萎靡的机会，让我们的产品嵌入到名酒超商渠道中，让鲜誉极参成为名酒的润滑剂。

我们于 2015 年 4 月在淘宝上做了一个商城，但那只是摆设。线下每月的销售额超千万元，不折不扣地成长为一个超级单品。这个存量，不存在于海参传统市场，而存在于提档升级的商务消费、养生消费的新市场。有了鲜誉极参的击穿，实际上我们已经构建了一个产销一体化的社区。

为了弥补海参的中高端消费留下的空档，我们于 2015 年 7 月推出了一款新品：酒香海鲈鱼。海鲈鱼是一条不起眼的鱼，这条鱼一直是散户养殖、散户经营、散户销售。为了做好这条鱼，我们几乎动用了全行业的资源，测试了几百条鱼，终于打造出一款又白又嫩又滑的便捷化产品。这条鱼好到什么程度？到目前为止，只要品尝过这条鱼的人都成为推广者。产品一上市就创造了十几万条的销量，之后一直延续，现在三个工厂为我们定制产品。

鲜誉极参的套路就是释放传统渠道红利。那么多酒商，高端酒卖不出去，怎么办？我用海参来帮忙、来润滑、来释放酒类超商的红利。所以，鲜誉极参的平台商都是非常优质的经销商，单个经销商每月的销量都是以百万为单位。鲜誉海鲈鱼的套路是典型的体验营销，通过社群体验，用户口碑来形成市场势能。实际上，我们就是把各种线上的套路转移到线下来玩。所以才会出现淘宝零担，线下的社群、社区异常火爆的现象。

什么是需求链？以我目前的实践来理解，需求链就是让产品、品牌、服务参与别人的商务方式、生活方式。**请注意，从产品到品牌到服务这个线路非常重要，建不起这个线路，往往会功亏一篑。**

构建需求链是线下 O2O 火爆的关键战略，也是从 0 到 1 的裂变密码。

刘春雄老师点评

我很欣赏何足奇，有以下几点：

第一，认准了互联网时代就奋不顾身地投入，不是想明白了再干，而是边干边想，打移动靶，不断迭代。只有当大家都不明白时，才能享受创新红利。何足奇做的很多事，如果晚几个月可能就做不成了，他是互联网时代创新红利的受益者。

第二，一定是极致产品，打造爆品。何足奇做的不是所有产品都成功，但成功了好几个。什么是极致产品？一定是一尝就喜爱的产品。

第三，敢于免费体验，但要找准 KOL。何足奇第一批产品送给近 400 个 KOL，一炮打响。

第四，线上、线下结合。线上聚快散快，还是线下有持续性、继承性，把线上临时流量转化为线下持续流量。

第五，跨界整合，带来增量。各行各业都困难，保存量都难，跨界反而有可能带来增量动力，所以何足奇与各行业跨界合作。传统行业还有整合空间，用传统方法已经很难整合，用互联网整合还是比较容易的。

潘朝晖老师点评

刘春雄老师对何足奇还有一个神级评价，叫作"何足奇最擅长的是用不正经的方式说正经话，做正经事"，所以，我用我全程参与鲜誉的整个过程，对何老师的讲课做一个评价：

第一，出来卖产品，就别端着架子，否则哪个客人会在意你。

第二，别老整神马"互联网＋"之类的高深理论，撸起袖子干才是正道！

第三，不要相信互联网上喧嚣尘上的各种情怀等。

第四，关键是弄清自己的斤两。

第五，边干边总结边修正才是真正的互联网精神……

先补充一点何足奇没有说的。首先，别信找到一个顶级团队或者资本就可以成功的想法，互联网上所有的事情，最关键的是这个团队的头，我可以负责任地说，鲜誉成功的原因你们分析的都对，但最本质的还是鲜誉有何足奇这个人！正如苏总所说："何足奇可以没有鲜誉，但鲜誉永远不可以没有何足奇。"

其次，鲜誉的成功真的不在于定位，定位是指别人已经有（我指的不是产品本身）并且在做的情况下，找到自己的位置。严格意义上讲，何足奇没有定位，他通过一针捅破天和价格击穿取得成功。

曹文广老师点评

第一，没有精准和资深的对行业产业的洞察和阅历，做不成。

第二，产品的魅力不是精准地把握和打造的完整体，做不成。

第三，渠道的延伸和渗透支持力是支持的重要部分。

我是做传统农业的，始终认为，无论什么样的人，营销、产品、价格、渠道促销的基本4P依然是做一件事的基本支持点。不同的是传播引爆的方式需要改进，智造产品的方法和思维需要变化，引流和拓展的手段需要更新。

很多人在淘宝、天猫、京东上打败仗而归，基本销售量与工资都不成等号，就是因为进了店没有系统的支持，等于休眠了。听了何足奇的说辞，感觉特别接地气。这是多年智慧加汗水、对产品、行业的精准把握缔造的结果。

方刚老师点评

产品创立初期主要是价值驱动，定型之后靠价格驱动，也就是渠道利润驱动，之后以销量为驱动的重复购买后形成品牌累积，这种来自于供应链的做法是传统行业的共性路径。

不是所有的产品都要精耕细作，粗种后收的方式也是碎片化产品的通天大道，铺货率是长尾产品的杀手。

何足奇的补充观点

各位老师的点评非常精彩，十分精到。但是我真的没有刻意去定位，也没有刻意去切割。如果说是定位，那就是我选择了一个足够狭小的地方发起攻击。切割是做出势能之后产生的。

传统渠道、传统终端被蒙蔽了——于是我借助对水产业的洞察半路"截和"。

很多商业的东西是无法复制的。它不单纯是表象，而是更多的看似毫无关系的因素。比如水产业，我的咨询公司在这个领域不仅是第一，而且是唯一。我们上服务到国家层面的战略，下跟渔霸虾贩是兄弟，在产业里我们的话语权很大，对产业和市场如数家珍。

因为我"截和"，并取得了几十倍于同类产品的销量，现在是獐子岛替我们做供应链，我们驱动了行业第一企业跟我们一起玩。鲜誉海参单品销售额就要过亿元了，更多的海参品类即将推出。我们其实比较取巧——大家知道，农产品行业做出一款好产品是很难的，因为产品非标准化。我用标准化来做产品，只做需求链，把库存和资金的压力让上游企业来承担。大多数企业是被库存拖垮的，尤其是农产品。我没有库存，光脚的不怕穿鞋的，把最强的营销发挥到极致，就形成了增量。当增量足够大，大到撬动一个新品类，大到让行业的老大、老二、老三都坐不住的时候，就开始驱动存量。

所以，出来卖产品，找熟悉的场子，找熟悉的对象，找最容易合作的目标，效果比较好。行业边界的模糊是产品创新、营销创新的关键战略点，也就是刘老师点评的跨界。

连接的力量是巨大的。大家也非常清楚，各种玩法的生命周期越来越短。但是连接并不局限在线上，连接的核心是能否创造价值。看近年的移动互联创新营销，看各种各样的泡沫案例，其实有的创新能产生价值，有的创新不创造价值，有的需求能产生价值，有的需求根本不产生价值！我们做的就是驱动最大化价值。

链接阅读：不要陷入互联网空喊营销的陷阱

2015年10月21日，何足奇受邀在微社群联盟、速途网络直播分享他的创业经历，全国多群直播分享。

老何的三个观点

有一些观点很有市场，我不知道大家是不是也是这样听过、看过、想过、感受过。

观点1：传统渠道生态链下的既得利益者，从厂家到代理商到零售商，现在哀鸿遍野。很多人说："传统厂商宣判死刑，缓期两年执行。"从数据来看、从市场表现来看、从销量来看，貌似如此，消费者似乎不愿意买你的产品了，网络上价格更低的产品比比皆是，问题来了——"我知道我所有的费用浪费掉一半了，可是我不知道被浪费在哪里"。

观点2：很多厂商在一种互联网焦虑感下（被颠覆、被边缘化、被稀释、被降维攻击），在 BAT 面前恍如 5000 米高的海浪压顶，一头扎进电商，上淘宝、天猫、京东等，废掉线下销售团队，却发现 PC 类电商如今跟当年的 KA 卖场一样，费用跟销量不成正比，花钱买流量，谁有钱谁得，先行者红利自己吃不到了。

观点3：跟很多产业界、企业圈朋友交流（我们的主业是水产营销咨询），发现一个成见根深蒂固，那就是拒绝变化、不拥抱变化。从生产制造，到组织模式，到营销模式、销售模式，到内部运作接通的各种流程，基本没有变化，从老板到高管到经理，居然很多人基本不参与各种社会化媒体工具的体验，各种电商购物的体验，口头禅是："没有时间""那是小孩子玩的"。

创业实际上只需要抓住三个要点：①**找准产业脉络**；②**找到市场路径**；③**精准智造产品（或品牌）**。

老何的方法论

（1）第一个方法论：沉浸才会接地气。

沉浸在产业里面、泡在产业里面，你的商业逻辑才会走通，才会接地气。所以，我创业的第一个体会是：必须把住产业的脉，必须抓住市场的链，必须打造产品的根。

产业、市场、产品三位一体，不是凭空而来或者想当然的，这个体会用最简单的话说就是做熟不做生。很多人都在创业，做商业模式、做产品、做推广，但是如果无法准确地把脉产业、精准地构建市场链、有效地智造产品并形成可持续的价值链，就很难成功。

用大白话说："你对这个产业的明规则和潜规则都能弄懂吗？"很多做电商的人想颠覆传统行业和产业，但我认为，他们失败的概率之所以高，是因为他们只看到明面的规则和电子商务的逻辑，而无法洞察产业的规则和市场的逻辑！弄不清产业链和需求链，没有产业机理的沉淀，没有市场逻辑的浸泡，只有痛点和痒点只能解决皮毛问题，不能形成系统的创新价值。大家都知道 G 点，其实 G 点是转瞬即逝的，有的人可能一辈子都感受不到，或者感受到的是自嗨的 G 点。

（2）第二个方法论：互联网"＋"什么。

我的观点是："＋"用户场景和渠道场景（终端场景），形成全新的连接界面。

我的第二个深刻体会是：必须想尽一切办法去"＋"，各种各样的"＋"，而不是概念上、形式上、表面上的互联网"＋"。这是走进用户生活方式，走进需求链的关键步骤。从需求链上用增量拉动存量。

互联网思维的喧嚣，消费互联网的闹腾，把很多传统企业都带沟里去了。但是中国的渠道还是那么大，终端还是那么多，难道它们将要全部成为灭绝的恐龙？答案显然是否定的。我就用线上的玩法，在渠道终端上玩；我就用擅长的方法论，带着焦虑的传统企业家一起玩。

基于用户场景的"＋"：用户在不同时间场景、不同使用场景、不同生活场景，社交场景里"＋"是不同的，这一块有很大的市场红利。譬如海参，我们填补了个人和商务送礼场景，大行酒类超商的促销礼品场景，个人养生、便捷快速场景。

基于渠道整合的"＋"：渠道商都被抛弃了，我们就选择全国各地最优秀的酒类超商作为合作伙伴，让自己的产品成为他们的高档酒的润滑剂。

基于家庭懒人消费的"＋"：我们的海鲈鱼解决了个人用户购买海鲜鱼类不安全、不会做的场景，比如"7 分钟秒变海鲜美食达人"。

（3）第三个方法论：重构盘中盘，实效实操 O2O。

笔者是传统酒业营销咨询和高级职业经理人出身，非常熟悉消费品行业的深度分销及盘中盘模式，这是一种线下非常有效的渠道操作手法。这个模式的核心其实是通过锻造小盘这个磁场，层层扩散、共振，从而形成市场势能。

我们研究了大部分的社会化营销的操作手法，跟丁丁老师一样，提炼出了基于拥护者盘中盘的方法论：我们认为目前很多商业模式到最后都是O2O，线上、线下互相引流，形成引爆点，塑造流行趋势。

在移动互联时代，消费者变了。消费者不再是基于物理距离的存在，他们都完成了互联网的移民。互联网的一系列工具论和方法论对企业的影响，对外改变了我们与消费者沟通的方式，形成新的需求链倒逼产业链和价值链；对内改变了企业运营流程与沟通方式，企业的组织结构、流程体系也随之发生变化。

在这个前提下，我们需要洞察O2O的本质：**O2O是一个产供消一体化系统，是拥护者盘中盘（产品型社群建设、社会化营销传播）和线下渠道盘中盘的结合，是释放传统渠道红利的重要方法，是目前传统厂商转型的一个重要的思路和方向**！

请注意，我这里用的是产供消，而不是产供销。销售在这个系统中水到渠成，不再是核心。譬如鲜誉，我们建立了以鲜客部落统筹运营的垂直产品型社群，包括顶尖层——原本书院群（行业领袖群）、骨干层全国鉴鲜群（发烧友＋大V），影响层——全国各地的鲜窝海洋美食抢鲜群、全国百城百名合伙人等；后期我们会用分布式电商平台B2B模式和微电商平台与社群结合的方式继续做好产供消一体化。

社群落地、用户大数据与平台运营和线下的平台商基站建设，互相引流，形成闭环。其实，我是借鉴移动网络的基站建设原理来运作O2O，因此我们不走冤枉路，也不花冤枉钱。

（4）第四个方法论：关于产品智造。

很多互联网意见领袖、各类营销专家对爆品有很多经典的方法，我不多说。我讲这个行业的土办法。产品即流量，极致单品会有自然流量——关于产品的一个案例、一个判断、一个陷阱的分享。

一个案例：什么是极致产品？我觉得不是外表，不是概念。它必须具备很强的圈住消费者的能力并具备极强的延展能力，具备自成长能力，或者裹挟市场的力量。以鲜誉极参为例：

场景：海参是一个产值已经超千亿元的产业，但是海参是一个信息极度不对称的产品。这个品类成长于三公消费时代，随着三公消费被限制，这个产业和品类陷入前所未有的困境。

海参价格从几百元到几万元不等，让很多消费者无从下手。海参产业实际上陷入了诚信危机。海参产业经过近十年的发展，产品依旧是老三样——即食、盐渍与淡干。几乎所有的海参企业都关注到产品便捷性、食用方便性的难题，但并没有哪个海参企业在产品便捷性、食用方便性层面构建起强大的竞争战略。

痛点与痒点的解决：在鲜誉极参的产品研发中，我们针对行业与市场的痛点，确立了"极致吸收、便捷滋养"的产品理念，就是坚决打造便捷化的常温产品、便捷化的包装、便捷化的食用方式。一个产品好不好，我的衡量标准是：是否具备很强的圈住消费者的能力，并具备极强的延展能力。

在这里，性价比只是其中的一个要素，关键是产品的公信力、持续性、品类力和品牌力。总体而言，鲜誉极参运作半年以超6000万元的销售额实现从0到1的飞跃，是遵循从用户到产品、从增量到存量、从个体到组织、从领袖到团队、从连接到数据的整体套路运作的。

一个判断：用户是第一轮测试出来的，这是向小米学的套路；产品是智造出来的，而不是从库存里甩卖或处理出来的。产品智造需要结合产业发展和市场洞察，结合用户场景来开展创新。因此，产品智造是战略、是起点，可能对于一些想入门的企业来说也是全部。

看现在各种众筹产品，以及各种意见领袖推出的产品，我们需要知道一个道理：有的产品创新产生价值，有的产品创新毫无价值！

有价值的产品创新是基于对现有市场的洞察，出于对提档升级需求的满足，或者对创业者所看到的商业机会的满足。只有这样的创新才能产生迎合消费或者驱动消费的力量，只有这样的创新才能产生增量。无法激发增量的营销，其实都是放焰火。

一个陷阱：我认为，互联网最大的陷阱就是增量的假象。尤其是一些弱质产业，或者更倚重消费体验、传统渠道的产业或产品，前两年消费互联网成神了，现在大家也基本上看明白了互联网是什么、不是什么，能做什么、不能做什么。

我做的鲜誉、淘宝零担，至今官网还没有着落。但是我们用产品来构建社群、来形成社区，从而形成增量；我们所有的运营资源都配置在线下的存量激发上，这两方面的把握和权衡很考验企业领导者的功力。

在移动互联时代，传统企业的存量运营实际上已经成为大难题。谁能解决这个难题，谁就可能找到突破的机会。存量的梳理与挖掘让很多企业感到困惑，面对存量客户和市场，不知道该干什么，而且在相对平静和稳定的市场中，对于老存量，貌似不理不睬对于收入和业务量的保持还是好事。正因为不知道怎么做，同时觉得不做比做更合适，让存量经营一直成为一个"伪命题"。但是移动互联让存量运营充满了想象空间，充满了新机遇。

存量的激活与重构是企业的金矿。海尔这几年的创新，比如人单合一，就是用组织变革、流程变革激活存量市场，构建新竞争力。存量市场和增量市场之间都有重叠的部分，如果在重叠的部分创建增量，那么一个新的、更厉害的新市场、新模式就随之降生。因此，鲜誉的运营就是在市场结构、消费结构中的重叠部分，通过增量激活存量，通过对产业与市场的打碎、重构、融合、创新，构建一种全新的运营模式和成长方式。

第四章
用产品链接用户

在水产业，我们总是希望从养殖端到客户端之间距离最短、效率最高、利润最大。但在现实经营中，不同的企业受不同的因素影响，建立社区的方式和路径千差万别。有人说产品是入口，有人说用户是入口，有人说连接是入口。那么，传统产业的营销新玩法从哪里开始呢？

第一节
产品是抓手，是连接用户的触媒

有人说，产品是入口。比如小米就是这样，但是小米在华为的崛起中遭遇瓶颈。有人认为"互联网＋"的成败关键是产品，是尖叫、无敌、极致的产品。但是，产品生命周期表明：世界上并不存在这样的产品。在这种思维下，这些专家就把苹果的成功解释为产品的极致，把小米的成功解释为产品的无敌，把华为手机的崛起解释为产品的尖叫。很遗憾，至今华为不认为自己是一家互联网公司，苹果也不说自己是一家互联网公司。所以，尖叫产品、极致产品其实只是走向用户、走向市场的前提条件。

"抓手"的原义是指人手可以把持（抓握）的部位，只要把手"抓"在上面，人便有了依托、有了凭借，如果没有"抓手"，某些活动和工作就无法开展。买电视机，纸箱上有"抓手"；乘公共汽车，车厢里有"抓手"；包装后的商品和礼品都有"抓手"。各种机械和工具没有"抓手"，人就无法操控。用在营销上，产品抓手的要义，大家一看就明白了。

任正非说："在不确定的时代，一定要有确定的抓手。"因此，在水产业的重构进程中，我们一定要准确地理解、定义产品的地位和作用。产品是抓手，产品是构建产供销一体化的抓手，是细分市场的入口。但一定要注意：产品不是全部入口！有了这个抓手，可以抓住社群、构建社区、建立精致产业链、架构产业互联网、建立产销一体化社区。没有产品的抓手，一切都是麻木的，是随波逐流的。

如果说可以把消费进行分级，我们姑且用 1.0、2.0 来作为不同消费时代的标签。消费 1.0 时代，产品＝商品。产品是卖方与买方交易的载体，比如鱼就是鱼，海鲈鱼就是海鲈鱼、石斑鱼就是石斑鱼、白酒就是白酒、邮票就是邮票。这个时候，产品是卖方的，用户也就是买方了，用户＝消费者。

移动互联可能让我们进入消费 2.0 时代，产品和用户的更多内涵被释放出来。于是，产品和用户成为让人欢喜让人忧的两个词语。几乎所有的老板都焦灼于产品与用户。1.0 消费时代，产品和用户的关系是简单的买卖关系，所以可以没有互动、没有情感，可以策划。2.0 消费时代，用户＝朋友。你可以刷朋友圈，先把朋友圈用你的人品转变为用户，做活了的就成了商业模式。

因此，对产品与用户的再思考、再定义是所有创业者、模仿者、领先者、在位者的战略性课题。**产品是不确定时代触发用户的媒介，产品是搭建用户需求链的载体。**

第一，产品必须是用户需求、情感、诉求的反响。

很多企业认为自己知道消费群体在哪里、用户在哪里，其实，绝大多数企业都无法准确地辨识自己的用户。如果自以为是地认为自己懂产品、懂用户，就可能忽略消费 2.0 时代最关键的机遇：用户定义产品。**懂用户就是让用户来定义产品。**鲜誉海鲈鱼这款产品，我们在研发阶段就定义了它是一个好吃、好玩、情境化的产品。

第二，产品必须是用户心中的品牌，而不是自己塑造的品牌。

这两三年，做品牌变得更容易了——这是针对懂用户的企业而言。比如著名的社群营销专家丁丁，一出手几天就是一个品牌。原来的产品品牌，经过情怀、态度、情绪、社交等要素的赋予，很容易成就一个品牌，通过众筹在酒界声名鹊起的"巨刚众酒"就是一个典型的"美学＋情怀"的产品品牌。当然，这样的品牌也很容易死掉。这就是消费 2.0 时代品牌速生速死的法则。你要想让品牌更长久，就必须在用户心中建立起忠诚，这是最难的。

第三，产品要努力让用户成为忠实拥护者。

用户越忠诚，你的产品忠诚度、分享度就越高。其实，现在做产品都很容易，但是构建产品上游系统、服务保障系统及用户忠诚系统是巨大的工程。往这三个方向去聚焦、去用力，至少先把路子走对。

第二节
产品到底是技术问题还是战略问题

刘春雄老师提出的"回归产品，到底是什么问题"的课题，是传统产业的一个非常重要的、关键的、意识层面的课题。每个企业都知道产品很重要，但大多数企业并没有从根本上、战略上抓产品。

移动互联时代，刘春雄老师将产品的重要性归结为三个要点：一是原来的产品惯性已经走不下去了；二是产品就是现在最锐利的营销武器；三是在现代金融与企业高度融合的体系之下，一个 idea 就能够带来 PE、VC，没有利润就能够 IPO，已经大大改变了原有的资源配置方式。在这种资源配置方式之下，只要 idea 落后，资源和规模就可能是资源包袱。

产品再定义

在水产品市场，原来的双低产品、三低产品基本上退出了市场，很难吸引消费者的注意力，形成新的消费热点。产品提档和市场提速的变化，几乎让所有的水产企业都感到日子难过、推广无门。因此，重新定义产品，从市场要素和需求变化中对产品进行再定义，是对接市场的关键。

产品是什么？营销学将产品定义为企业向市场提供的、有效满足需求的、具有价值并担负价值交换功能的客体。在这个定义里，有形或无形的产品必须承担价值交换的工具或符号的功能，并将这一出发点作为市场营销的基础。这个价值生产及交换过程就是：企业通过个体的、有组织的或外脑支持的市场研究，做出有形或无形的产品决策并付诸生产，确定产品价格及相应推广政策，实施营销与销售行为并获得收入。

信息经济，以互联网为交易平台的经济形态出现后，传统的产品定义正在变得过时——今天我们可以免费享受信息、赠品、服务，可以通过移动端迅速获得产品或服务。

在这种情况下，企业投入大量的核心资源制造的产品或服务，已经不是只能用来与直接用户进行价值交换的工具。企业的核心任务是提供产品或服务，这是企业资源最重要的投资方向。仅仅知道提供产品或服务就有成本，有成本就要体现在产品价格里，再通过销售获得收入及利润这种传统的产品思维，是很多企业陷入经营困局的一个重要原因。

由此可见，产品的定义不再以生产或者实物形态为核心，也不只有成本—价格—收入一种获取利润的形态，今天的产品还可以通过产业链及商业系统去获得收入与利润。这就是羊毛出在狗身上的道理。所以，**从用户层面、顾客层面重新认知产品、重新定义产品，对于企业来说，是战略问题，是核心决策课题，也是生死攸关的再发展命题。**

自从乔布斯的苹果横扫全球之后，产品战略成为这一时代商业潮流的核心驱动力。我们看看，近几年几乎所有成功的商业模式都是以产品为驱动的。特斯拉、小米，以及各行各业大大小小的成功案例，无不以产品为核心驱动力，不断去对接、迎合全新的消费需求。

有一种现象值得我们关注——产品的比较利益。大多数产品理论都认为：产品是否满足消费者需求。这种思维实际上是一种技术导向、内部价值导向思维，在中国市场节节败退。

目前市面上绝大多数水产品是技术导向、生产导向或内部价值导向思维下生产出来的产品，高度同质化，以价格或者终端占有来开展竞争，哪怕是一些具有非常独特的品质特征、消费体验的产品品类也是如此。

聚焦产品战略

购买产品的关键驱动力不是产品是否满足了用户需求，而是产品给用户带去了多少有比较优势的利益，或者是创建多大的价值。鲜誉极参为什么在淡季推向市场会如此火爆，短短 9 个月创造了其他海参企业单品难以企及的业绩？道理很简单：性价比，以比较优势创建的性价比和消费体验。

海鲈鱼的市场推广还未满半年，通过社群的互动引爆了 KOL 的消费，构建了覆盖家庭消费和餐饮细分渠道的全网渠道。产品的驱动力同样源自比较优势的利益：便捷化烹饪、简单化调理堪比鲜鱼的产品体验，老人、小孩给出较好的口碑评价。

当前的市场解构与重构的关键力量是用户和顾客的产品提档和市场升级带来的需求变化。这种变化，是所有产品创新的源点。如果忽略这个源点，所有的创新都是伪命题。

移动互联时代，让传统的营销理论发生了翻天覆地的变化——4P、4C、4R，在网络技术和市场热点的催化下，演变为1P、1C、1R。如果我们把传统营销理论中的4P、4C、4R组合成四个对应的同心圆，产品、用户、关联实际上就成为所有营销动作驱动的核心。

由此可见，**聚焦产品、聚焦用户、聚焦关联，**是当前水产企业在制订战略时需要高度聚焦、高度重视的一件大事。产品问题不是研发部门的事，不是市场部的事，而是老板工程、战略工程、系统工程。如图4-1所示。

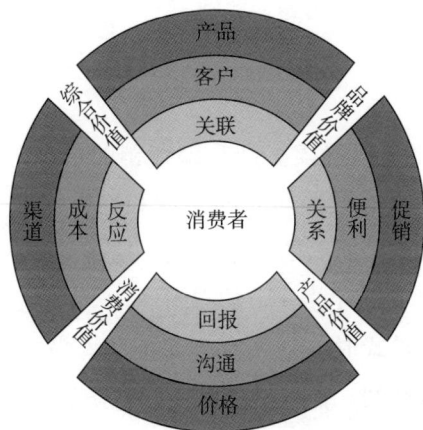

图4-1　聚焦产品战略

刘春雄在文章中提到：在这样一个只要产品落后一切都白搭的时代，老板不关注产品，其他人关注产品有用吗？因此，老板是最大的产品经理。什么是产品创新？推出新产品不一定是产品创新。**产品创新不仅是指新产品，还是指在行业里具有改变结构、引领潮流，甚至转变消费品类的产品。**对企业而言，产品创新不仅体现在销量上，更重要的是能推动企业进化：使企业增长模式转变、竞争能力提升、品牌价值独特、行业地位奠定。同时，**对于企业而言，产品创新是必须高度聚焦的核心战略，是需要老板亲自参与、亲自体验、亲自决策的一把手工程。**

第三节
营销的本源是产品

产品做到极致可以成为营销的全部，这是从双低产品到提档市场的捷径，也是回归原本、去除过度营销的法门。产品即营销，就是把曾经的 4P 天人合一为 1P。聚焦产品，做足产品的功课，让产品说话，让产品具备媒体传播的功能，具备消费体验的功能。回归营销本原，让产品承载营销的所有功能。延伸开来说，也就是让产品具备品牌的内涵与外延，以具有自传播、自销售的能力与用户沟通。

这里所讲的 1P，其实是让产品承载更多的内涵和外延，而不仅仅只是概念、爆品。

比如优步，很生动地解读了产品即营销的道理。当优步把产品、服务、连接、社交，以及依据不同人的显性和隐性需求都可以从中找到体验、感受时，它就融聚了所有的营销功能。这是优步的强大之处，比乔布斯的苹果更具情境化、更有 "＋" 的空间。

当产品成为生意模式时，它是有天花板的。当产品成为生活方式时，它就具有无限的连接空间。什么是产品主义？产品主义意味着在消费者主导的世界，消费者、销售者、传播者在产品的情境中形成三位一体的主权新型模式。消费者在花钱的同时还能赚钱，在购物的同时还在传播信息，未来每个个体消费者都将成为新的主导者，平台优势也将慢慢被淡化。

邓沉飞认为，很多企业都期待一场酣畅淋漓的营销，人气要达到万人空巷的地步，好评就像你捅了马蜂窝一般被穷追不舍，销量也在你暗自窃喜营销胜利的时候再给一点额外惊喜。满足了吗？在我看来，一场如此期待的营销或许是容易实现的，容易在于任何产品说不定哪天也会撞上大运，遇到一个营销高手、有了一大笔钱、想到一个好点子，然而要让这酣畅淋漓更加长久，高手、钱、点子都不是核心，营销的主体是产品。就如同一个人去相亲，见面时表现再好也只是一时的，要想从恋爱到结婚，再到白头偕老，这个人好不好，本质是否过关、品德是否优秀尤为重要。营销如同恋爱，要做好充足的准备，锻造一个好产品。

然而一场酣畅淋漓的营销是需要好产品的，这个好产品的概念不局限于某一个具体物品。电商领域的促销活动，我们可以把它看作一个产品，这个产品如何包装、规则如何、需要做的准备是什么，之后才是用多少预算把它推给目标用户，让用户惊喜并产生消费的冲动。

一个好产品不仅可以让营销更具张力、更有效力，同时也可以让团队充满激情，就如同海底捞的服务员充满自信，就像海尔人因为产品与服务的领先而充满激情。在自信与激情中，不断创新产品，这是企业产品迅速迭代的动力。

我们可以总结几点：

（1）企业成功的基础是有好产品和好客户。

（2）有好产品才会有好营销，才会有好客户。

（3）营销只可以短期弥补产品不足，产品不足最终会毁掉最棒的营销团队。

（4）激动人心的好产品会让销售和管理团队充满激情。

（5）持续的产品微创新将改变公司，微创新包括创造、发现或说出产品的一个小小的卖点。

反反复复地谈产品重要，是因为它就是营销战略。水产企业在做营销规划前需要先做好产品准备。好产品，接地气，有生命；真营销，传心意，有互动。

很多营销源都是从用户身上、产品功能上寻找，比如可乐在做互动营销时，打嗝儿的频次就是一个好点子，除了内在功能，有时候瓶子、包装盒上的创意都能引发用户的关注与传播。

我们一直为产品营销在想很多创意，找寻到目标受众，做一些他们喜爱的活动与事件。有时候我们发现做了一次推广，好像事儿大了，但是大家没有记住产品，营销人又喜又悲，喜的是自己的能力还是不错的，悲的是客户或者老板可能不会买账了。

第四节
产品就是需求

为什么说产品就是需求？我们知道，产品满足需求几乎是所有企业家每天都在重复的正确的废话。产品满足需求是产品最低层次的定义，多大程度上满足需求，或者如何更有效地满足需求？

第一，产品是否有需求基础其实并不重要，重要的是产品如何更有效地提供利益。

第二，产品的关键使命在于品类引领，需求风口的抢位，消费心智的占位，而不仅仅是有效提供利益。

第三，产品的需求创造源自产品的核心驱动力，产品驱动力由品类价值、用户价值、竞争优势、品牌内涵、营销基因构成。

产品即战略、产品即营销、产品即需求三个观点，是移动互联下市场解构和消费重构的产物。市场是如何解构的？

消费需求，模仿型的、排浪式的消费阶段基本结束，而个性化、多样化的消费逐渐成为主流，这是市场解构的主要方式。在这种趋势下，生产方式和产业组织方式也随之发生改变。新兴产业、服务业、小微企业的作用更加凸显，而生产小型化、智能化、专业化将成为新的特征。也就是说，用户需求变化了，产业组织方式也随之变化。

对企业而言，企业的两种功能——生产功能和商务功能随之而变，这两种功能其实都必须围绕着产品展开。如果你的企业还在原来的思维和模式中苦苦挣扎，只能说明一个问题：你还没有改变！因此，营销在移动互联时代，是拯救企业的关键环节。**水产业的解构与重构是基于市场、基于用户、基于产品的营销体系创新。**只有这种创新，才能突破当前水产业的桎梏。

在移动互联时代，营销的核心是依靠产品争夺需求链。因此，**产品必须融合所有的营销基因，用户需求，竞争能力和定位要素，成为情感化、**

价值化、互动化的产品。只有这样的产品才能有效深化与用户的关系。

现在我们看各种水产品，其实是非常丰富的。我们看现在的市场，实际上已经从短缺经济阶段进入丰腴经济阶段。企业运营的核心不是打造供应链，而是争夺需求链。

德鲁克曾经说过："一个企业必须集中资源在两个领域，技术领域或者市场领域。"如果在技术领域，就是一个企业两个基本功能，**一个是生产的功能**，生产逐渐会演化出研发活动。**另一个是生产活动。**作为企业，可以集中资源于研发活动，提升技术高度，也可以向市场领域延伸，市场领域会有营销活动、销售活动及市场活动。

摆在企业面前的实际上只有两条路：**一条是后向一体化，一条是前向一体化。**后向一体化就是从技术层面提升生产功能，前向一体化是从营销层面、从供应链构建升级到需求链打造。

因此，**在消费者主导市场的时代，要求企业在产品层面、营销层面能够跟进消费者在生活上的追求，以便在生活方式、生活品质、生活理念，乃至生活态度上持续获得良好的体验。**这是产品主义营销的精髓，也是目前鲜誉海洋科技运营的精髓。在市场解构与消费重构时代，营销水平和能力决定了企业的核心竞争力。

如何打造以产品为核心的营销竞争力？

第一，借助营销策划，对产品、产业进行智造，解决战略的问题。

第二，开展以产品（产业）为核心的系统的构思和策划，形成整体套路、完善策略，解决关键路径的问题。

第三，构建社群化、社区化营销团队（运作团队），把事情做正确，从战术层面解决问题。

第四，借助信息化系统和移动互联网，构建属于企业的大数据，或者说是经验数据库，来确保经营团队把事情做对、做准确。

在市场解构与消费重构时代，哪种方式能够把用户组织起来？第一靠人，第二靠产品，其本质就是靠营销！只有用营销的方式把用户组织起来，构建起属于自己的产品社群、品牌社群，进而形成产销一休化的社区，才能实现从组织方式、生产方式到商务方式的创新。

链接阅读：潘朝晖说产品

很多企业在说到自己产品的时候，总是想当然的把一些实际上客户根本不需要的东西作为宣传的重点和突破口，将技术的领先性、独特性等挂在嘴上，这些真是客户需要的吗？在这个世界上，大部分人其实不知道自己需要什么？但奇怪的是，所有人都知道自己不需要什么！所以，当我们谈到产品需求的时候，应该想一个问题：一定要找到客户真正需要的东西，而不是想当然地认为，我们需要的就是客户需要的。由此想和大家谈谈关于痛点、卖点和痒点的问题。你的产品，如果真想让别人接受，必然要找到产品客户的痛点——"引领"，比如鲜誉极参半年6000多万元的销量额，就是抓住了把"昔日帝王庭前燕"老百姓的买不起，变成了"飞入寻常百姓家"人人都买得起的巨大转变这个痛点。

关于何足奇说的第三条，其实就是对痒点的最好阐释，如小米的"专为发烧而生"，以及我们的快乐无比的海鲈鱼——鉴鲜群里大家秀菜式、比味道、出主意，充分享受的是中间的所有快乐过程，已经完全超越了这道菜的本身，以及承载的内涵和价值。无论是小米还是海鲈鱼，只要找到了它的痒点，客户甚至不会关注它的品质、价格等，因为它承载了好产品的其他高附加值。

而卖点其实是所有企业家最熟悉的，但这恰恰是三点中最不重要的。为什么？因为卖点是站在自己的角度上揣摩消费者的需求。这么不靠谱的事情，我们做了很多年，甚至说出了"为客户着想"的怪论。客户在想什么、想要什么，我们知道吗？所以，当很多企业明白过来的时候，提出了新的思维，叫作"站在客户的角度上考虑问题"。

卖点和痒点有时候不太好区分，容易混淆。比如王老吉一开始的广告词"上火！就喝王老吉"。王老吉开始的时候把它想成了是客户的需要，并围绕着这个"卖点"展开所有的营销活动。但效果一直不好，因为它排除了没有上火的绝大部分消费者，消费者自然对它熟视无睹。在标识及包装上以绿色为主，这和上火有什么关系？加多宝团队进入后，把广告词变成"怕上火！喝王老吉"。仅仅一字之差，在辅以和上火能产生强烈关联的红罐，把卖点变成了涵盖所有消费者的痒点（或者叫兴奋点）。加多宝不停地将红罐强化，变成了一个符号予以固化，从而取得了成功。其实，现在的行业、品牌、实力、资金等都不是最重要的，只有符号固化，才能使产品长久。

第五节
如何锻造创新产品

移动互联时代，好产品成为进入社群、走进社区、打动用户的敲门砖、门票。好产品聚合了驱动营销的力量，撬动解构与重构时代不确定的市场。

在工业时代，快节奏的生活方式和标准化的生产流程，使产品呈现快餐式的双低消费形态。进入互联网时代后，人们重提工匠精神，追求个人价值与创业品质的结合。工匠精神就是高度的关注度和精致的审美需求，体现了创业者对产品的极致追求，产品不求高大但求精致，把个人情怀投入到创业生活中，把产品作为人的价值的体现。工匠精神也代表了一种气质：专注、执着、坚定、踏实、精益求精，再简单的工序也要做到极致。

我们注意一下当时当下一些关键词的变迁，以前说"做品牌"，潜台词就是：品牌是做出来的；现在讲"锻造产品"，潜台词就是：好产品或者好卖的产品，需要用工匠精神、极致思维去锻打、去智造。打造是一种精神、一种气质、一种情怀、一种境界，所以，现在到处都在谈极致产品的打造，到处都在学德国人的精细，到处都是工业4.0。

创新产品对企业的意义不仅体现在销量和市场占有上，更体现在对接市场趋势，推进企业升级，加快企业进化，促使企业增长模式转变、竞争能力提升、品牌价值独特、行业地位奠定。请注意，这段话有几个关键点：**对接市场趋势，推进企业升级，加快企业进化，促使模式转变、竞争能力提升、品牌价值独特、行业地位奠定。**

由于水产的产业特性和产品属性，产品的技术创新往往耗资巨大，而在一个劣币驱逐良币的"互毒市场"，技术创新往往迅速被山寨、盗版湮没、刷新。但是技术创新对产业和市场来说具有革命性的意义，比如近期在养殖产业探讨非常多的工厂化养殖模式，可能是对虾养殖的出路。

但技术创新如何体现在产品上，如何形成产品区隔，形成从养殖端到用户端的一体化社区，是技术创新的价值体现。产品的策略创新、结构创新和品类创新，是同质化产品脱离红海的重要路径。

产品创新的方向

首先要弄清楚什么是产品。我是这么定义产品的：产品是用来解决用户的问题，凡是能够解决用户问题的都可以称之为产品。产品的形态多样，可以是实物产品，可以是软件产品，可以是一项服务，也可以是一揽子解决方案。**凡是不能解决用户问题的，或者给用户带来麻烦，尝试一次就不再尝试的都不是产品！凡是不具备可打造禀赋的都不叫产品！**不能解决用户问题的，无法驱动企业运营的产品都是库存，都是拖垮企业的包袱！企业可以用这个标准来衡量自己的产品，看看产品是不是符合这个定义。日子好过的企业是有产品的；日子不好过的企业一直在倒腾库存。

什么是创新？产品的定义中，水产品要加上有安全能力的、不短斤少两的、不非法添加的。我是这么理解创新的：创新是一种创造性解决问题的方法。首先，从未有人这样解决同样的问题。其次，从未用这样的方式解决同样的问题，前者说的是人的思维，比如新思路、新视角，来自于人的大脑，后者说的是经过实践验证的方法论，来自于人的实践。基于此，我是这么定义创新的：能够创造性解决问题的并经过实践检验的都可以称之为创新，可以是新的技术、新的想法，可以是新的流程，可以是新的产品，也可以是新的模式、新的机制。

晓芹海参是不是创新？这不是创新，只能说是它的市场能力更强，比其他海参企业更强。但这里需要关注：策略产品和产品策略是不一样的两个概念，一定要厘清。**策略产品是没有产品，先有用户洞察、用户图谋，先有营销策略，然后再打造产品。产品策略是东西不好卖或卖不掉，然后到处寻找策略。**

产品创新的价值在于创造性地解决用户的问题，同时兼顾了用户价值和商业价值，既满足了用户的需求、创造了用户价值，又达成公司的商业目标、创造了商业价值。可见，产品创新并不简单，这里有两个关键问题。

（1）**产品创新是如何体现的？**

首先，体现在想法上，这个想法是不是从未出现过；其次，体现在行为方式上，也就是做法上，这个做法是不是从来没有人尝试过，你是第一位吃螃蟹的人，是首创；最后，体现在结果上，通过新方法对新想法的践行，是不是达到了同等的效果或取得了惊人的成果。

（2）**如何判断这样的体现就是创新？**

这个问题看似很简单：只要是不一样的不就是创新吗？其实，远非如此简单，站在不同的维度去看和思考，会有不同的解读。我们先看几个关键词：跨界、整合，降级论、降维，破坏性创新、颠覆性创新、微创新，蓝海、红海，农村包围城市、渠道下沉……所以，我们在各种理论中迷失时，需要究源溯本、回归本质，从最单纯的定义中寻找真理。

产品创新的方式

（1）**践行新思维**：最早是卖方思维，我造我推你买，后来是市场思维，4P 营销理论，后升级为 4C，现在是用户思维，一切从用户需求出发，用户定制、个性化服务、C2B……从本质上讲，都是稀缺思维的各种演绎。

（2）**发现独特的细分用户群体**：产品的目标用户群有自己的标签，比如 QQ 的用户偏向年轻化、娱乐化，微信的用户则偏向厚重、商务，小米手机的用户偏实用、在意性价比，锤子手机的用户偏感性、偏文艺，在意生活品质和品位。

（3）**挖掘潜在需求**：没有什么产品是不可替代的，因为用户的需求是不断变化的，满足了用户的基本需求只是一个开始，还需要挖掘用户的潜在需求，满足用户的期望型需求和兴奋型需求，甚至创造新的需求。

（4）**发现空白市场**：金矿就在那里，就看你能不能在对的时间、对的地点发现。所谓的蓝海随着市场的成熟和竞争的加剧，总会演进成红海，需要不断地发掘新的蓝海。差异化策略，跨界、整合，降维打法都是很实用的战术。

（5）**微创新**：微小的改变、渐进的优化、不断的累积，成就非凡的用户体验；从细节处着手、从细微处改良、持续不断地满足用户需求的变化，量变就是这样一步步达到质变的。

（6）**颠覆性创新**：在商业史上，有很多伟大的企业死于画地为牢，比如柯达死于数码相机。破坏性创新常被称为搅局者，在于其打破了行业既有规则，改变了市场格局，从不同维度进行行业重塑和利益分配，比如战略和战术上的创新布局（大秦帝国苏秦、张仪的合纵连横、远交近攻，在现实中就是各种布子、投资和并购），商业模式上的革新（硬件零利润、软件及服务收费），产品业务形态上的突破（微信公众号对微博大 V 官微的抄底，微信支付和小店对支付宝、淘宝的狙击，陌陌基于地理位置的社交群组、留言板、到店通）。

（7）**做减法**：少即是多。合理地删除，适时地隐藏，巧妙地赋加。简单的背后意味着复杂的技术实现。

（8）**做到极致**：找到用户的痛点然后单点突破，聚焦核心需求，在这个点上做到极致。顺着这一点，在纵向上做深、做透，再横向拓展。大明王朝的李善长曾为朱元璋"把脉"：高筑墙（构建护城河）、广积粮（积累用户量）、缓称王（打造生态圈）。

如何实践产品创新

流程优化

简化产品设计开发流程将产品设计和开发归为一部，消除原先的利益隔断，流程更趋流畅，产品目标一致，大家劲往一处使，效率更高，有助于需求规划、进度跟进和项目管控。

组织扁平

考虑到各部门的现状，不应该新增部门，建议拆分部门：根据业务流程和产品设计开发流程，建议将 X 部门的空间制作和运营相关的划归空间推广服务部，将产品设计和 UI 相关的划归数据研发部，可以定义为产品研发部。这样整合的好处如下：

（1）利益好分配：两个部门分，总好过三四个部门分。

（2）分工更明确：产品研发部负责制造"武器"，推广部负责打市场。以后公司的创新产品都从产品研发部门出来，这就要求产品研发部建立以产品线划分业务的产品经理负责制，统辖各条产品线的需求设计和开发；各个产品线走顺了，可以再划分出去成立分部，而不是现在的状况：产品都没有就成立分部。产品研发部孵化出有潜力、有前景且可行的产品项目时再推分部，这样做的风险最小。

（3）流程扁平化：前期市场调研和用户调研时，与推广部协同；后续的流程包括需求分析、产品设计、UI 设计、开发、测试都在产品研发部一路走通、一气搞定。

（4）降低成本：降低了人员成本、研发成本、沟通成本、协同成本、财务核算成本等。

业务聚焦，控制成本

产品研发部聚焦传统项目和新产品研发（含产品策划、产品设计、产品运营、开发测试），推广服务部聚焦市场推广、销售和服务。这样的划分降低了人力成本和管理成本，避免了再次新增部门带来的人事震荡、组建新团队的成本及市场风险。做加法，增加成本、分散精力；做减法，聚焦核心、降低成本。

产品业务形态

从一开始就要想清楚产品的业务形态，白话讲就是产品落地，产品的目标用户是否清晰、产品使用是否高频、用户体验是否极致、收入模式是否可行。立项时必须明确产品的业务形态：即产品解决了用户什么问题？如何从服务中掘金？

产品创新的环境

激励创新的机制践行学习型组织、分享精神、用户思维，创造用户价值和商业价值，营造产品创新的氛围，以及相应的体制配套、企业文化和软硬环境。

第六节
从爆品到价值产品

爆品这个词，经常网购的朋友都不陌生，算不上多高深。但知易行难，台上一分钟台下十年功，爆品太多就不叫爆品了。我们就不讨论水产品为什么要做爆品、怎么打造爆品了，主要和大家聊聊爆品战略背后的隐忧。

爆品的生命周期短且难维系。火爆一时易，火爆一世难。"过气"的故事，在各行各业都在上演。维持爆品的生命周期，需要投入不菲的人力、物力、财力，还不一定能守住。同时，爆品目标大，时刻面临竞争对手的针对性打击，企业需要持续不断地在营销上大力投入才能维持地位。

爆品是新爆品（创新）的拦路虎。打造爆品不容易，打造新的爆品更难，当原本的爆品因种种原因风光不再时，容易造成青黄不接。

爆品背后的用户期望值升易降难。由俭入奢易，由奢入俭难。用户对某款爆品的期望值一旦上去就很难下来，意味着打造爆品的企业要不断提升产品特性，满足市场及消费者日益挑剔的眼光，否则在他们看来就是倒退。

当今时代，产品迭代越来越快，市场与消费者越来越挑，今天还被万众瞩目，明天就可能"伤仲永"。从这个角度看，爆品就像一条不归路，企业需要维持产品在市场与消费者心目中的形象，一不留神就停滞不前，甚至反被由此产生的负面"舆论"所害。

爆品，如果用消费互联网的思维来理解，从战术层面来理解，如邓沉飞所说。透过纷繁的表象，我们如果从传统品类中寻找爆品，有没有？加多宝就是一个爆品，就靠一个红罐凉茶做到几百亿元。

爆品的思维模式是孤注一掷。爆品的思维模式是高度聚焦。爆品的思维模式是把单品作为力透千钧的战略。从战略层面考量，爆品是在既有的产品秩序上动刀，在既有的产业秩序上动刀，在既有的市场秩序上动刀。

从运营层面考量，爆品是构建新价值链的工具。这一点，是爆品最具价值的价值。很多社群在讲爆品，很多专家在做爆品，但都没有触及这个本质，而是为爆品而爆品。

从爆品的价值链构建功能而言，爆品的基础是：

（1）足够大的未被满足的市场。

（2）足够多的饥饿用户。饥饿用户就是未被满足需求的，或有强烈潜在需求的用户。

（3）产品创新的先发优势。

（4）重度打击，要够快、够流畅。很多所谓的好产品最后没能引爆市场，大多源自势能不足、力度不够、套路不行。

（5）集中资源做足体验、好感与满足感。离开这五个基础，往往很难打造出爆品。**爆品，第一要火；第二要暴，力度、速度、深度都要够；第三要形成口碑。**

爆品的原点是口碑。我从褚时健讲他的橙子的朴实故事来解读这个观点。褚时健曾说："要说对品牌的认识，最早还是来自我母亲去集市上卖酒的经历。卖酒的人不止一家，同是自家酿的酒，买的人是有选择的，要闻、要尝，好酒才卖得上价。就是这种经历，让我认识到口碑的价值。老话说酒香不怕巷子深，讲的就是这个道理。"

产品的原点是认知度。褚时健曾说："先做产品再做市场。农产品要让人家花钱，必须有特色。农产品和工业生产的产品不同，很难有一个细致的量化标准，但要形成品牌，你的产品必须有认知度，就是要有让消费者一吃就能辨别出的口感。这些年，我们一个问题一个问题地解决，改良了土壤结构，发明了独特的混合农家肥，解决了灌溉问题、病虫害问题、口感差异问题等。"

爆品的成功要靠认真。褚时健曾说："事情的规律，认真就做得好。要下功夫要认真，所有的事都要这样，要下功夫。这几年，不少二十多岁的年轻人跑来问我：'为啥总做不成事？'我说：'你们想简单了，总想找现成、找运气、靠大树，没有那么简单的事。我80多岁，还在摸爬滚打。我现在蹲下就站不起来了，但分枝、挂果的时候都要去果园，坐在边上，让人扒开树叶露出果子给我看。'"

很多企业自以为找到爆品，找到引爆的方法了，匆匆忙忙地冲进市场，最后什么品都做不成。**爆品是什么？爆品＝智造＋认知＋认真！**一切商业的本质都是流量，没有流量的转化就没有生意。什么是爆品？爆品就是创造高流量、快流量的产品，爆品就是能够构建需求价值链的工具。

从这两年的爆品案例看，更多的爆品似乎是扎根于消费互联网上的泡沫。实际上，在互联网还没有那么喧嚣的时候，爆品就已经屡见不鲜了。比如王老吉、早些年的水井坊。水井坊可能是 21 世纪初期的爆品。但是，现在的水井坊又如何？王老吉的爆品实际上是一套完整的超级单品战略，单机绝杀战略构建成的供应链系统。靠产品聚焦、终端扫荡、媒体混战持续成就了超级大单品。

在互联网世界，互联网公司的创业和上位，爆品就十分重要。腾讯、360、小米等，都是做爆品的专家。所以，周鸿祎关于爆品的总结——刚需、痛点、高频是一个高度，至今无人超越。不管怎么解读，爆品都是这几个原则。但是，传统产品或者知识产品，以及各路大师做出来的所谓爆品，大多数是低频的、可有可无的、无关痛痒的。这又是何故呢？

做爆品，得先有可爆之人。不是谁都能做爆品，都做得出爆品。

首先，爆品爆的是人的特性，把人的性格赋予产品之上才有可爆之点。爆品靠的是特性，爆的是对产品的理解和对市场的洞察。小米的爆品、小米创始之前的故事，以及雷军对手机产业和市场的洞察，比后面的所谓参与感、粉丝团更重要。

如果一个性格平庸的人，没有对产业和市场精准甚至新奇的理解，是做不出爆品的。所以，中规中矩的企业很难做出爆品，IBM、微软等巨头也不例外。

其次，爆品不是促销品，不是降价品，也不是靠策划出来的产品，也不可能依靠策划获得可持续的成长。爆品为什么能爆？因为有互联网的覆盖或者连接。但是，通过覆盖、连接起来的所谓用户如果没有相应的配称系统来协调，那么这种爆就是放焰火。从 2015 年到 2016 年，众筹被玩坏了，众筹出来的爆品大多不知所终；微商被玩坏了，微商的连接已经麻木；社群也要被玩坏了，因为人家不知道该玩什么。

很多人做爆品缺乏孤注一掷的勇气，所以做不到把爆品转化为价值产品、长销产品就死在路上。所以，没有流量的爆品只是口爆，不具备成长为产品的能力，也不具备市场化的能力，更不具备构建需求链的条件。

不知道大家注意到没有，华为从来不说爆品，但是华为凭借其软硬功夫，形成了价值化产品的持续成长力，形成了持续积累的用户口碑。地球人都知道，雷军的爆品最大杀招就是性能高一倍、价格砍一半，但他的参照对象是华强北的山寨机。当整个手机产业提升到品质更高、价格更低、性能更强的层次时，小米就不可避免地要出问题了。

爆品，需要执着与坚守。当很多人慕名而去品尝雕爷牛腩、黄太吉煎饼时，大多数人都是乘兴而去，败兴而归。问题出在哪里？爆品，除了一见钟情的认知之外，其实更需要永远倾心的执着，这种执着其实就是产品价值链或品牌信誉的建立。

从这个逻辑看，爆品的创建远非做做营销、社会化媒体，或者玩玩社群那么简单，必须在价值链上动刀，下狠刀。如果一个产品只是爆品，那么它只有外延，而没有内涵，不具备用户信任、忠诚的条件。因此，如果想让爆品可持续地成长为价值单品，就必须让产品的内涵和外延回到品牌的轨迹上。

如果爆品建立不起可持续的、足够大的流量，一切免谈。爆的也就只是口碑或朋友圈的资源透支，只是披着各种华丽的外衣开展的倒买倒卖。

爆品之后是什么比做爆品更重要。如何从爆品到价值产品的可持续进化，比怎么做爆品更重要。

在保健品营销中，很多套路跟爆品套路是一样的。比如制造缝隙、撕开市场、嵌入社区、渗透传播、口碑驱动等套路，用概念制造缝隙，用优惠撕开市场，用意见领袖进社区发动群众，通过老头、老太太的口碑形成传播。

因此，爆品之后需要重点研究如何构建需求圈层，如何将碎片化的需求整合到各种平台上。这种平台可以是经销商，可以是服务链。现在有很多技术手段可以解决这个问题，传统的方法就是通过设计更高效的经销体系来构建横向水平式渠道，信息化的方式就是借助消费互联网或者分布式电商来对接圈层化的需求。

  如何维护、保持这种需求圈或者需求链就非常考验企业的功夫了。我认为，除了产品更重要的是品牌——基于用户、基于新消费环境和市场环境的品牌信任符号或系统。

  从这些层面来定义爆品、理解爆品，思路更清晰，逻辑更通顺。爆品打造容易，持续引爆很难。只有紧紧抓住需求价值链、构建可持续的社区，才能保障爆品的持续火爆。

第七节
释放渠道红利

在互联网逐渐成为企业的手脚时，我们惊奇地发现：很多鄙视传统渠道的先烈们已经找不到尸骨。很多时候，世界总是跟浮躁的人或企业开了一个大玩笑——从终点又回到起点，从喧嚣又回到宁静。

释放渠道红利这个课题，刘春雄老师研究了两年，我也持续研究了两年。所以，探究渠道红利的触发，我们必须以刘春雄老师的文章为起点。

中国区域经济是呈板块崛起的。一是经济特区，二是沿海沿边开放，三是本部大开发，四是东北振兴，五是中部崛起——现在是"互联网＋"，每一个板块都有机会崛起，每一个角落都有可能诞生冠军，每一款产品都有属于自己的空间。

中国还有多少渠道红利？不同发展阶段的产业都有不同版本的理解和解读，都有不同层次的机遇与机会。渠道红利的释放，关键在于怎么看渠道、从哪个角度看渠道。互联网泡沫给企业的最大误导在于忽略了供需关系，忽略了产业发展的基本规律和市场演进的基本原理。

渠道最大的红利在于把供应链与需求链已经存在的存量资源充分利用起来，为提档升级时代消费者的生活方式做贡献。在传统渠道，巨大的存量是亟待释放的能量。如果我们能够通过更高效、更直接、更有力的商业模式，把存量的能量释放出来，那将是一个巨大的市场，比现在喧嚣的消费互联网的体量大得多。

后向一体化侧重于以新技术、新规模、新的产业模式更有效地对接渠道；前向一体化侧重于以产品智造驱动或引爆需求，形成以需求拉动供应链的社区运营模式。所以，我们研究渠道红利就不能脱离现实。从流通市场的份额和比例分析，到现在为止，水产品超过80％的流量是在传统渠道、流通批发渠道。

如果哪个企业要改变这种供求关系，那么只有先死在沙滩上了。商业的本质是服务于人的需求；商业格局的成型源自人的需求的满足。至少到目前为止，各种吼叫的新生产力都无法汇集规模需求，中国农业、水产品的散点化产业现状也无法满足这种规模化的需求。所以，我们要从现实中踩实现实的路。

近几年频繁出现在人们视野的农产品电商和生鲜O2O，众多互联网企业在逐步改变客户消费习惯的同时，虽然能逐步建立稳定的客户关系，但是生鲜平台的经营十分惨淡。中国农业生鲜电商发展论坛上的统计数据表明，从2013年到2015年3月，全国4000多家生鲜电商企业当中只有不到1%的企业实现了盈利，7%的企业巨亏、88%的企业略亏、4%的企业持平，而1%的电商里绝大部分还只是做B2B，而不是B2C。

可见，生鲜电商短时间内仍然改变不了需求结构的分散与多样性，最终只有通过传统渠道B端，或者建立各种各样的最后一公里商业模式，才能完成规模需求的汇集。无论从现实问题还是从目前的流通格局，渠道作为与产地端、消费端连接最紧密的流通主体，其存在依然具有重要的价值和意义。

我属于唱反调的极少数分子，所以，更喜欢以冷静、独立的视角看待渠道红利的释放。为什么那么多企业盲目上O2O、上消费互联网？**第一，自身管理理念和经营思路的严重落后；第二，单纯互联网思维以互联网工具为王，或者因为老板的焦虑赶鸭子上架，而没有真正认识到需求与发展的本质。**

中国水产品的消费端需求分散，生产端产能分散，短期内很难形成寡头。即便需求整合，对于产地的协调也非一朝一夕；即便产能整合，独立对接消费需求成本也会很高。所以，**渠道红利的释放关键在于如何重构B端，如何建立与市场节点的协同与合作的切入点，这是至关重要的战略原点。渠道红利的释放关键在于借助强有力的产品抓手，实现产业链、价值链的协同与合作。**

链接阅读：刘春雄：中国还有多少渠道红利

中国营销一直饱受诟病，很多"心急"的人急着让中国企业向跨国标杆学习，希望中国企业能够在跨国公司的优势领域超越它们。我的感觉，就如同希望儿童超过成人一样，心情可以理解，但肯定不现实。

尽管在快速成长，中国企业仍然是弱小的，即使强大如海尔，但在跨国公司眼里仍然是"规模稍大的小企业"。中国企业仍然一如既往地受到"不争气"的批评，然而，一个不容争议的事实却是：中国企业总体上是成功的，中国企业的成长速度超过预期。

不断受到批评、质疑的中国企业总体是成功的，而那些批评又是中肯的、是现实存在的，那么，如何解释中国企业的成功？

每个企业肯定有其独特之处，但中国企业整体的成功一定有共性的规律。所谓的奇迹，通常背后有一个未被广泛认知的规律，我认为这就是渠道红利。

人口红利为所有"中国制造"所共享，包括外商。那么，渠道红利难道不能为所有企业所共享吗？

我认为，中国的渠道红利有两大特点：一是渠道红利为中国企业所独享；二是渠道红利为中国企业的发展持续释放市场空间。

中国营销人把中国市场分为两个特征分明的市场，一个是终端市场，以中心城市为主，以现代零售终端（大卖场、连锁超市等）为主体；另一个是渠道市场，以农村为主，以传统渠道和传统终端为主体。

在中心城市的城乡接合处，仍然是以渠道系统为主。据对二三线城市调查，渠道系统的销售额与终端系统大致相当。

不仅中国经济是二元结构经济，中国市场也是二元结构市场。渠道市场与终端市场是两个相互分割的市场，两个市场遵循不同的营销逻辑。

中国渠道市场有两个特点：一是丛林化，二是碎片化。

中国渠道的丛林化，源于中国幅员广阔、农民居住分散、半自给自足的传统经济、交通不发达和通讯的不发达，中国市场以县、乡、镇甚至村为单元被无限分割，形成局部市场割据的局面。

在丛林化的渠道市场，中小企业能够通过精耕局部市场而形成区域垄断，相邻县甚至乡镇之间被不同品牌所分割。

如同原始森林的生物多样性更复杂一样，丛林化的渠道市场的生存状态也更加复杂，"大中小共生"是渠道系统的基本特征。在现代终端系统的品牌集中化趋势非常明显的时候，渠道系统的格局仍然相对分散。

渠道的碎片化，一是指传统终端规模小，二是渠道商分业经营多、综合性分销商少。渠道的碎片化，使得跨国公司建立在规模基础上的管理和服务难以施展。

为了应对丛林化、碎片化的渠道系统，中国企业建立了世界上最宏大的营销队伍。以职业分类统计，除产业工人外，营销人员的数量排第二位。

打个比喻，宝马、奔驰这类高级轿车在高速公路和城市行驶，舒适、安全、快捷，但进入农村的土路，不仅没有优势，甚至根本跑不动。但是，"奔马""时风"这类农用车在中国农村有广阔的市场，非常适用。

渠道市场的运作逻辑

目前，源自西方的营销理论和思想有一个共同的隐营销的本质是"适应"，中国企业恰恰在这样做。不客气地说，跨国公司是在"改造"和"等待"，"改造"就是教育消费者，适当的教育是必要的，但全面教育是错误的；"等待"就是等待成熟了、合乎要求了再做。

跨国公司的营销体系特别关注两点：一是产品，消费者当然不会拒绝好产品；二是品牌，品牌实际上是一种消费者教育。

很少有人对此提出异议，甚至认为这是理所当然的。

然而，上述假设需要下列两方面的支撑：

一是消费者能够有效地接受厂商传递的信息，好产品才能被接受，消费者教育才有效，而渠道市场恰恰很难做到这一点。

二是消费者的自主选择。中心城市的大卖场和超市，自选是基本购物方式，而渠道市场仍然有三尺柜台，终端老板的推荐胜过跨国公司的消费者教育。

在终端市场，畅销品可能是"首选品牌"和"促销品"，这是针对消费者所做的营销诉求；在渠道市场，畅销品可能是"首推品牌"，即终端老板愿意推荐的品牌。

"首选品牌"很难成为"首推品牌"，"首选品牌"因为知名度高、价格透明度高、终端的利润空间小，终端老板很少把消费者的"首选品牌"作为自己的"首推品牌"。

可口可乐在渠道市场销量小，并非没有人买，而是没有人愿意卖。渠道市场经常有知名品牌"藏着卖"的现象，即名牌不上架、不推荐，如果有顾客非买不可，只好很不情愿地卖给顾客。

渠道市场的社区关系是中国传统的社区关系，渠道商与消费者的熟悉程度高、互动多，大多数情况下，终端老板的推荐能够被顾客接受。

终端市场的促销是以拉动消费者为主要诉求，所以，大卖场的促销"天天有，周周变"。然而，**渠道市场的促销是以"压货"为主要诉求，无法传递到消费者。**

在终端市场，终端推广是消费者教育和增加销量的重要方式，非常有效。然而，这类推广方式只适合于中心城市的 A 类终端，B 类终端都无法全面推广。渠道市场的终端基本上是 D 类终端，跨国公司的推广方式根本无用武之地。然而，如果换一种思路，以"针对终端老板的推广"代替"针对消费者的推广"，以"打开销售的大门"代替"增加销量"，那么，渠道市场的推广照样可以做，效率还可能更高。

目前仍然广泛存在的二级商，更是中国渠道的一大特色。

二级商是典型的"名牌杀手"，如果说一级代理商是品牌代理，二级商就是品类经营，品类组合是其拿手好戏，拿着名牌压价，带动其他品牌销售。因为名牌压价导致利润降低，然后拒绝推销。

渠道市场不同于终端市场的运作逻辑，造成跨国品牌"止步于县城"和"越不过二批"现象。"止步于县城"是因为县城通常有现代终端，"越不过二批"不只是说二级商特别在乎利润空间，而且在短期难以逾越二级商。

当跨国公司拿着终端市场的运作逻辑覆盖渠道市场时，发现在终端市场"高举高打"的基本模式在渠道市场不好使，因而让中国企业独享了渠道红利。

跨国公司"集体误判"

如果只是因为渠道系统的丛林化、碎片化，那么还不构成中国本土企业独享渠道系统的理由，跨国公司的"集体误判"才是最重要的原因。

跨国公司经常把渠道市场作为终端市场的延伸，或者作为低端的终端市场。以终端营销逻辑运作渠道系统，难以成功。

我曾经与某跨国公司的中国区负责人同时调研，我发现以他们的固有思维很难理解渠道市场的运作逻辑。

以农资行业为例，在国外，农资是典型的生产资料，应该按照生产资料的营销操作模式运作。但是，中国的渠道市场恰恰是按照消费品的运作模式运作，这就造成跨国公司虽然在产品上有巨大的优势，但被操作上的不适应抵消了。

以方便面行业为例，康师傅、统一在城市终端市场占据优势地位，在城市化程度较高的南方乡镇市场销售情况也比较理想。但是，在农村渠道市场，华龙、白象如鱼得水。康师傅曾经想凭借"福满多"这个低端品牌进军渠道市场，不成功。后来兼并在渠道市场做得不错的"中旺"，借壳进入渠道市场，仍然不成功。统一过去以城市终端市场为主，经历2000年后的连续8年业绩下滑，由大陆地区土生土长的经理人负责方便面业务，才弄明白了渠道市场的运作规律，成为成功进军中国渠道市场的跨国品牌。这种现象很罕见。

因为把渠道市场当作低端的终端市场，所以，很多跨国公司以为渠道只不过是质量低一点、价格低一点，现实却不是如此。

以宝洁的"十年三下乡"为例。

第一次下乡是"路演"，因为在美国、埃及、印度很成功，曾经创造销售奇迹。"路演"就是产品展示、推广、促销，且不说渠道系统能否理解"路演"这个陌生词汇，难道渠道系统真的不熟悉宝洁而需要"路演"

吗？渠道系统恰恰是因为太熟悉宝洁而不愿意推荐。

第二次下乡是构建网络，赠送车辆，共同实施乡村覆盖计划。这又是对渠道系统的误判，因为渠道系统不是没能力做，而是不愿做。

第三次下乡是参与"万村千乡"工程，这也是对中国市场的不了解，这项工程最终无疾而终。

渠道系统操作的关键不在于品牌、价格、促销、品质，而在于产品快速更新，跨国公司习惯于做经典产品，这恰恰不适合渠道系统。渠道系统的产品更新是针对渠道商的产品更新，是给渠道商创造更多的利润空间。所以，我们看到，统一、康师傅的经典产品比白象、华龙多，但华龙、白象的产品更新速度反而比较快。润滑油的世界名牌美孚在全世界有100多个单品，而统一润滑油在中国就有数千个单品。

并非跨国公司不想做渠道市场，很多跨国公司曾经做过尝试，但成功者不多。

我一直迷惑，以跨国公司的人才济济和强大的资金能力，难道不能弄清渠道市场的运作逻辑吗？难道不能挖来适合做渠道市场的人才吗？

跨国公司的高层，要么是外国人，要么是留学生，接受的是西方的营销思想，这些思想反映了西方的营销环境，西方国家是以终端市场为主导的。跨国公司在非西方国家的营销，按照终端模式可能也行得通。

"中国以外无此怪事。"这是一个很重要的结论。首先，它是一件怪事，是一件不同寻常的怪事，跨国公司在中国的品牌力并不是在中国市场表现的结果，而是在国际市场表现的结果，这恰恰是中国企业所没有的。跨国公司确实把品牌当作资源在使用，中国企业却没有这种资源。

其次，它是只有中国才有的怪事，国外没有。为什么只有中国才有呢？这是中国的特点决定的。

中国企业是在跨国公司漫长的"改造"和"等待"过程中成长起来的，在渠道系统积累了资源的中国本土企业，已经有了在终端市场与跨国公司决战的资源。

中国企业独享渠道红利，其实是跨国公司放弃的结果。

渠道红利的持续释放

1997 年亚洲金融危机后，中国企业集体陷入危机。引领中国企业走出危机的恰恰是渠道红利的持续释放，即市场重心下沉。

中国渠道红利的释放是由中国渠道的深度和不均衡决定的，包括三方面：一是市场重心下沉；二是区域市场不平衡；三是产业发展不平衡。"深度分销"这个词可能也是中国特色。

1997 年之前，"省代"是渠道商的主流；1997 年后下沉到"市代"；2000 年后下沉到"县代"。每一次渠道下沉，都能够带动企业销量连续 3 年增长 20%，这是渠道红利的释放过程。

中国区域经济是呈板块崛起的。一是经济特区，二是沿海沿边开放，三是本部大开发，四是东北振兴，五是中部崛起。每一次板块经济崛起，都为渠道红利的释放提供了能量。

中国的产业发展也极不均衡，有些行业基本与世界接轨，有些还很原始。每个行业的突破，同样为渠道红利释放提供了能量。

渠道驱动还是品牌驱动

中国曾经爆发渠道优先还是品牌优先的营销论战，掌握着话语权的当然是品牌优先论，在终端市场确实如此。

但是，有些中国企业兼顾了两者，即打着品牌的旗帜抢占渠道资源。如某知名乳制品企业，一向以擅长品牌闻名，但其做得最好的却是做而不宣的渠道市场。做品牌是因为取悦大众，大众能理解品牌却无法理解渠道，做渠道是为了做销量、捞实惠。

陈春花教授在其有影响力的文章《渠道驱动还是品牌驱动？》中说："我们觉得错误之一是把品牌当作资源。其实品牌不是资源，品牌是一个结果；品牌不是原因，不能说因为有品牌，就可以做任何事情。错误之二是把品牌当作'目标'。品牌同样不是目标，而仍然是一个结果。"在终端市场，确实是品牌驱动，没有品牌已经很难生存。在渠道市场，目前仍然是渠道驱动为主。

跨国公司到中国并不是从零起步，而是有积累的，这个积累表现为品牌。因为跨国公司有品牌资源优势，理所当然地应该强化其优势资源。渠道系统恰恰对其品牌资源形成了"屏蔽"，在跨国公司优势资源难以发挥的地方，中国企业恰好有优势，渠道红利就构成了中国独享的资源。

中国还有多少渠道红利

在渠道红利释放完毕后，中国企业所独享的资源也将消失。未来，中国将从二元结构市场向大一统市场转型，丛林化市场格局正在消失。

现在，在中国如鱼得水的企业是那些在终端市场和渠道市场都有优势的"两栖"企业，在终端市场有品牌资源，在渠道市场有渠道优势，比如双汇、伊利。也有一些企业从渠道市场向终端市场跨度时遭遇困难，比如华龙以今麦郎品牌进军终端市场，但华龙的业绩受到影响。

中国的终端市场正在向渠道市场渗透，"都市村庄"的改造、大卖场进军县级市场、超市下乡进村，这些都对中国企业有重大影响。

农村的城市化、渠道的终端化，这是趋势。尽管如此，渠道终端化后的终端，仍然只是从 D 类终端变成了 C 类或 B 类终端。跨国公司目前仍然只是擅长 A 类终端。所以，未来谁擅长 B 类、C 类终端，谁才能真正"通吃"。

按照"十七届三中全会"的精神，中国要在 2020 年实现"城乡社会经济一体化"，这意味着传统渠道市场的逐步萎缩。经济学家林毅夫卸任世界银行副行长，回国后就提出中国经济还能高速增长二十年，在传统拉动经济的"三驾马车"减速的时候，中国最大的市场空间在农村。农村市场的扩大不是简单的规模扩大，而是结构的变化，即从渠道市场向终端市场转化。

渠道市场的萎缩正在成为不可逆转的趋势，随着"新农村建设"，渠道市场的萎缩会加速，靠渠道红利抗拒跨国公司品牌优势的本土企业，必须在尽可能短的时间内完成营销转型。

渠道红利消失后，中国企业与跨国公司才真正开始同台竞争，才有可能分出胜负。过去，当中国企业弱小的时候，我们为本土企业担心，由于渠道红利的加持，本土企业的表现超乎想象。现在，当中国企业已经积累一定的优势，我们对本土企业充满信心时，渠道红利的消失才是最值得警惕的。

第五章
从社群到社区的
营销升级

第一节
从传统营销到互联网＋营销

因为2015年投资了鲜誉这个实体项目，我大部分时间都用于频繁地走访市场。2016年和2015年不同、近几个月和前几个月不同，在各种概念你方唱罢我登场时，中国传统产业的市场已经在急剧重构中悄然升级。从传统营销到互联网＋营销，信息时代的营销，从内涵到外延、从思维到方法都发生了巨大的变化。

"互联网＋"语境下的营销变化

营销在哪些地方发生了改变呢？最本质的改变是由于市场环境、消费环境的变迁而导致的需求模式、需求节奏改变，从而引发的一系列营销要素的重组与变化或变异。**原来的营销，是基于供应链的一体化；新的营销，是基于需求链的一体化。**

从2008年到2013年，一直被看好的水产业内的一个渠道商——良之隆，这个企业用九头鸟的精神，不断打造水产冻品的供应链。但是到了2014年，这个企业却不被看好。为什么？因为这个企业陷入了供应链模式的深坑无法自拔，却无法有效整合需求链，进而驱动供应链。

这几年的市场变化非常快，快到很多企业反应不过来。当你感觉到要去做供应链时，其实供应链已经被瓜分完了，你再去做大而全的链条，不仅没有竞争力，还赔误了战机。现在我讲的需求链，可能在未来一两年，需求链、用户价值链会成为非常热的战略，但当这种链条很快被打造出来之后，供需一体化的价值链，也就是社区价值链就成型了。

从恺撒大帝看营销

在罗辑思维中，罗胖演绎了一个非常经典的故事：什么样的人能够改写历史？我们用战略来替代这个故事：什么样的战略能改变行业、改变现状？最有资格回答这个问题的人也许是恺撒。

他兵锋所指，战无不胜，让古罗马的疆域空前辽阔，奠定了罗马帝国几百年的领土轮廓。

他执政有力，政策切中要害，让罗马人看到了结束百年内战的希望。在他的政治遗产上，罗马共和国最终消亡，一个强盛的罗马帝国崛起在地球的西方；他的名字作为欧洲君主的尊号沿用了千年，成为欧罗巴最高权力的象征。他的人生成为西方文学与戏剧不朽的主题，让后人心驰神往。他是西方历史中，最负盛名的英雄。

在同时代那么多强人中，历史为什么选择了恺撒？我们来看恺撒生活的时代。那是罗马共和国的尾声，经过三次布匿战争的锤炼，罗马已经从一个意大利中部的小城邦发展成一个庞大的国家，整个地中海成了它的内湖。疆土快速扩张，罗马国内的阶级矛盾迅速激化，平民与贵族的矛盾越来越难以调和。最终一场持续百年的内战开始了，几位强人轮番登场。

马略：迷恋武力的军事强人。他靠武力血洗了贵族阶层，但依靠平民并没能建立起稳定的政权。

苏拉：迷恋贵族血统的共和派。他血洗了马略派，用军事强权重建了传统的元老院共和政治。但随着他的死去，短暂的和平立即结束，政治危机卷土重来。

克拉苏：迷恋金钱的巨富。克拉苏依靠巨大的财富成为罗马政治生活的一位主角，但缺乏政治眼光的他最后客死他乡。

庞培：迷恋法统的英雄。如果没有恺撒，庞培将是那个时代罗马的巅峰。但在与恺撒的生死对决中，他被罗马共和国的法统羁绊了手脚，最终被不讲规矩的叛国者恺撒击溃。

为什么这些强人最终都成了恺撒登顶的背景？

也许您已经注意到了，上面的每一位强人都有所迷恋，而恺撒从不迷恋任何资源。在我看来，恺撒在历史的舞台上呈现出一种非常奇特的扭曲姿态，他随时跨界、随时整合一切资源。

（1）他身跨贵族与平民两个对立阶层。他出身贵族家庭，但终生住在罗马城的平民区；他娶平民派政治领袖之女为妻，被视为平民派的政治领袖。同时，他又与很多贵族终身通信，与贵族领袖西塞罗是亲密的笔友，与庞培等曾经结成巨头联盟。

（2）他不迷恋武力。恺撒军团是罗马历史上最恐怖的军队，战无不胜。但击败庞培成为独裁者后，恺撒并没有像马略等一样实施军事清洗，反而宽容对手，用政治手段重建罗马社会。

（3）他忠诚罗马，但不迷恋法统。恺撒用近十年苦战征服高卢与不列颠，为古罗马开疆拓土。一旦自己的权力受到元老院威胁，他就决绝地成为叛国者，挥师罗马城，逼迫元老院承认他的独裁统治。

（4）他不富有，但却挥金如土。恺撒以慷慨著称，从来不吝啬金钱。但他并不富有，掌握权力之前，几乎都是靠借债维持昂贵的社交生活，金钱只是他向上攀缘的工具。

有时候看一些故事或者读史，其实比看枯燥的营销书或者各种心灵鸡汤更有启发。

恺撒改变历史的要素：

（1）每种资源都能够为他所用，但他不被任何资源绑定。

（2）尊重游戏规则的边界，但没有什么规则是牢不可破的天条。

（3）在一个大变局的时代，任何资源都不足以凭靠，迷恋过去就意味着头撞南墙。只有随时应变的新物种，才能成为最后的赢家。

相信这个故事，会在很多人心中引发地震。所有的在位者或者上一个时代（或阶段）的成功者，心中都有着难以逾越的坎；所有的创新者都不可避免地面对知识、专业、资源的坡。坎与坡的跨越、逾越，是蜕变与升华必须面对的课题。我们讲**创新产品、创新营销**，其关键还是在于你能否**跨越，或者彻底放下**。

回到"互联网+"语境下的营销。营销到底是什么？我的理解是这样的——**营销是思维模式，营销是产业观、价值观和市场观**。没有这三观的支持，所有的营销都有缺陷、有误区，有可能会摔跤，或者不可持续。

用恺撒的故事表述出了很本质、很朴素的观点：**变**。我最大的乐趣是走访市场，从市场现象中寻找变化的路径、寻找未来的战机。

行业的边界在消失，未知的敌人在四处隐匿，如果我们还在用坐井观天的心智，刻舟求剑的方法做运营、做营销，或者靠偷师学艺、邯郸学步的方式做市场，很多时候都不知道是怎么失败的。

"互联网+"时代，没有个性、没有话题、没有娱乐成分的东西是很难被传播的，品牌需要性格，有性格消费者才会喜欢。**新时代的营销应该化繁为简，通过简单易懂的品牌形象让消费者过目不忘；通过企业文化、企业家形象、企业历程等旗帜鲜明的个性包装，满足消费者的功能需求，形成消费者的价值观认同，这才是未来的成功之道。**

总之，从传统营销到互联网+营销，不变的是核心的服务、产品和价值，变的是思维、方法和工具，这既是一次升级，也是一场革命。

第二节
迎接水产业的社群时代

哈罗德·伊罗生的《群氓之族》成书于1975年。这部书从部落偶像、身体、名字、语言、宗教、民族、历史起源、新多元主义等多种角度，探讨群体认同在政治变迁压力下的自我塑造，缕析民族主义对世界格局的改变，以及认同问题对个人心理的巨大冲击。作者返回源头，从人性的基本面，考察群体认同的各种因素如何以不同的方式在不同的环境纠缠扭结。

《群氓之族》是一本纯学术著作，从部落偶像、身体、名字、语言、宗教、民族、历史起源、新多元主义探讨群体认同与政治变迁。这部书，很像对当今移动互联时代社群化、部落化的预言。

另一部著作是法国心理学家古斯塔夫·勒庞的心理学著作《乌合之众》。《乌合之众》首次出版于1895年，迄今已有一百多年的历史，被誉为大众心理学的开山之作。作者经验性地探讨了大众心理的产生与运行，有力地展示了大众非理性的充满变数的心理世界。这本书，被很多理财企业当作经典教科书。这部著作明确指出个人一旦融入群体，他的个性便会被湮没，群体的思想便会占据绝对的统治地位，与此同时，群体的行为也会表现出排斥异议、极端化、情绪化及低智商化等特点，进而对社会产生各种不同的影响。

2014年5月，我用了一个月，读完这两部相差近百年的著作。惊讶地发现：原来当今的移动互联时代，在智者的洞察中早就被预言。2015年6月，我重读一遍德鲁克经典著作，里面所有的管理经典论述，都可以彻底解说当时当下所有的"思维"或者"现象"。

从自媒体到社群

当时当下，我们所面对的社会和市场，是一个快速解构、快速重构的市场。这种快，让很多人猝不及防，无所适从。

自媒体是什么？自媒体就是黑板报、大字报或小字报。当朋友圈被刷爆之后，群来了，各种群铺天盖地。但是**当媒体、社会开始热议一个话题时，其实意味着这个新生事物开始走向分化**。社群也是如此，罗辑思维、吴晓波读书会、管理智慧等自媒体形成的社群也是这样。

社群对商业解构与重构的影响

社群的意义在哪里？

我更欣赏吴晓波的读书会。这个社群，用紧抓热点的思想和观点，牢牢地建立起社群关系并不断演进，升级为强关系社群，形成了思想社区。大家可以认真阅读吴晓波的演讲部分，他讲述了这个社群的成长之路。社群的核心是共同价值观，社群的成长靠的是顺势而为的组织化、商业化、部落化，分享、连接、互动等都是表象。

我更推崇包政老师的包子堂，并亲自加入包子堂成为 VIP 学员，参与社区商务理论研习。这是一个定位为"爱学习的管理者社区"的实践平台，从理论到实践、从实践到理论构建起供求一体化社区。

为什么我要在这里浓墨重彩地讲社群呢？从移动互联时代对商业的解构和重构进程分析，社群可能是未来商业世界的重要组织形式。社群再演进一步，就是包政先生大力倡导的供求一体化社区。可能很多水产企业家还不习惯玩群，微信群不是社群，它只是社群的一种线上形态。

在移动社交平台上，任何一个偶然的事件、任何一个共同的属性、任何一个群体的兴趣，都可以让个体迅速地协同起来参与其中。不同的人、不同的时间、不同的需求，都可以进行无缝对接。只要一件事有价值，置身在移动社交网络中的人，就可以根据自己的喜好和需求直接介入。比如多宝鱼事件，在移动平台上发酵得十分快速，直接导致各地终端多宝鱼销量迅速下降。我们如果以江湖、部落、门派解读社群，可能更容易理解。

社群与水产业的供求一体化

当社会发展到以"物化"为主导的社会时，人被彻底边缘化了。但是移动互联让人在物化的社会中，开始回归部落、回归本真。因此，我们研究市场环境的变化，研究产业解构与重构，就必须关注这种现象——消费人群的涣散和再组合的现象。正因为如此，**社群实际上打破了既有的商业秩序，形成了大大小小、各种各样、拥有各种"共同价值"的消费部落。**

白酒出了一个醋客公社，以清晰的品质认知，短短12个月实现了1.5亿元的销售额。他们的渠道就是社群，共同爱好、共同价值、共同追求成就了这个白酒社群。**社群对水产企业而言，实际上就是供求一体化的社区部落，就是从养殖端到用户端的封闭式、半封闭式社区雏形。**

社群并非微信群。**社群的关键在于兴趣、爱好、共同价值的聚合；社群的演绎主要在线下，而非线上。**顺丰嘿店的落败，解读了为什么O2O不靠谱。道理很简单，O2O带来了新鲜，带来了稀奇，但却让消费者掏更多的钱，或者花费更多的时间时，这种生意模式就失去了意义。但是，社群的发展和演进却为传统企业的O2O带来了绝佳的战略机遇。

白酒行业，这个超万亿的产业实际上是一个巨大的厂商合谋、用户高度参与的产业社区。无论是各种香型白酒的百花齐放，还是厂商协同、厂商合谋，还是针对渠道终端的营销推广、销售促进，一个产业、一种产品被演绎出万种风情。原因何在？江湖！

水产业截然不同。不但互毒，而且画地为牢；不但弱质，而且自恋自闭，厂商之间依然沿袭着买与卖的交易。近亲繁殖、自我封闭让水产业几乎每隔几年都要遭遇风雨飘摇的困境。

厂商一体化是建立产业社区的基础，供求一体化是建立市场社区的关键。这一点如果水产企业不予以重视，盲目追求虚幻的、没有市场基础和用户基础的O2O，就是本末倒置、沙上建瓴。

顺丰嘿店案例的精髓有四点：

第一，O2O的本质是市场提档和消费升级。

第二，O2O 的价值是便利，是更具性价比的产品或服务。

第三，O2O 是基于增量，而不是挖掘存量。

第四，O2O 的运营必须着眼于效率提升，而不是成本增加。

我们对照一下当前消费互联网巨头，也包括一些水产巨头的 O2O，基本上和这四个 O2O 的价值点毫无关系。

消费互联网中的绝大多数企业是出于市场机会占有而 O2O，出于商业概念而 O2O，出于无法建立渠道终端而 O2O。绝大多数热衷于 O2O 的实体企业没有建设渠道、运营渠道、管理渠道的能力而去 O2O。所以，在烧掉大把钞票、花掉大堆银子之后又回到了渠道终端，开始构建 O2O 的立足点。O2O 的条件不是亏不亏钱做的问题，也不是有没有团队的问题，而是有没有条件、有没有路径的关键性课题。

在社群逐渐成为商业社会的主导力量时，当社群逐渐演进为社区时，社群其实已经成为 O2O 的最佳载体。社群的渠道价值、平台价值、生态价值正在释放能量，正在成为迭代甚至颠覆现有渠道模式的新兴力量。其实，我建立原本书院平台的核心主旨就是想建立中国水产业的智慧社区，建立企业家、科学家、学者和用户的交流社区。但是我讲了两个多月的课，大家还没有进入状态，还没有认知社群，还无法感知社群的巨大商业价值。

比如鲜誉海洋科技，玩的就是社群。大家可以查阅一下网页，查阅我们的各种宣传资料，我们从未宣称做 O2O，但却在玩实实在在的 O2O——构建线上社群、线下社区的供求一体化的海鲜美食圈层。鲜誉在短短的几个月实现了几千万元的销售额，吸引了诸多资本和产业企业家，我们的核心就在于建立起一个与传统水产企业完全不同的新玩法，这个玩法的主线就是供求一体化社区。

说来不怕大家笑话，我们也建立了淘宝商城，但销售额是零蛋。但是我一点都不在乎，因为淘宝，以及与淘宝类似的消费互联网平台都不是我想要的。为什么？如果鲜誉上淘宝、上天猫，只是其中的参与者，根本不可能架构起具有产业价值链驱动力的供求一体化社群，也建立不起产业互联网社区。因此，我们除了在产品锻造、在降维推广层面大把花钱外，我们其实在 O2O 的进程中并没有花多少钱。

有一些一直跟踪我们的财经媒体，持续研究我们的商业模式，其中有很多国内顶尖的营销专家和商界领袖。我认为，社群是基于人的兴趣、爱好、价值取向而实现连接的部落，是基于产品和服务的社区，进而实现渠道、平台、生态的三层价值链递进。

第三节
营销是供求关系构建的基础

过去几年，互联网思维的喧嚣，让我们很少看到"营销"这个关键词被提起、被重视、被重新定义。所以，我们说营销关系企业的命脉，是企业不得不做的事情。用什么观念、策略和方法去做这件事情是第二位的，甚至这件事情能不能直接给顾客带来价值，能不能给企业带来价值，都是第二位的。

在水产的产业互联网进程中，营销的作用将是第一位的。从微博到微信、优步，还有虚拟的优衣嗨，这些社交工具的进化和演变其实都是营销的工具。如果仅仅把这个工具当成全部，那么你就进入了舍本逐末的陷阱。当你学会玩微博时，微信朋友圈迭代了微博；当你正准备大张旗鼓在微信朋友圈开展销售和推广时，微信公众号、服务号却沦为一种麻木的工具；更有效的连接方式优步来了，更开放、更自由的社区来了，但这些工具或者连接模式的背后，是营销在驱动着一次又一次新的引爆。

营销是供求一体化的连接器

很多人都不知道营销是一项不可或缺的专业职能，更不知道营销职能包括营销部门及其营销人员要做的事情，就是构建企业与分销商及其零售商的一体化关系。更多的企业，仅仅把营销中销售的功能发挥到极致，而忽略了一体化关系的建设。我们看水产企业，但凡货卖不出去或只能依靠单纯的价格竞争，或者年复一年不断地寻找客户的，都是没弄清楚营销与市场、与客户的一体化关系建设。

《美国农产品营销》这部书在 1932 年提出"厂商之间的一体化运营"的观点，强调要构建一体化运营的功能平台，即集中、平衡和分散。所谓集中，就是把需要分销的产品"集中"起来；所谓平衡，就是按照流通终端或零售网点传递过来的"进销存"信息进行"平衡"；所谓"分散"就是把集中起来的产品，再"分散"到各个零售终端进行销售。用这部书中的一体化运营观点，结合移动互联，结合当时当下的水产批发、流通、商超、餐饮、专卖渠道来分析，实际上一切都没有发生改变。

营销是协调和干预的过程，一个企业的营销水平高低，实际上也就是协调和干预的水平高低。厂商协调不畅，营销干预不力，或者不准确，或者不到位，就会导致一体化运营的断裂或断层。营销这个词语，很多企业家天天挂在口头。其实，从字面上理解：**先营后销，无营不销**。移动互联时代的营销，实际上只是在不同的商业节点，形成了更多元的、更立体的、更具技术含量，或者更快更有效驱动用户的策略模型。

营销是持续销售的基础

鲜誉极参为什么从诞生到现在一路狂奔、销售火爆？为什么鲜誉海鲈鱼一进入市场，就是出厂即断货的节奏？这里的关键，其实是我把营销在持续销售中的作用发挥到了极致。包政老师指出，营销是修路。鲜誉的案例其实也就是用营销来修路、开路。**营销是销售的基础，是持续交易的基础。如果销售是"开车"，那么营销就是"开路"**。正确的做法是：先开路，后通车；开通了路，车跑起来就顺畅、就痛快。过去人们没办法，只能相信"路是人走出来的"；会用车开路，车跑得多了自然就有了路。现在有条件了，人们不干这种费劲的蠢事，要学会用营销活动把路修好，建立和维持"企业—客户"之间的关系体系。即便不得已用车开路，也是"开路"在先"开车"在后，开路还是必不可少的。不同的只是既用车开路又用车拉货，或边开路边开车。这段话应该把营销跟销售的关系解读得十分清楚了。

当朋友圈刷完之后，当消费互联网把信誉透支到负数之后，我们其实更加真实、真切地看到营销的价值。互联网的本质是不是让陌生人交易？做过微商，或者把微商当成战略的企业家心中应该非常清楚，让陌生人成交是一件不靠谱的事情。如果在素未谋面的陌生人之间能够形成交易，或者持续交易，那么淘宝上就不需要那么多皇冠了，不需要比传统媒体投放高得多的各种信誉成本支出了。如果这个论断成立，那么营销就是多余的了。

一体化社区的建立，需要营销；交易的持续，需要营销；信任和信誉的建立，需要营销。

实际上，在移动互联时代，尤其是产业互联网的构建，更需要营销的筹划与适配。**营销不仅将成为商业模式、企业估值、产业运营、品类运营的核心驱动要素，更是整合各种新技术、新传播工具、新互动策略的主线**。从这个层面上理解营销与销售的差异，理解营销作为企业命脉的重要价值，相信我们的思维会更加清晰。

链接阅读：互联网的本质是心联网

传统的工商经济最大的问题是什么？就是物质过剩。人类之前的经济叫作物因经济（物质创造财富、需求创造财富），今天，物因经济已经过去了——我们迎来了社群经济，也就是供求一体化的社群经济。社群经济与工商经济的区别，工商经济是物因推动，社群经济是社因推动。工商经济满足的是需求，而社群经济满足的是追求。工商经济是围绕产品和需求来构建体系，而社群经济是围绕人来形成商业模式。在工商经济时代，所有商业的目的是为了活下去；商业要活下去，也是为了利益。在社群经济时代最重要的不是利益，而是分享，在分享中创建更高的经济价值和社会价值。

当时当下，社会越进步、信息手段越发达，工商经济可能越艰难。工商经济的艰难可以从另一个经济形式看到，其实在工商经济和社群经济当中夹着一个电商经济。电商的本质是什么？就是物流、资金流、信息流，通过网络，它的成本会下降，效率大幅度提升。所有导致工商经济所需要的物流、资金流、信息流在网络上都可以实现。这个时候，电商经济从十年前开始发展到现在已经席卷全球。电商经济的崛起可以很好地说清楚工商经济的脆弱之处。

互联网肯定不是实现陌生人之间的交易。互联网并不是卖东西、买东西的平台，大家在互联网上更需要什么呢？更需要的是交流，更需要的是分享。所以人类最需要的就是倾听与倾诉、交流与分享。在这个情况下，地球就被互联网变小了。**互联网三千年一遇的大机会意思是，它是对人类底层生活、底层结构的一次再造。**因此在这个背景下，并不是工商经济被颠覆，而是整个旧社会被颠覆，工商经济作为旧社会的一部分顺便被颠覆了。

工商经济的产生基本上有三个条件：

（1）信息并不开放，上海的产品让新疆人知道要很久，地区差异很大。所以信息不对称，还会有工商经济。

（2）如果信息对称了，就没有工商经济了。互联网不仅使信息对称了，而且信息反向对称，消费者的信息有可能大于制造商。在这种情况下，消费者的信息优势大过了厂商，导致工商经济的高利润模式会逐步崩溃。

（3）品牌尤其是空洞的品牌已经失去了投资价值，反而是产品，能够实现交流与分享的产品，更具备连接的价值。

社群和互联网的介入，让传统工商经济实现从 0 到 1 的幂次方裂变。有统计机构统计，工商经济中大约有两万种商品品类，但是在社群经济中，也就是近十年，从电商经济到社群经济的发展进程中，已经出现了 16 亿个品类的产品。这种裂变，说明了传统经济受到了挑战。比如内裤，它只是一种消耗品。但是，在社群经济时代，麦当娜的内裤、迈克尔·杰克逊的内裤成了商品；以前的浙江民居不断地被拆毁，现在的浙江民居被当成文物。

互联网对于人类的自我价值实现的最大贡献在于人们的情感需求、伦理需求、个性解放等，都可以在这里得到释放。这种释放是实现物以类聚、人以群分的一种形式，这种形式就叫社群化。什么叫社群？社群就是由价值观统一的人聚集的人群，有共同追求、共同理想的人聚集的社群。没有互联网，这个社群很难聚集。由此可见，如果我们借助互联网的工具，借助这种社群化生活方式的构建，形成供求一体化社区，我们原来纠结的很多难题都能得到解决。

互联、互通、互动，其实也仅仅是互联网作为工具的一种表现。**互联网的本质，其实就是心联网！心联就是我们所讲的社群经济、人心相连的**

经济。在全球一体化的进程中，实际上人类又回到了部落时代。只不过这个部落是以心相连的。**心联、趣联，是供求一体化社区正确的方向**。如果仅仅是刻舟求剑，或者仅仅把业务搬到网上就叫互联网，那就太容易了。那么多企业为什么把地面业务搬到网上，但是电商的进程并不成功呢？因为没有心联的基础，只是简单的电商，只能靠廉价多销，而无法利用社交。

第四节
从社群到社区

马化腾说："未来替代你的，一定是在另外一个地方满足了消费者的另外一个需求。" 他的观点道出了颠覆性事件出现的规律——行业之外，差异化覆盖。

2015年7月13日，鲜誉海洋科技的酒香海鲈鱼上市，48小时，3600条鱼全部销完。第三天，用户体验的反馈迅速转化为销量。其中，西安的一个客户定了1000条，当作烧烤店的新产品来连接用户；福建的邮政系统，下了中秋团购的2000条订单。宁德是大黄鱼的原产地，为什么一个并不新的产品会取得这样的效果呢？我认为，我们做的就是在行业之外发现新的需求。

一般来说，大多数消费者是不会做鱼的，所以不敢买鱼。当然，担心鱼不好、不新鲜、有刺等问题，都是影响消费者消费的因素。

首先是产品。我们的研发部门花了近六个月时间来研究这条鱼，不断尝试、不断测试。很多人认为海鲈鱼肉质不好，是便宜的、低档的鱼。但我们注意到牦牛肉就是以粗为美！在找产品上，我们下了很大功夫，最终找到一条又白又嫩又滑的海鲈鱼。

当拥有一款极致单品时，我们需要找到接近用户的路径，这个路径就是社群的构建。当用户完成产品体验之后，营销开始了！社群能够把碎片式用户的需求聚变成一股强大的力量。

鲜誉海鲈鱼的首轮推广只有几千条，通过鉴鲜、品鲜、抢鲜，让鲜誉酒香海鲈鱼的极致产品得到了最大限度的扩散。这个过程其实就是培育KOL，借助KOL的口碑与推荐把这股市场的力量组织起来，就形成了全新的战场——这个战场不是批发市场，不是餐馆、不是商超，而是一个全新的增量市场。截至2016年1月，鲜誉海鲈鱼已经构建起超20万家庭的用户社区。

当你用极致产品去连接社群、创建增量市场、构建需求链时，市场颠倒过来了。以前消费者首先认厂家、认品牌，然后才是了解产品。现在的消费者，根本不管是谁生产的，但在乎是谁销售的、信不信任、是不是符合自己的价值标准。

鲜誉用这条鱼把消费者组织起来，形成各种社群，然后让他们自由发挥、尽情表现。好吃、好玩，而且还带来全家的温馨、朋友的融洽、社群的话题、外围的分享。当然，这只是第一步。从产品到社群，到供求一体化社区的建立，我们的战略路径设计是十分清晰的。这种路径，不是我们自以为是的产品或者渠道，也不是按照传统思维理解的客户或消费者，而是从产品到社区的产消一体化价值链构建。

从产品到社群，再到社区，必须建立新战场。这个战场是增量，是用户价值，是从长尾市场到全盘市场的产销一体化服务价值链构建，是建立在用户价值之上的品牌忠诚。用这种方式建立的战场，很难被竞争对手替代。互联网时代，有第一无第二的品类认知十分明显。我们把这条海鲈鱼做成之后，任何一家企业进入都会遭遇认知上的阻隔。

从社群到社区的产销一体化，要回归渠道、回归服务价值链，通过服务价值链架构起服务保障与支持系统。这种回归，也就是建立连接的支撑系统。既不能靠天猫，也不能靠顺丰，也不能靠微商，必须建立强大的 B 端，让 B 端形成集配中心，这是水产品、生鲜产品绕不开的课题。

从社群到社区的产销一体化，需要不断分化。很多大企业或者怀揣资本的企业，到了这个阶段往往第一个想到的就是 O2O。我一直认为，O2O 只是满足需求的一种形式。这个阶段需要用产品来分化市场，或者说分流市场，比如餐饮细分渠道、商超细分渠道、团餐细分渠道、礼品细分渠道、家庭细分渠道等。

产销一体化意味着不仅需要连接，还要无缝。产销一体化是供应链和需求链的一体化，是产品与用户的一体化，而不是其他，更不是跟分销商、零售商的一体化。跟分销商的一体化是传统企业家玩的；跟零售商的一体化是分销商玩的。这些现在都玩不转了，所以，我们要把散落在市场上的珍珠（而不是单纯的碎片，单纯的碎片没有价值）串联起来，这样，你就构建了一个全新的战场。

产销一体化进程，其实也就是持续营销的进程，只不过这里我们所强调的营销跟传统企业家认知中的营销有着本质上的不同。**在市场的解构与重构进程中，产销会有一个从脱节到重新连接的过程**。这个过程越漫长，或者越难以逾越，企业的日子就越难过。这就是为什么这几年水产巨头、龙头企业普遍感到市场难做的症结。

产销脱节了，品牌再大、品质再好，消费者不认同，还是没用。因此，从原有的地方走出来，用市场端、用户端的思维和方法来重构战略、重回原来的地方，你的姿态完全不同。

传统的供应链体系，是基于制造思维，或者信息不对称而形成的强推型输送带；**产销一体化的供应链，是基于用户价值链或客户价值链的连通器**。从养殖端到用户端，如果无法拥有用户价值链或客户价值链，很难想象养那么多鱼虾干什么、卖给谁。所以，只能被动地在市场解构和重构的搅动中逐渐边缘化或成为碎片。

如果把近些年互联网引发的所有创新人物、创新事件、创新案例，用德鲁克的创新的七个来源解读，我们发现：所有的营销理论都包含在他的观点中。如果我们把自己圈起来，限定在紧箍咒中，困囿在人为的圈子里，就会不知不觉地失去潜在顾客，丢掉可能属于自己的市场。

第六章
鲜誉新营销样本

第一节
鲜誉海参战略样本

海参市场分析

2008—2012 年是海参行业快速膨胀的五年，也是海参品牌风起云涌的五年。从獐子岛、棒棰岛、晓芹等海参品牌的三足鼎立到如今的群雄混战，大小海参企业纷纷祭起各式各样的品牌大旗；从獐子岛率先从区域市场走向全国到如今的各大品牌纷纷出击全国市场；从一枝独秀到如今与山东、福建海参三分天下，但是大连乃至东北市场海参价格战、渠道战、促销战依旧如火如荼。**经历了 2011 年糖干海参风波、2012 年福建海参的低价冲击后，在限制三公消费的达摩克利斯之剑下，2013 年海参产业从五年前的黄金时代进入白银时代。**

2013 年全国海参产量超 20 万吨，如图 6-1 所示，其中，山东市场占 48%、辽宁市场占 38%、福建市场占 9%。北方的主产区如青岛、威海、烟台、大连等地均呈现快速增长的态势，福建海参发展态势迅猛，由 2010 年的 1.3% 的占有量快速增长到 2013 年的 9%。浙江、江苏等地养殖面积虽然急剧扩大，但总量有限。从全国市场的影响来看，辽宁作为重要的主产区，继续主导全国的消费市场；山东作为最大的产区和销售区，影响海参产业整体的走势；福建作为重要的补充，起到缓冲、平衡的作用。2014 年，全国海参产量在种苗保有量高的压力下，产量约为 23 万吨，但鲜参收购单价在春秋两季，南北方主产区均徘徊在 35 元 ~ 40 元之间，海参产业的上中下游压力空前，加工企业纷纷倒闭或放弃囤货，品牌海参销量下滑 40% ~ 60%，餐饮渠道、批发渠道开始为低价、低质的海参产品买单。

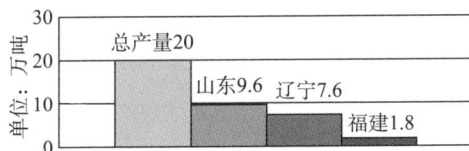

图 6-1 2013 年全国海参总产量

进入 2015 年，由于 2013 年、2014 年市场低迷，上游大量的海参种苗企业倒闭，海参种苗保有量下降至 2013 年的 1/4，直接导致海参养殖产量急剧减少，2015 年海参总产量不会超过 15 万吨。从上游开始的产业重构初见成效，鲜参收购价格稳中有升并逐渐稳定在 40 元~45 元，海参市场将迎来新一轮的发展态势。

从海参四大巨头的产销量分析如图 6-2 所示，2007—2012 年，四大巨头五年间的成长态势平稳，受原料和营销能力制约，没有一家企业突破 5 亿元的天花板。值得关注的是，四大巨头中，獐子岛以高端淡干海参为主力，棒棰岛以次高端淡干海参为主力，晓芹以半干海参为主力，好当家以鲜参、拉缸盐原料为主力，每个巨头因原料差异、规格差异、渠道终端差异形成了超百种的单品，构成自己的销量。预包装单品过亿是所有水产企业的梦想，但也是遥不可及的幻想。2013—2014 年，四大巨头除了晓芹海参不断以大众化价格跑马圈地外，其他三家均出现了 20%~40% 的销量滑坡。

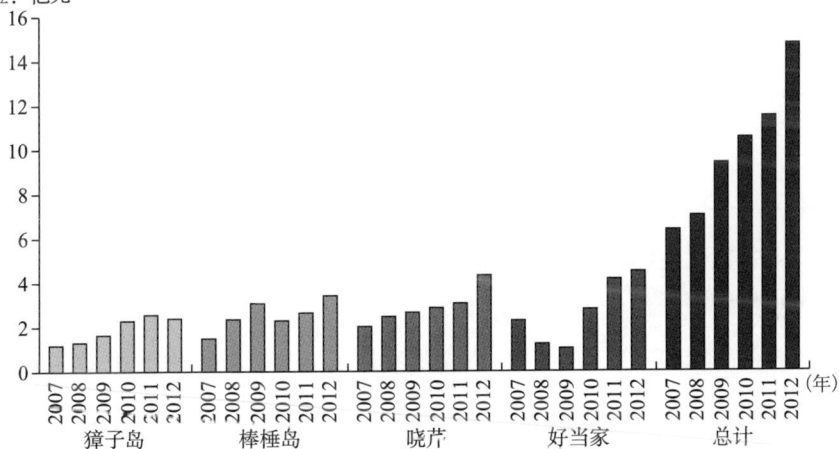

图 6-2 2007—2012 年海参销量表

随着消费层级、市场结构、产品结构的不断分化，以淡干为主的海参产品老三样的市场出路越来越窄。传统海参的产品形态以淡干、盐渍、即食为主，如表6-1所示。淡干海参绝大多数以礼品化产品出现，是官参；盐渍海参一般满足餐饮需求，即食满足家庭消费需求。但即食海参是冷链产品，只能形成区域化的市场。因此，在海参产业重构期，具有对接市场、引导消费、驱除泡沫的高性价比海参单品，既是市场从混乱走向有序的需求，也是消费需求从被动趋向主动的产物。

表6-1 海参的类别、产品特点、行业规范和市场表现

海参类别	产品特点	行业规范	市场表现
淡干海参	1. 过一次盐 2. 体表正常自然黑、偏黄或灰白色（受海域环境的影响） 3. 品质取决于鲜海参原料的提取 4. 干度受烘干、晒干（老淡干）时间、气候影响 5. 保存时间较长 6. 出皮率越高，品质越高	国家标准 行业标准 企业标准	先入为主，市场份额最大（70%以上），适合于高端商务礼品、家庭养生、特殊功能性（孕妇、病人）
盐渍海参 （半干海参）	1. 加工时多次过盐 2. 干度低 3. 保存时间短 4. 价位较低 5. 营养价值相对较低	企业标准	市场份额较大
即食海参	高压： 1. 原始高压即食海参品质不稳定，经常出现复水后缩水现象 2. 现在的高压技术，不再缩水，其品质主要取决于鲜参的品质 水发： 品质取决于海参的选取与发制过程	企业标准	市场份额小

从海参行业的趋势分析如图6-3所示，首先，海参市场进入"后三公消费"时代，海参养生文化延续千年不可能轻易割断，海参将逐渐成为大众消费市场的主要养生滋补品，尤其是东三省、环渤海、闽浙苏和珠江三角洲地区。其次，从市场价值构成上看，海参行业将整体回归理性，渠道、产品、价格、推广等营销要素亟须更新。所谓海参核心消费人群将被家庭养生、商务礼品等非核心顾客取代。最后，移动互联网改变了海参产

品认知和消费方式。因此，海参市场的价值洼地在于大众化家庭消费市场、商务养生消费市场，以大众化家庭消费市场为目标的营销战略是催生新英雄的重要工具。

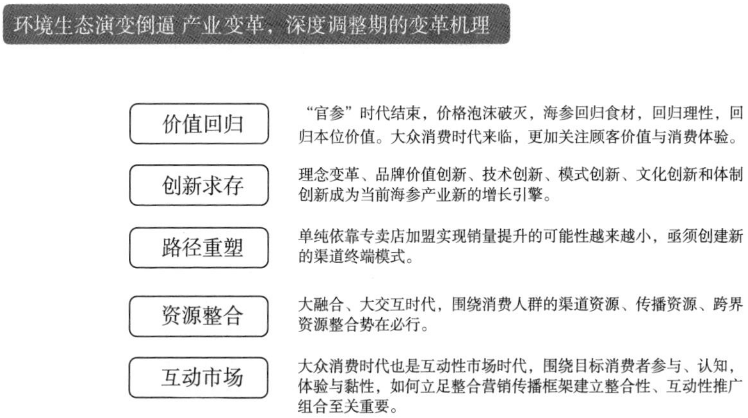

环境生态演变倒逼产业变革，深度调整期的变革机理

价值回归	"官参"时代结束，价格泡沫破灭，海参回归食材，回归理性，回归本位价值。大众消费时代来临，更加关注顾客价值与消费体验。
创新求存	理念变革、品牌价值创新、技术创新、模式创新、文化创新和体制创新成为当前海参产业新的增长引擎。
路径重塑	单纯依靠专卖店加盟实现销量提升的可能性越来越小，亟须创建新的渠道终端模式。
资源整合	大融合、大交互时代，围绕消费人群的渠道资源、传播资源、跨界资源整合势在必行。
互动市场	大众消费时代也是互动性市场时代，围绕目标消费者参与、认知、体验与黏性，如何立足整合营销传播框架建立整合性、互动性推广组合至关重要。

图6-3 海参行业的趋势分析

在移动互联网时代，重度垂直与横向整合将成为海参行业的竞争关键词，传统海参行业的压库、提价、控货及产品概念炒作在新的市场背景下出路越来越窄。如何以消费者需求为原点，基于社群营销、粉丝营销、体验营销、社会化传播开展的重度垂直运营，以及发动大战役、大整合营销、整合业外资源、异业渠道资源、促销推广资源、社会营销资源，以创新产品、创新技术、创新模式开展横向整合，将成就海参行业的新霸主。单品标准化、技术化、时尚化、便捷化、证券化是直击海参行业痛点的小李飞刀。

为什么是鲜誉

鲜誉极参，单品破局

几乎所有的海参企业都拥有大量的系列产品，从淡干到即食，不同规格、不同包装、不同工艺。为什么每个海参企业都追求大而全的产品体系呢？这是基于海参企业以专卖店渠道生存的运营模式。

但是，海参企业多而全的产品体系是导致海参销售不畅、销量不佳的重要原因。我们知道，多数产品销售不佳不是因为产品不够好，或者消费者不买账，或者导购员忘记了推荐，而是顾客根本就没有想起来购买或根本不知道有这样的产品。

比如大连海参企业近年来不断推出新产品，为什么没有形成创新的力量？问题的症结在于缺乏对单品的聚焦，缺乏大单品战略的支撑，缺乏系统的单品营销推广支持。对市场和消费者而言，能够让消费者记住的只能是大单品。

一个企业，只要有一个大单品被消费者记住，就如同拥有一把犀利的剑，就能撕开市场进入消费者的选购清单，康师傅的"红烧牛肉面"、统一的"老坛酸菜牛肉面"、双汇的"王中王"就是这样的大单品。在白酒、饮料等行业，大单品是营销成功的制胜法宝。反观海参市场，大多数企业只有一群小产品，缺乏大单品，如同一群小舢板，很难构筑起稳固、犀利的主力产品战斗群。鲜誉极参的单品战略就是基于这一点实现破局的。

海参电商的崛起完全依赖于大单品，如皇纯海参，其淡干海参的销量居全网销量之首；烟台参参堂的511超低压海参在餐饮渠道和烟台本地市场的成功，同样得益于聚焦大单品的产品体系和推广模式。数据显示，以商务人士、家庭养生为主体的大众海参消费者购买率持续上升。但海参作为一种传统食材，传统的发制与烹饪方法，对于消费的便捷性造成了巨大的影响。如何解决既能有效滋补又能方便、快捷的问题呢？实际上，大连的很多海参企业早已经从技术上解决了便捷、滋补的课题，但由于大单品营销技术没有得到企业应有的重视，或者说海参企业还不会应用大单品营销技术，导致大量的新产品沦为鸡肋产品。

由于鲜誉海参没有历史，没有庞大的累赘产品负担，在鲜誉极参的产品战略上，我们立足于中国海洋大学的核心技术——免发制瞬干即食海参工艺，以单品战略撕开市场的缺口。单品战略既能够聚焦有限的企业资源突破传统海参市场的桎梏，又能够通过大单品的活跃，带动系列产品走向市场，从而实现主力单品带动、系列产品跟进的"一人得道鸡犬升天"的集群效应。

在海参产业重构中，传统的海参专卖店渠道正在走向衰亡，取而代之的是与海参消费社群互动的复合终端；消费者主导的市场趋势让海参市场更加碎片化的同时，为战略新产品、大单品的横空出世创造了条件。对中小海参企业来说，需要推广的产品或许很多，但集中资源打造一个大单品，然后通过大单品带动小产品群的销售才是营销成长的务实之道。

鲜誉极参的单品破局营销，在产品研发和市场测试阶段就获得了大量海参超级经销商的参与和认同。对海参经销商而言，大单品的销量才是有分量的销量。大单品一般比较容易建立忠诚的客户群，同时构建起相对稳定的销售存量。大单品的实际意义还在于摆脱繁多的、品质参差不齐、消耗成本、吃掉利润的海参小产品困扰，让推广更加聚焦、更加简约。

鲜誉极参的横空出世，勾画出鲜誉极参的运营路径：游击单品—大单品—品类品牌—超级品类品牌。对鲜誉而言，只有犀利的产品和精准的推广，才能成就基于"便捷滋养"品类定位的成功之路。单品破局的营销模式源自对行业与市场的深刻洞察，源自对资源、资本、技术、品牌、市场的巧妙对接。

从极简到极致

极简主义以简单到极致为追求，是一种设计风格，体现为感官上的简约、整洁，品位和思想上的优雅、单纯。

目前市面上的海参类包装产品已经走进了"买椟还珠"的窠臼，同时抄袭成风、千参一面。包装装饰设计风格异常密集而烦琐，偏离了海参产品、品牌本身的食材属性。在很多海参的包装设计中，被装饰的海参产品被忽略掉了。所以，极简设计是对目前市场普遍盛行的奢华精致，强调装饰性、铺张浪费的包装艺术风潮的一种反对。极简主义设计不是简单或简陋的设计，而是去除一切不必要的装饰和技巧，呈现出产品最接近本质的纯粹和精华。

在鲜誉极参的产品形象设计中，遵循极简、极致的设计理念，以回归产品本质的环保主义设计，诠释、表现这个品牌的态度和风格。鲜誉极参的 LOGO 设计，以极简图形对海参横截面进行概括表现，辅以优雅的中英文字体设计，简约而又不失时尚；在鲜誉极参五大卖点的图形化提炼中，我们以标识化的图形表现鲜誉极参的工艺特色和品质区隔。

在包装设计上，我们摒弃了繁杂的装饰和大红大金的"土豪"色系，以牛皮纸、保温杯、各种环保类型包装为载体，以简约、贴心的内部结构搭配新颖环保材料和再生纸进行设计。不仅要彰显鲜誉极参"创新工艺、便捷消费"的特性，还要打破人们一直以来对普通海参产品的认识，让产品变成自媒体，赋予产品特殊的艺术气质，将鲜誉极参的"品类创新、产品创新和营销模式"诠释得淋漓尽致。环保、简朴的包材通过设计师的创意表现，呈现出简约、低调的奢华，但又不失朴实、实用的独特包装风格。

我们必须遵循符号化原则，让产品的每一个细节成为独特的营销符号。在未来的产品设计中，处处都要遵循这个原则：从大众元素中创造出简单视觉符号，从而形成清晰、精准的品牌符号。在设计表现中，把鲜誉极参的品牌形象和包装设计锻造得在感官上整洁、简约，在品位上高端、优雅，在属性上舒适、实用或者多用，就是为了区隔竞品，以极简、极致让消费者脱离浮华，回归鲜誉极参便捷滋养、极致吸收的独有属性。

产品测试，发现市场

海参产业已经进入高度同质化的低要素竞争，先营后销或者无营不销是制胜萎靡市场的法宝。在鲜誉极参的产品测试进程中，从产品研发伊始就开启了营销推广大幕。

海参经过近十年的发展，产品依旧是老三样——即食、盐渍与淡干。几乎所有的海参企业都关注到产品便捷性、食用方便性的难题，但没有哪个海参企业在产品便捷性、食用方便性层面构建起强大的竞争战略。在鲜誉极参的产品研发中，我们依照行业与市场的痛点，确立了"极致吸收、便捷滋养"的产品理念，就是坚决打造便捷化的常温产品、便捷化的包装、便捷化的食用方式。

在虫草市场，作为高端滋补品，极草通过概念炒作、包装创新和品类突破，成功地实现50多亿元的销售额，不啻为近年来滋补品行业的神话。獐子岛参旅推出后，产品创新意义重大，但由于獐子岛野生海参价格高昂，加上营销推广聚焦不足，市场覆盖面相对狭窄，导致一个具有行业创新意义的品类高悬空中。大连海晏堂、长生岛等海参品牌虽然推出同类产品，但大多淹没在缺乏战略营销的战术产品丛林中。我们知道，在水产品市场，产品越初级，作为原料的生命周期就相对较长，但很难形成产品力和消费力，如海参老三样。产品精深加工程度越高、消费越便捷、越接近消费者预期，就越具备颠覆行业、引领新一轮消费的力量，如獐子岛的参旅。

我们认为，**每一个产品里都包含着两个生命：一个是产品的制造生命，一个是产品的市场生命。**产品好不好、具不具备力量，依靠的是制造生命；产品好不好卖、卖得快不快，依靠的是市场生命。因此，对于鲜誉极参的产品研发，我们聚焦超便捷产品，立足大量海参企业推广不足、聚焦不足的战略盲点，以创新工艺打造出好卖的产品。同时，从品类选择、产品创意、市场推广、营销模式等产品外延的研发层面，为产品确立好卖的理由或者基因，这是鲜誉极参在研发伊始的战略设计。

全国16000多家海参专卖店中，超60%的海参专卖店处于亏损状态：产品单一、盈利无门；几乎所有的海参领先品牌没有建立起完整的渠道模式和终端营销体系，整个海参市场缺乏系统营销的支持；以电商为主渠道的海参推广缺乏品质保障和终端支持，重复购买率低，消费者更容易遭受伪劣产品的伤害；海参进入大众消费时代，作为食材原料进入餐饮、商超、家庭，掺假、炒作及信息不对称的暴利时代已经一去不复返；沦为鸡肋的海参专卖店苦苦寻求出路，尤其是具有固定消费群、具有市场运营能力的海参专卖店，期待创新品类、创新产品、创新推广模式的嵌入，拯救困局中的终端。面对海参渠道现状，在鲜誉极参产品研发伊始，我们有意识地吸纳不同地区的有代表性的海参经销商参与产品研发，通过让经销商参与原料选择、规格确定、价格制订、包装评定、策略审定，激发经销商对新产品、新品类的经营热情。在鲜誉极参的产品研发进程中，浙江、安徽、山东、福建、河北、辽宁等地经销商对产品的改进，代表了市场和消费者的认知，代表了互联网时代产品智造的重要特质——"参与感"。

传统的产品研发往往是老板或者研发部门拍脑袋的决策，根本就不关心产品好不好卖。所以，企业的研发部门和营销部门总是矛盾重重。从市场角度出发的产品研发，站在市场和消费者的角度做产品，是全新的视野和角度，是打造尖叫产品的原点。鲜誉极参以产品的技术创新、工艺创新、包装创新、推广创新、模式创新构筑了品类创新的五大组成部分，形成了以大单品战略为驱动的兴奋点营销模式。研发伊始的营销推广，让鲜誉极参在新产品未正式面市就已经实现了超过10000盒的产品销量。

当大量的海参企业还在一堆半懂不懂的战略、定位、营销、广告或所谓的体验营销中迷失时，他们的产品已经在市场上失去了竞争力。海参营销创新的原点来自产品与顾客需求的默契对接。产品是企业的核心资源，也是最耗费企业资源的经营价值链环节。只有具备与市场环境互动、与渠道终端互动、与消费者互动的战略性产品，才能突破同质化竞争的困境。

非常渠道，非常营销

甚嚣尘上的B2B、B2C、O2O不仅是互联网从业者张口就来的理论碎片，还是传统产业转型升级中每个老板都关注的概念。实际上，无论怎样的B、C或者O，关键点在于是否切合需求、满足需求。离开了需求，一切都是空对空。

在几乎所有海参企业纷纷进入垂直电商或者电视购物时，海参市场最庞大的市场链——海参专卖店经销商被严重忽略。海参专卖渠道沦为鸡肋，海参经销商在产业重构中被边缘化。五六年前，当海参企业纷纷仿效獐子岛通过糖酒会招商走向全国市场时，拓展海参经销渠道、建立海参专卖店网络一度成为诸多海参企业的主战略。但时过境迁，如今的海参专卖店纷纷被海参企业或抛弃、或遗弃，成为一个亟待突围的长尾市场链条。

为什么海参企业对如此庞大的销售网络视若无物呢？一方面，大多数海参企业缺乏市场化运营的思维和方法，同时也不愿意为渠道终端建设买单；另一方面，由于海参市场同质化竞争激烈，在厂商无法约束经销商经营单一品牌的情况下，海参企业也不愿为渠道终端投入过多的营销预算。因此，在海参的市场链中，往往出现厂家直营和经销商抢食的情况。实际上，海参经销商是中国海参产业和市场成长的土壤，是海参品类推广的引导者和教育者。超过16000多家分布于全国各地的海参经销商，实际上已经构建起覆盖全国大部分版图的分销大市场。

鲜誉极参的营销模式以嵌入、定制、服务和联盟锁定数量庞大的海参经销商、专卖店渠道，以此为依托架构起大单品营销的C2B运营模式。

嵌入就是以全国海参专卖店为目标市场，为海参专卖店经营者开发品牌、定制产品，打破海参厂商的固有利益机制。

定制就是依照客户或消费者需求，从产品开发、品牌开发层面，深度满足海参经销商建立自有品牌、构建独立消费圈子的需求，满足行业利润趋低环境下的经销商盈利需求。同时，推出分阶段定制计划——为商务送礼、家庭养生定制产品，甚至一盒也定制，深度满足个性化的消费需求。

服务就是以技术服务、产品服务、设计服务、推广服务、传播服务、信息科技服务全面推动海参专卖店升级，帮助海参经销商赚钱。

形成全国海参经销商**联盟**——以优质客户为核心，借助信息化技术和微商平台，构建覆盖全国的海珍品经销商联盟，打造中国首个从产地到终端的直供联销体。

在海参全行业喧嚣的上电商、弃加盟、垂直运营潮流中，我们反其道而行，抓住传统渠道终端的碎片化、丛林化的市场现状，以适应、对接市场的非常 C2B 渠道模式，开辟全新的市场。这是典型的借力打力的渠道终端设计，也是破解传统海参经销渠道转型升级的利器。

为了增强渠道黏度，我们不仅要持续不断地实现产品开发、品牌开发的"群狼迭代"模式，更要针对海参专卖店的团购定制需求，首创海参定制服务，不管是经销商团购、消费者定制还是家庭养生，以定制营销满足各个层面的需求。在海参市场，传统海参专卖店在产品体验、售后服务、社区配送及服务营销层面，具有不可替代的存在价值——认识到这个价值，海参渠道的线下基础和线上推广就找到了完美的结合点。

非常渠道，非常营销。鲜誉极参的嵌入式、渗透式营销模式，让厂商协同、厂商垂直一体化运营成为对接消费社群的重要路径。

鲜誉极参营销战略规划

鲜誉极参营销战略总纲

以战略新产品为核心，以资源、市场、技术、产品架构起鲜誉极参的四大支撑如图 6-4 所示，创建基于传统渠道升级的全渠道运营模式。以大单品驱动社群营销、体验营销、社会化推广，推进海参产业重构，引领海参市场升级，实现产品流、信息流、资金流的三流合一。

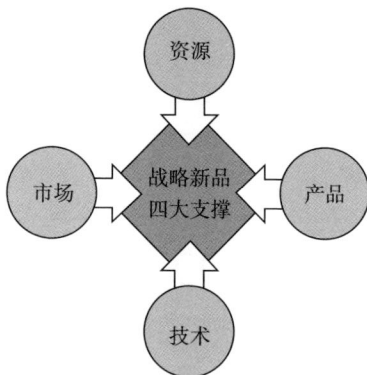

图6-4　鲜誉极参的四大支撑

● **资源支撑**：行业资源、市场资源、政策资源、资本资源、媒体资源、社群资源。

● **产品支撑**：不断优化、迭代、跨界的智造产品，撕开市场形成缝隙后导入其他产品。

● **技术支撑**：产品领先技术、包装开发技术、信息化技术、推广技术。

● **市场支撑**：线下传统海参经销商渠道的渗透与收编，各类微商收编，稳步推进全渠道市场支撑，实现单品全渠道覆盖。

鲜誉极参营销模式

以品类创新、技术创新、包装创新乃至产品创新为外延，以产品模式、推广模式、渠道模式、终端模式的突破为内涵，构建起鲜誉极参的创新营销模式，如图6-5所示。

● **品类创新**：以纯淡干速发海参新品类引领海参摆脱老三样初级产品的桎梏，对接主流升级的养生消费品市场，我们的品类标签是速发品类、便捷品类。

● **技术创新**：以创新加工技术、创新分销技术为主导，推进海参进入便捷滋补、便捷购买时代。

鲜誉极参营销模型

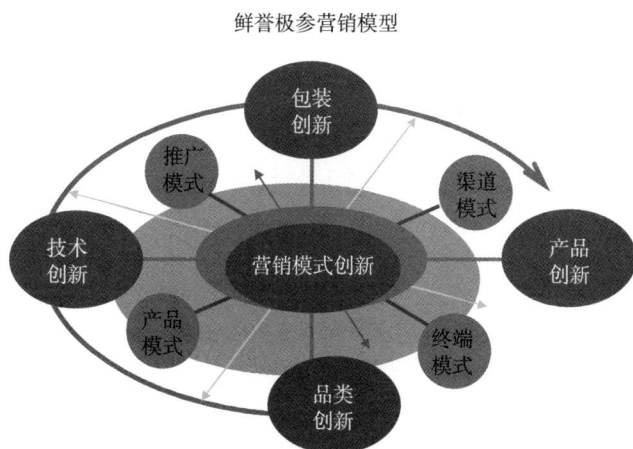

图6-5 鲜誉极参营销模型

● **包装创新**：摆脱海参礼品化包装窠臼，以创新的设计跨界进入日用品、食材、随身滋补品等不同的消费人群、消费情境的细分市场。

● **产品创新**：从食材到食品，从不方便食用到方便食用，从核心消费社群到泛消费社群的突破。

定制、快速迭代、依据重度垂直的市场即时数据不断开发、衍生的**产品模式**，是鲜誉极参的营销内核；引爆社群、驱动媒体、内容锻造、社会化营销工具的低成本应用，是鲜誉极参的**推广组合拳；联盟化、扁平化渠道模式，移动化、嫁接式终端模式**，有利于我们用最低成本、最高效率整合收编全国各类16000多家海参专卖店，并跨界进入酒类、食品及各类微商渠道终端。

鲜誉极参营销体系

与任何一个海参企业不同，鲜誉极参的营销体系的架构如图6-6所示是"战略运营+标准执行"。战略运营设定精准、清晰的目标和路径，标准执行是为了最大限度地摆脱传统营销人的痼疾，形成上下贯通、纵横交错、功能融合、协同参与的高效营销模式。同时，我们的营销体系可以针对不同级别的客户开放，更能充分地发挥渠道资源、终端资源的潜能。

鲜誉极参营销体系

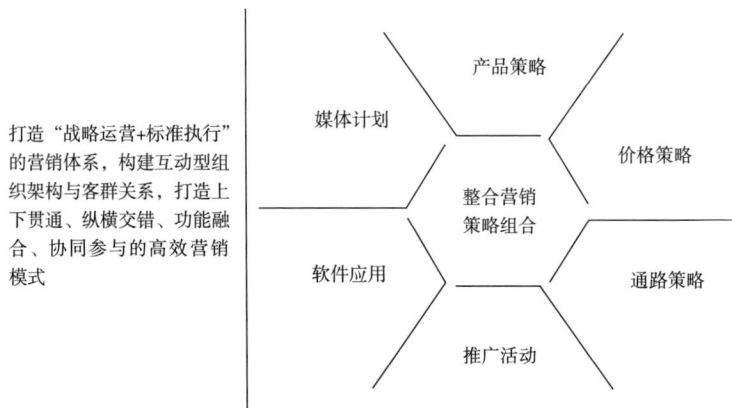

图6-6 鲜誉极参营销体系

鲜誉极参的全渠道模型

基于原本品牌营销在海参产业和市场的资源，基于鲜誉极参独具特色的营销模式，基于各种类型的海参渠道商、终端商的市场资源，我们以单品撬动的全渠道运营是务实有效的。但面对全渠道运营的庞大财力、人力、物力，我们采取以战略市场、销量市场、机会市场分级的办法，结合不同级别市场的资源和营销目标、绩效目标，分区域、分阶段构建全渠道运营体系，有主有次，从点到线再到面，稳步构建起价值水海产品的全渠道模型，如图6-7所示。

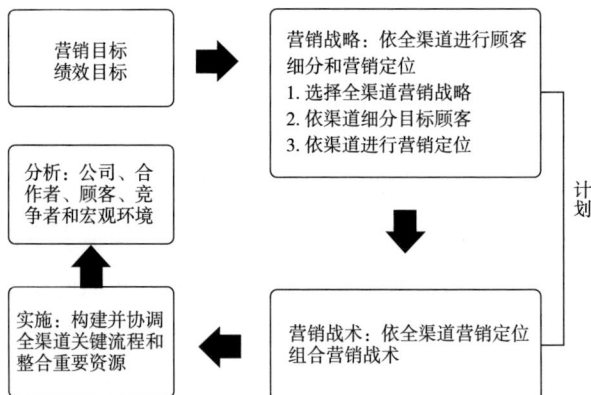

图6-7 全渠道模型

对鲜誉极参而言，应用全渠道模型是小马拉大车，但是对"众鲜国"而言，这是必经之路。同时，基于资源效应的不断引爆、释放，我们在团队成型之后，可以大量托管上游养殖企业、加工企业的产品，通过产品智造、品牌智造、产业智造，打通从产地到市场的众鲜直达通道。如果说鲜誉极参是"劫道"，那么全渠道的众鲜直达则是"众鲜国"的高速公路网，是我们建设的、管理的数据通路。

从统揽全局、覆盖市场层面，鲜誉必须致力于构建线上全渠道覆盖的面，链接线上渠道与区域网点的线，聚焦最容易产生销量或引爆式传播效应的点，取得线上引流、社群引爆、线下服务、口碑反馈、圈层建立的闭环式营销传播效应。如图6-8所示。

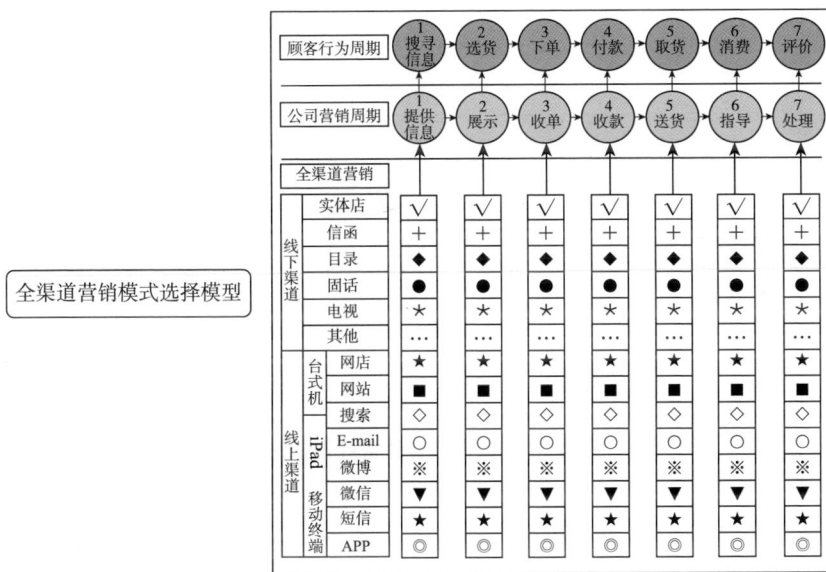

图6-8 全渠道营销模式选择模型

线上渠道获取的数据、拦截的顾客，将是鲜誉极参快营销的导航图。我们通过线上布局、策划、引爆，不断尝试、层层推进信息捕获系统建设，测试不同消费群体的产品反应，从而不断开发出直击消费痛点、时尚热点的产品。

从线下渠道的布局分析，所有海参巨头无法实现全渠道的原因在于海参消费者呈现横向水平式、散点状分布。我们必须致力于从战略新产品的渗透式渠道终端建设到大单品的战略市场、销量市场绝对优势地位建设，卡位、抢位各区域市场认知第一、品类第一、品种第一、销量第一等关键性业务指标，进而实现全域市场的创新第一、品类第一、销量第一、服务第一、口碑第一、投资回报率第一。

鲜誉极参的目标渠道与消费社群选择

谁是鲜誉极参的消费者？在全渠道营销如图6-9所示中，为了避免"假大空"，我们必须精准地界定目标消费社群，以终为始，从细分消费社群倒推，选择与目标消费社群相配套的目标渠道，进而让我们的产品、价格、推广策略和目标渠道、目标消费社群相配称。

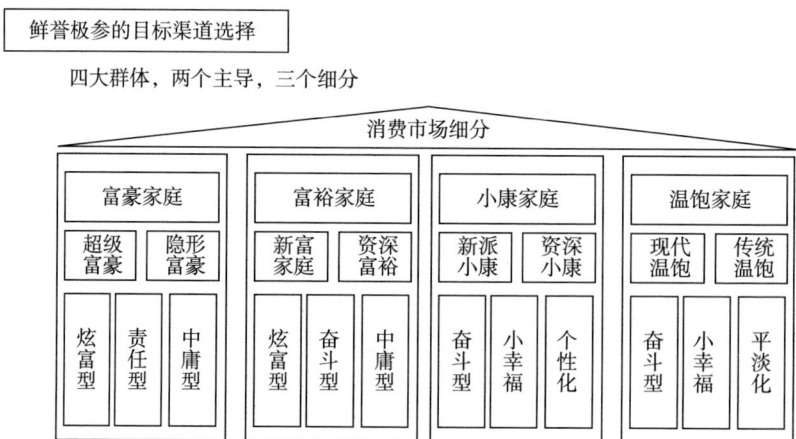

图6-9　鲜誉极参的目标渠道选择

鲜誉极参的产品线规划

鲜誉极参以速发海参工艺创新为主导，围绕目标渠道、目标消费社群构建基于市场数据、消费反馈、客户需求、方向趋势、竞争优势的产品系列，形成定制产品线体系、常销产品线体系、爆款产品线体系。

定制产品线如图6-10所示：以相对固定的产品包装形式，比如可拼接、可组合、可再制作的包材，满足不同渠道的定制需求。产品规格8只至30只不等。

图 6 - 10   定制产品线

常销产品线如图 6 - 11 所示：以超性价比的包装和产品体验，实现在不同目标市场、目标渠道、目标消费群体的常销效应。产品媒体化是常销产品线的核心指导思想。

图 6 - 11   常销产品线

爆款产品线如图 6 - 12 所示：攻击型产品，应时、应季或即时推广，不断在非主流消费市场创造话题，引发体验，驱动销量的迅速提升。

图 6 - 12   爆款产品线

鲜誉极参快营销模型

精准、协同、高效是鲜誉极参运营的核心方针。以信息化系统贯穿生产中心、营销中心和全渠道市场，循序渐进，稳步构建以大数据为核心的产销一体化系统，构建快速反应的双向营销系统。如图 6 - 13 所示。

正向是以产品为核心驱动的以产定销流程和流量。我们根据全渠道的数据分析和拓展进度，开展以产定销的正向推动工作。

逆向是以消费者、经销商信息反馈为依据的以销定产逆向拉动。通过数据挖掘和信息处理，我们不断修正、调整、优化、提升、迭代产品线，形成新一轮的以产定销流程和流量。

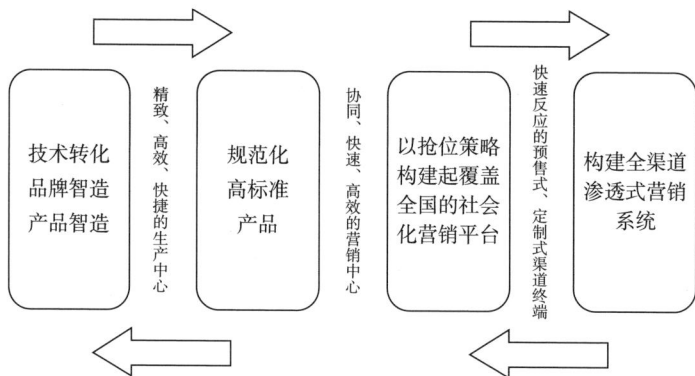

图 6 – 13　鲜誉极参快营销模型

快营销的核心不在于策划的完美，不在于渠道终端的多少，而在于产销对接。以精准的产品智造，以高效的信息处理和服务反应，构建起一个不断扩大的、不断迭代的众鲜消费圈层。

鲜誉极参营销推广策略组合

鲜誉极参营销推广策略组合如图 6 – 14 所示。

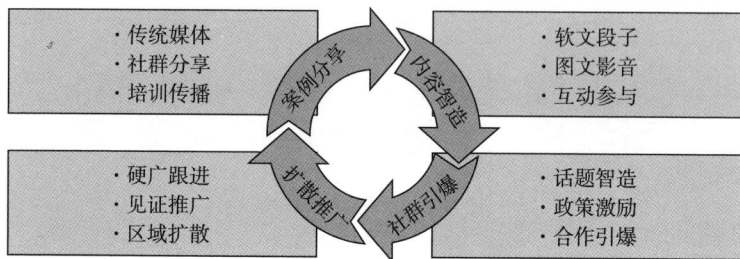

图 6 – 14　鲜誉极参营销推广策略组合

案例分享：知识爆炸时代，知识和信息不缺，但经典的案例是驱动传播、驱动消费的核武器。我们必须用经典、翔实、充满干货的案例，借助传统媒体、各类社群、客户培训等载体表达思想，实现开放、参与、分享的最高传播目标。

内容智造：我们主张高成本、高标准、强互动的内容智造，用案例、软文段子、图片、视频、音乐等不同的表现形式和表达手法，最大限度地吸引消费者参与。有趣、好玩、营养、美味、养生、健康是主要方向。

社群引爆：借助线上、线下的各类社群，借鉴各类保健品、美容、微商、电商引爆社群的经验和技巧，策划、组织不同层面的社群引爆活动，以社群引爆取代促销推广，以社会化营销建立宗教式产品信仰和品牌忠诚。

扩散推广：通过区域意见领袖、经销商社群、各类线下活动，驱动鲜誉极参在各个层面的扩散，开展以产品为话题、为载体、为媒体的各种形式的推广活动。战略市场、销量市场不排除应用空中交响曲、渠道进行曲、终端奏鸣曲等方式开展立体交叉传播。

鲜誉极参定价策略

鲜誉极参作为海参产业从边缘市场直击新主流市场的抓手，我们是"光脚"的，唯有"光脚"，才可以快、狠、准地以价格直击海参巨头、中小企业，尤其是找不到方向、找不着路径的海参经销商群体。如表6-2所示。

表6-2　鲜誉极参定价策略

1	同档次中是否最低
2	物超所值的感觉
3	符合目标人群的心理预期
4	满足目标人群的面子需求
5	稳定的价格标准线
6	未来三年内保持竞争力
7	大部分分销商、终端商认同
8	和其他营销要素配称
9	足以攻击直接竞品
10	在同一价格区间内处于优势地位

总结

在常态市场下，中国海参已经进入民选、民主、民治、民享的"新民主义"时代，旧的行业逻辑土崩瓦解，新的秩序正在废墟上建立。鲜誉极参的快营销、精准营销、共振营销，是在新常态市场下从边缘发起攻击的解决方案。

●民参时代就是创新的时代。从官参引领到民参驱动，从厂家、商家主导到以顾客为核心，从传统线下到线上、线下互动，从渠道灌水到可持续消费，海参业正在经历一次前所未有的"地心磁场变化"和"磁极易位"。鲜誉极参就是磁场变化的制造者。不同于以往以品牌为导向的海参营销，"新民参时代"带来更多需求链上的机会和行业的革命性创新。它的到来代表着行业回归原本，回归行业信誉、行业形象、行业价值的重塑。

●在新的背景下，海参行业的生态演变主要体现在两大方面：一是政策、需求和竞争演变带来的结构性市场变化；二是新技术、新媒体发展活跃带来的"破坏性"力量。我们就是"破坏性"力量，但我们循着传统渠道，被抛弃、忽略的渠道开始破坏。

●在政策环境、市场环境和技术环境等共同作用下，本轮海参业的周期性与结构性变革催生结构性机会，也驱动我们开展"革命性创新"。低重心、扁平化、厂商对等、价值驱动的新型营销系统重塑成为必然趋势，传统增长模式遭遇挑战，创新性模式引领和发现型颠覆性战略风生水起，伴随传统渠道的结构性变化和产业互联网的崛起，我们将成为海参产业游戏规则的制定者。

●未来5~10年，海参业的要素重构和一线创新探索将成为常态，创新将成为企业跑赢大环境、逆势上位的最显著驱动因素。鲜誉极参创新有两个层面：一是改良性创新。这是我们现在做的，是基于原有要素和基本价值链优化，满足已知需求，包括顾客价值链、渠道价值链和内部价值链三大创新空间。二是革命性创新，是我们未来要做的，主要基于高端化、价值化、便捷化水产品消费大数据的洞察和需求配称建立新秩序。我们将立足于发现型战略创新、商业模式再造和顾客价值重构三大创新空间，缔造我们的"众鲜国"。

●鲜誉极参系统化创新的方向和路径包括一个核心源点、六个基本方向。一个核心源点是顾客需求洞察与价值点发现，六个基本方向即以品牌和产品为核心的创新、以渠道改良和颠覆为核心的创新、以互动沟通为核心的创新、以资本驱动为核心的创新、以跨界资源整合为核心的创新和以信息化建设为核心的创新。

●鲜誉极参的品牌愿景（其实是"众鲜国"的品牌愿景）是：高性价比、舒适轻松、营养美味、健康便捷的生活解决方案。

为什么在鲜誉的战略规划中，不涉及、不研究鲜誉极参的品牌如何创立？当我们架构起这样一个体系时，营销是水，品牌是渠。我们用蓄势、借势、引流、分流的原理，深淘滩、低作堰，品牌就水到渠成了！

第二节
鲜誉的社群营销方法论

社群营销在鲜誉的实践中更多的是一种圈层营销、一种部落营销、一种范围经济、一种社区商务的有力形式，社群营销是企业营销实践中那根撬动市场和需求的杠杆。

那么，什么是社群呢？

社群是一个圈层，社群是一个部落。

经过 PC 互联网和移动互联网，特别是最近十年的发展，消费者、投资者、渠道商、广告商、KOL，甚至未来的雇员，已经开始了基于新的社交工具（微博、微信、贴吧、论坛等）的社群移民，逐渐形成了新的圈层、新的部落，我们在一个个的兴趣部落、职业部落、组织部落、知识部落里生存、发展、融入、共生。

我们在不同的社群里面扮演不同的角色，认识新的朋友，产生新的连接，获得新的商务合作方式、新的目标消费群激活方式、新的外部组织方式和新的内部组织方式，甚至是新的外部沟通方式和新的内部沟通方式，部落化和圈层化生存是这个信息文明时代的基本生存方式。

移动互联网的发展，重新组织和架构了我们的社交关系、商务关系、组织关系，这是一种巨大的颠覆和重构，也是营销实践中新的维度的引入。认识到这种维度，灵活使用这种方法，从社群入手，我们可以展开一种新的营销平台的架构，可以把需求链的运营与管理有机地落实到各个新的营销工具和要素的使用中，也让传统的营销工具和要素，通过社群营销重新找到了撬动市场的突破口，从而一针捅破天，迅速起量，完成对市场的覆盖，达成企业目标。

那么，鲜誉是如何做的呢？

触网：从创始人和高管团队开始，积极地参加、融入各种社群的组建、互动、话题讨论、线下聚会中，完成线上的移民。社群营销不是某一个员工的职业活动，而是全员的营销活动。

洞察：基于对行业和产业的了解、渗透，对中国水产业的浸泡，对未来中产阶级圈层消费能力、消费意识和消费行为的判断，提炼出爆品战略。反过来说，没有对中产阶级消费圈层的洞察（痛点、痒点、嗨点的识别和判断），没有对产业和行业的浸泡就无法做出真正的爆品。

圈层和部落运营：通过社群线上和线下的互动、沟通，完成对产品原型中的内外包装形态、产品形态、价格策略、视觉审美等方面的设计和测试，在这个过程中，找到极客、找到粉丝（传播型粉丝、投资型粉丝、发烧友粉丝），以及确定自己的用户（渠道用户、场景细分用户），让独享型的顾客群体形成，带来口碑驱动和潮流销量，种下产品在各地市场引爆的火种，各种玩、各种消费者生活方式和商务方式场景下的嵌入、跨界，保持流行的鲜度、温度、力度！

疾速营销：天下武功，唯快不破！从上述需求链运营出发，整合其他营销工具和要素，譬如社会化媒体营销等，获得注意力和话语权，加速完成电商渠道布局、线下渠道布局，迅速起量，从而倒逼供应链，获得产业和行业话语权，鲜誉的营销平台成了流量平台。

上述四点，基本上是鲜誉社群营销的方法论。下面，我们给出一个鲜誉营销实践中的内部操作方法的样本和素材，供朋友们参考。

课题一，产品型社群如何设计

要有对粉丝群体的昵称，淘宝称呼"亲"，鲜誉叫作"鲜客"。鲜誉把喜欢鲜誉系列产品的支持者、尝鲜者、消费者统一称呼为鲜客，由众多鲜客形成的一个社区叫**鲜客部落**，如图 6 – 15 所示，鲜客部落的乐趣在于尝鲜、品鲜、鉴鲜、抢鲜、嗨鲜。

部落、社区要在全国体系内联动，形成传播和销售势能。建立了基于发动层、骨干层、影响层的鲜客部落体系，展开基于发现、分享、连接、品鉴、乐趣等形式的**价值认同、情感认同、利益认同**的强关系深化活动。如图 6 – 16 所示。

图 6 – 15　鲜客部落

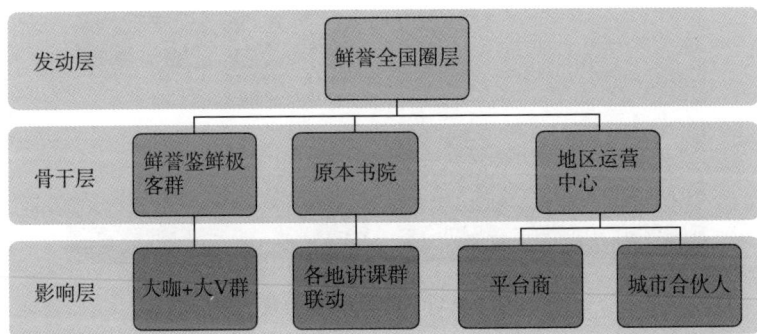

图 6 – 16　形成传播和销售势能

后期要建立基于 CRM 的电商平台，包括部落社区微信端平台、部落社区的 APP 端平台，甚至建立起基于股权激励的利益共享平台。如图 6 - 17 所示。

图 6 - 17　建立电商平台

持续展开社会化媒体营销传播活动，抓流行、热点、创意，吸引眼球。包括百度推广、微博推广、H5 传播、微信公众号活动、事件营销、口碑营销等。如图 6 - 18 所示。

图 6 - 18　持续展开社会化媒体营销传播活动

课题二，如何构建社群运营团队的组织平台

企业创始人或者领军人物是第一发动机，是产品经理，是自己产品的

超级拥护者，没有这种对消费需求升级的洞察，对产业和行业资源的整合能力，那么，这个社群是没有图腾和传说的，譬如乔布斯之于苹果、张小龙之于微信。在鲜誉，"老何"是当之无愧的大产品经理、极客、灵魂。

社群既然是全员的事情，我们就要通过全员之力，用移动互联网的连接工具，把产品的内外支持者、尝鲜者、鉴鲜者、品鲜者、抢鲜者、嗨鲜者组织起来、活跃起来、互动起来。

具体到内部组织中，根据企业发展的阶段，前期由兼职人员组成，后期由专职人员组成，包括内容生产、活动策划、平面设计、异业合作、社群运营组等。

最后，要培训和引导全国的平台商、运营商、城市合伙人展开社群营销，我们称之为分布式的社群建设与连接。通过这种连接与建设，我们能迅速地做好客服服务、地区社群传播、地区渠道建设等工作，层层落地，层层撕开市场的口子，嵌入消费者的生活方式和商务方式里，成为心中首选！

课题三，鲜誉的平台商如何玩转社群

鲜誉的社群构成由线下社群和线上社群组成。

线下社群主要是指鲜誉蓝色事业的创始人，高管团队，各地区总部，各层级运营商、平台商、渠道商的超级支持者，包括线下各种类型的朋友、关系户、股东群体、大连接点群体。总之，可以归结到亲朋好友、铁杆兄弟姐妹中来。这类人群的获取和忠诚完全来源于鲜誉蓝色事业的创始人，高管团队，各地区总部，各层级运营商、平台商、渠道商的人格魅力、专业能力、情怀和情感的连接及企业家精神。在某种程度上，商业的互相吸引也是重要因素之一。这类人群可能来源于同学、同乡、同会（各种商会、各种创业会）、同事、同类（物以类聚，人以群分）、同源（宗教、族系、人生起点等），这类人群的获取，真正考验我们的平时积累与商业交往。他们会被我们的人生经历、所做的事情、所经营的产品、所经营的事业所打动、所感动，从而产生共鸣，成为我们事业、产品的传播者和支持者。

  线上社群主要是指通过微信、微博、论坛、众筹渠道、微店渠道、APP 渠道、视频、游戏、会议等一系列社交媒体获取的忠诚用户和支持用户群体的集合，通常以微博粉丝、微信群、同城粉丝会等社群形式出现，而微信群和 QQ 群是我们汇聚粉丝力量，成就鲜誉品牌的引流、内测、活动参与和传播的一种表现形式。

  所以，鲜誉的社群组织，完整意义上是线上和线下社群的集合、互动、互相渗透、连接，以驱动鲜誉产品口碑的形成、扩散、放大，这是一套通过从忠诚度和美誉度起步，最后来塑造知名度的系列操作，是给鲜誉各级平台商、渠道商"渠道盘中盘"模式导入流量、场景，是给合作伙伴用的。这样一个以鲜誉为主要设计师，以各级平台商、渠道商，鲜誉事业支持伙伴来架构、运营的组织，我们统一称为鲜客部落，每一个群成员称为鲜客。我们践行互联网精神，以平等、分享、共享、连接、融入、共生、乐趣为宗旨，发现身边的鲜客，发现身边的美食，发现身边的一切美好事物和人，以给广大富裕起来的中产阶级提供安全的、美味的、性价比超高的、有极佳用户体验的水产海鲜美食为使命，发现每个人心中的大海，连接每一个鲜客！

  线下社群的连接、聚合，这里不做重点概述，因为每一个鲜誉的平台商和渠道商，一定是一个有强势和广泛资源的客户，每一个与鲜誉合作的老板都有极强的商业资源和连接手段。如果你没有极强的资源对接能力，就不会选择鲜誉系列产品做嵌入，同样，鲜誉也只选择有极强资源对接能力的客户作为我们的合作伙伴。

  我们重点来谈谈如何构建基于鲜誉各级平台商、渠道商的分布式社群的建设、运营手法和方案。

  指引一：如何从零起步构建自己的社群，鼓励用户互动和传播？

  指引二：如何"混群"找到志同道合的天使用户和铁杆用户？

  指引三：鲜客部落群成员的身份、角色、识别。

  指引四：从零起步做群主，让群主成为一种专业。

  指引五：展开线下鲜客同城会、鉴鲜会活动。

指引一：如何从零起步构建自己的社群。

通过构建微信群来与用户互动，鼓励用户生成内容和鼓励用户传播。

（1）从自己的客户和员工开始，邀请鲜誉社群事业部社群运营小组进驻。

（2）复制社群事业部提供的社群规则模板，邀请朋友圈中感兴趣的朋友进来互动，发公告到朋友圈。

（3）鼓励热心群友邀请自己的朋友圈内的朋友加入。

（4）向新群友讲清楚本群的游戏规则，譬如修改群名片，每人自我介绍 1~2 分钟，用语音和统一格式各介绍一遍，一定要做到前期的 100 个群友彼此间尽量熟悉、熟络、有所互动。

（5）提升群的活跃度措施：发红包，对于热心的群友发鲜币，鼓励每一个群友发言，群友发无关广告一周不能超过一次，每次要发 10 元红包，鼓励分享身边的美食，特别鼓励群友晒鲜誉系列产品的做法，各种厨艺秀、各种渠道连接秀、各种消费场景秀，不要求水平高超，要鼓励多秀多晒图，分享感受，争取每周办一次自由的品鉴会、主题聚会等。

（6）群管理与运营：鼓励热心群友成为群助手，每一次传播鲜誉的 H5 内容要发小红包，要有内容的简单评论。总之，要让每一个群友有参与感、有圈层感、有感情的融入、有话题的讨论和互动、有美好事物和美食的分享，还可以组织群友之间的厨艺竞赛，优胜者获得鲜誉系列产品等。

（7）重要提示：群友对群的认同和活跃很重要，玩群不是把人拉进来就可以的，要尽可能争取每一个认识、连接、互动和参与，要让群友愿意花时间在群内互动，鼓励每一个群友的原创内容的晒图，真诚感谢他们的每一次互动、转发和讨论。

（8）分享的精神：很多平台商和渠道商在玩群的时候，简单地把社群看作销量的渠道，急于求成，要求出量，这是不现实的。群友之间的强关系没有形成之前，在群主的强大人格背书形成之前，不可能有大的销量，但是可以鼓励群友的复购和推荐购买，以及群友对鲜誉各种传播方案的转发、分享、评论和活动的参与。

指引二：鲜客的招募与识别。

首先，找出同类，什么是鲜客。

A. 认同情怀：每个人心中都有一个海洋，寻找敢于尝鲜、乐于尝鲜的人！

B. 认同情感：尝鲜语录、各种电影段子体、热点话题体。

C. 认同情绪：我就是我，不一样的烟火（烟火海鲈鱼），热情分享，以分享为乐趣。

其次，社群生态组建。

A. 用户提纯：用户通过二维码、公众号、推介介绍、众筹渠道、自行购买进来后，要反复对用户进行识别，符合鲜客定义的、热心传播与分享的才能留下来，反复筛选。

B. 群员控制：鉴鲜群控制在 45 人以内，30 人左右最佳；鲜客部落控制在 120 人以内。超出人数的，要反复督导群主踢不活跃的群员，引进活跃的群员。

C. 社群总部：只做运营观察与建议，不做运营维护，成立全国鲜客部落群主 O2O 践行总群。

D. 群规制定：日常活跃度管理技巧、群规、拉新与踢人原则。

E. 群组织建设：群主定义，好社群的几个关键角色构成，群利益共享机制。

最后，社群价值变现。

A. 转发有奖：鲜誉 H5 的转发有奖，譬如达到 20000 条送一箱鱼等。

B. 晒图积赞有奖：譬如晒各种海鲈鱼厨艺做法，要求朋友圈积赞 50 个有奖。

C. 线下品鲜、鉴鲜聚会活动的视频制作，活动传播有奖。

D. 组织群内各种海鲜原产地知识、厨艺技巧讲座。

E. 粉丝活动：譬如一起去见证千岛湖捕鱼、放养活动。

F. 各种新产品的封测装、试用装，首批拥护者招募活动。

G. 各种当前社会热点话题与品鲜、尝鲜、鉴鲜的结合 + 三级粉销 APP。

H. 小区海鲜厨艺秀作品比赛。

指引三：从零起步做群主，让群主成为一种专业。

很多平台商、渠道商老板做社群是存在误区的。

第一种误区，不重视、轻视和蔑视。

要知道，现在流量已经从电视屏幕、电脑屏幕转移到手机屏幕了，全中国有 15 亿人，有 8 亿人在电脑和手机端工作、交流和娱乐。如果不重视，产品的引爆和渠道的流量是不足的，甚至可以说是瘸腿的。不重视社群和社会化媒体传播就是营销"短视症"。

第二种误区，没有掌握方法或者没有找到感觉。

第一，新加群友不欢迎、不问候。

第二，基本不发红包，也不抢红包。

第三，端着架子，以为自己是老板，不与群友互动。

第四，容易被激怒和生气。

第五，不好玩，说话太严肃。

如何解决？

第一，要养成在碎片化时间看手机的习惯。

第二，要把群看作自家的客厅、聚会的沙龙，要有基本的礼仪、礼貌。

第三，有自黑和互黑的精神，开得起玩笑。

第四，经常发红包互动，也参与抢红包。

第五，真诚待人，放下架子，平等交流。

第六，遵守群的游戏规则，譬如自己带头修改群名片，误抢的红包要加倍发出，要经常和别人互动，多举办线下见面会。实在不行，交给公司里年轻的同事管理，自己全力支持和特别重视为主，看到群友互动就多发红包吧。

第三种误区，玩群不活跃，不能点燃大家的激情。

（1）自己带头玩：各种拍照、视频、微博客工具的体验，譬如拍照的各种 APP 下载、视频中的小影、微视频 APP 下载、微博客 APP 下载等装到手机里，在每一次鲜誉产品系列在某个用户生活场景里出现的时候，用这些 APP 记录，并晒图到群和朋友圈，发给社群总部作为传播的素材。

（2）发动身边朋友玩：在各种场合推荐好玩的 APP 来展示鲜誉系列

产品。

（3）鼓励群友玩：对群友的每一次分享都要尽可能地礼貌回复感谢；鼓励群友自发地生成品鲜、抢鲜、鉴鲜、尝鲜的内容、文字、图片、视频和文案；对于其中经常互动的群友要给予物质的鼓励和奖励，邀请他们成为首席体验官和亲友团成员。

维护、点燃、引爆、触发群友们的热情！

讲完上述三种误区，**我们来讲一下如何做到自己发布的上述内容不被朋友圈屏蔽、嫌弃，避免做广告推广的嫌疑。**

各种群的实质是一种社交，既然是社交，就会有无价值的人和无价值的信息的侵犯，所以，我们要适当把握谈论产品的度。

一般来说，所有的朋友圈的阅读和互动都是碎片化时间进行，因此，我们要本着大家乐意看到、快速读懂、有趣好玩、重大时间@每一个人的原则发布和转发公司的一系列的产品信息和传播信息。

第一，不可以暴力刷屏。所谓暴力刷屏就是只有图片展示，没有发布者情感、感受、评论和推荐的朋友圈内容。

第二，所有转发的H5、公众号文章，一定要加上自己的有温度的评论和推荐语，不能只转发不评论。

第三，每天发布的产品内容最好是鲜誉系列产品在某个消费场景下的图像，真实、有现场感，哪怕粗糙一点也是可以的。

第四，既然是人格背书，就要遵循互惠原则，平常朋友圈一些好的推广也可以加上自己的感受进行推荐。

第五，每天发布的信息最好是有个人生活状态、企业体悟、学习体悟，加上鲜誉产品的场景化推荐而成，一定要"随风潜入夜，润物细无声"，但是在重大节庆和假日的时候，要清晰准确地告知价格、联系人、电话等信息。

指引四：展开线下鲜客同城会、鉴鲜会活动。

（1）线上热聊千遍，不如线下见了一面。

（2）当一个社群彼此活跃熟悉之后，要尽可能组织线下见面会，这个见面会既可以在公司，也可以在咖啡厅举办，聊聊生活、聊聊兴趣、聊聊企业运作，核心是找各种机会一起品鉴鲜誉系列产品。

（3）每次品鉴会，人数最好不要超过 12 人，这才是有效的社交，一个群，两个月时间，通过这种品鉴马上就会熟悉，熟人才好办事。

（4）鲜誉总部要不定期地参与全国各大运营商平台组织的粉丝见面会、同城会。

（5）鲜誉将建立起全国 100 个城市的鲜窝！

备注：

（1）社群的基础入门培训由社群总部提供培训课件 PPT，各级平台派学员学习。

（2）日常各地平台商、渠道商社群组织、建设和运营主要由各地自己负责，自带流量、自组织、自运营、自传播，社群总部主要提供资源、方向建议、内容建议和运营建议及培训指导。

（3）各地需指定社群运营人员加入鲜誉分布式社群主群，用以沟通、安排工作，建议各地平台商和渠道商安排专人负责，在奖励上有所侧重和鼓励！

（4）未尽事宜请及时与社群事业部联系，如有版本更新，社群事业总部会知会和培训！

以上内容从鲜誉社群营销方法论的四个方面触网移民、消费洞察，圈层、部落营销运营、疾速营销做框架式的了解，然后从三个话题的角度，介绍了原汁原味的鲜誉产品型社群的设计、社群运营团队组建、分布式社群的激活与培训，希望给大家以启发和思考。

（本节内容由鲜誉社群事业部总经理任小东供稿）

第三节
鲜誉海参、海鲈鱼设计样本

品牌形象

品牌标识如图 6 - 19 所示。

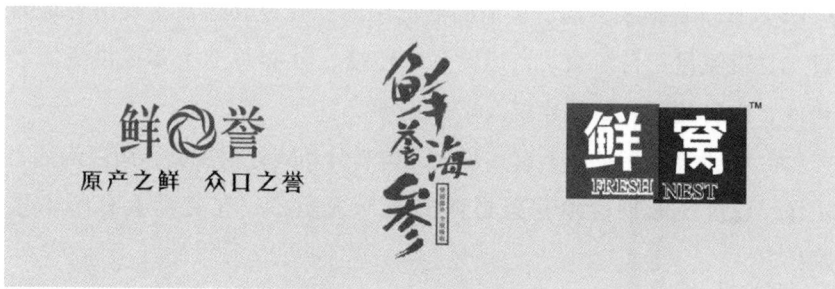

图 6 - 19　品牌标识

海鲈鱼系列形象推广画面如图 6 - 20 所示。

图 6 - 20　海鲈鱼系列形象推广画面

海参系列形象推广画面如图 6 - 21 和图 6 - 22 所示。

图 6 - 21　海参系列形象推广画面

图 6 – 22　海参系列形象推广画面

产品形象

酒香海鲈鱼如图 6 - 23 所示。

图 6 - 23　酒香海鲈鱼

古法秘制海鲈鱼如图 6 - 24 所示。

图 6 - 24　古法秘制海鲈鱼

香草海鲈鱼如图 6 - 25 所示。

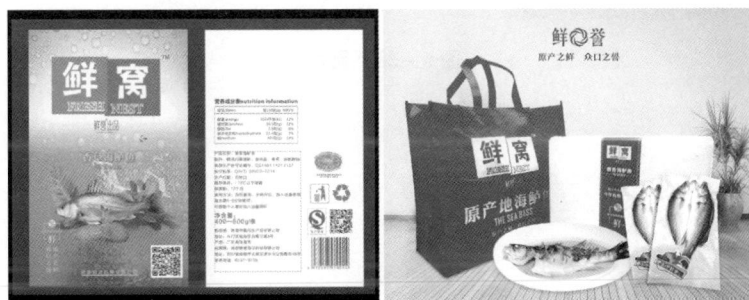

图 6 - 25　香草海鲈鱼

鲜誉极参如图 6 – 26 所示。

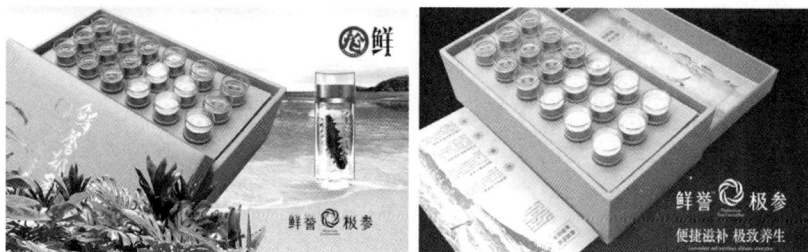

图 6 – 26　鲜誉极参

七根清静如图 6 – 27 所示。

图 6 – 27　七根清静

易发如图 6 – 28 所示。

图 6 – 28　易发

鲜誉团圆装如图 6 - 29 所示。

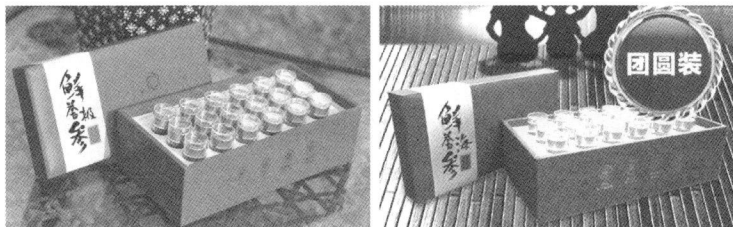

图 6 - 29　鲜誉团圆装

十二支钗如图 6 - 30 所示。

图 6 - 30　十二支钗

鲜誉十六支装如图 6 - 31 所示。

图 6 - 31　鲜誉十六支装

鲜誉尊享装如图 6 - 32 所示。

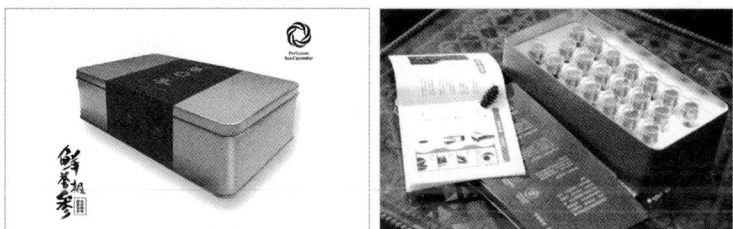

图 6 - 32　鲜誉尊享装

鲜誉·獐子岛参旅如图6－33所示。

图6－33　鲜誉·獐子岛参旅

第四节
鲜誉海参、海鲈鱼内容智造样本

鲜誉海参、海鲈鱼内容智造的 43 个样本如图 6-34 所示。

图6-34（1）

当鲜誉携手獐子岛

2008年，被誉为海中茅台的獐子岛，在营销大家何足奇统帅下，开启了跨界营销之旅，中国酒商第一次知道了獐子岛，知道了獐子岛海参。从此，中国一大批酒类、食品经销商，跨界海珍品财富之旅。天然獐子岛，自然好海参，獐子岛海参滋养着千千万万商界精英，呵护健康，滋补身心。

2015年大雪，何足奇和他的鲜誉，携手獐子岛，再次跨界。起势辛勤，猪赏奋斗。要拼才会赢，要补才能拼！

从獐子岛到鲜誉的江湖和天下

中国水产，是个江湖。既是江湖，就不缺少英雄。

这是一个英雄辈出的时代，这是一个不断创新的时代。吴厚刚与何足奇，两位中国水产业的一哥，是怎样的英雄？

吴厚刚，以"心有帆、海无界"的辽阔与雄浑，率獐子岛重塑水产品质、打造"海底银行"，成为世界渔业可持续典范企业，成为中国渔业的领袖与代表。

何足奇，四十五岁创业。从"蓝色梦想"起航，以智略引领行业营销风向，用短短八个月时间，带领鲜誉海洋科技发现价值、分享成功，疾速成长为中国水产的创新样板，成为一支当今中国水产业不可小视的新锐力量。

当行业领袖与新锐同行，同样的强人，同样的战略观、品质观，同样的大海情怀，注定了2015年的中国水产这个江湖不会平静，注定了低迷萎顿的海参市场将掀起波澜。

图 6 – 34 （2）

源自北纬39℃

爱拼才会赢 要补才能拼

2015年，农历大雪，冬捕。

一年一度的獐子岛大雪冬捕，为两位强人的携手拉开序幕。

世界级海洋牧场，原种原生的原产地獐子岛野生海参，MSC渔场认证，SGS的品质保障，是鲜誉·獐子岛参旅的鲜明标签；遍布全国的高端酒超级运营商、极客粉丝以及超十万级的吃货用户，是鲜誉与獐子岛牵手的背书。

这一切已经不重要了，重要的是他们已经携手！当鲜誉牵手獐子岛，中国水产的江湖，即将迎来全新的变局，也许，中国海参的产业，将从此走上新的起点。

一定会！

惺惺相惜的英雄，曾经的搭档，同样的强人，同样的战略观、品质观，同样的大海情怀。中国水产这个江湖，因为他俩的存在，注定不会平静。

何足奇因吴厚刚跨界进入水产业。他们同样因海而生，为海献身；他们是默契的搭档，是守望相助的寂寞英雄，是立志于中国水产江湖成就一番丰功伟业的性情中人……

但是，这一切依然不重要，重要的是他们已经开始！因为，他们拥有共同的大海，共同的江湖，共同的天下！

请百度獐子岛——这个让国人及世界都骄傲的江湖……

请百度鲜誉——这个连他们自己都不知道是什么的精灵……

当鲜誉牵手獐子岛，中国水产的江湖，酝酿着全新的变局，中国海参的产业和市场，将从品质到市场，从大乱到大治走向新的起点。

他们将从哪里开始？

海参，一定是海参！

他们将从海参开始，他们将从一年一度的獐子岛大

为什么？

古人云："大者，盛也，至此而雪盛也"。每年的大雪，獐子岛人在这个"瑞雪兆丰年"的特殊节气，开启海参冬捕大幕。

海参冬捕已经腌渍进獐子岛人的骨血当中。可以说，没有獐子岛的大雪冬捕，獐子岛就不能称之为獐子岛！

这又是为什么？耐下心来看一下下面比较枯燥但还是绕不开的重要文献吧。

在《大连通史》里，海参是远古先民的生命图腾；大连人食用海参的历史可追溯到4000年前的铜石并用时代。也许4000年前我们的祖先为了充饥与海参结缘，从海参形状的陶罐就铭刻着原始的文化印记。先民的海参民俗文化，穿越了时空，若隐若现地交织在我们日常生活中。在獐子岛民俗中，海参冬捕成为全岛人冬季收获滚烫欢腾的节日。码头边架起木柴熊熊燃烧的煮海参大灶，绽放的海莲花在冬日大雪的风中摇曳；海瑶子出海前的祭海祈福、壮行美酒；冬捕人扬帆时的浩瀚雄浑、铿锵有力的长海号子，交织成獐子岛冬天最热烈的收获美景。

明白了吗？这就是獐子岛！品质、文化、血统有机传承的獐子岛！

海参之于獐子岛，如同瓷器之于中国。大连文化中流淌着海参的汁液，獐子岛海参文化根源于原汁原味的海岛文化，根源于自然繁衍的稀缺珍贵，根源于独具特色的品质文化，根源于追求原生生活品质消费者的心灵共鸣。

吴厚刚看懂了，何足奇看懂了，不知道水产江湖中的其他英雄看懂了没有？

当鲜誉携手獐子岛，当每个人心中的大海都扬帆起航时，心有帆、海

无界的辽阔与浩瀚，注定了2015的獐子岛大雪冬捕将不同凡响！

图6-34（3）

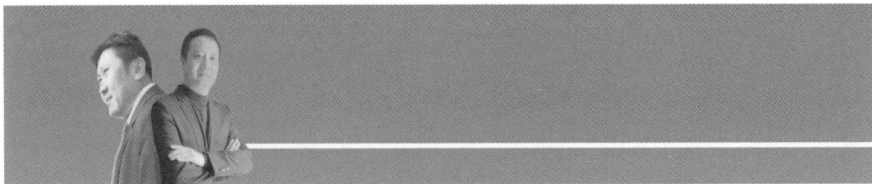

见证冬捕，鉴证文化

行走江湖，武器和功力很重要。

水产行业的武器是什么？——产品。

水产行业的功力是什么？——文化。

笑傲江湖的顶级武器怎么得来？——用心智造。

杀人于无形的超级功力又从哪里来？——传承文化的潜心修炼。

一年一度的獐子岛大雪冬捕，就是獐子岛为纯野生海参量身定做，传承长海非物质文化遗产长海号子的绝无仅有的倚天剑！

对历史的传承，对自然的敬畏，对大海的感恩，獐子岛人"耕海万顷，养海万年"的理念，是獐子岛独步天下的文化！

见证冬捕
见证野生

见证中国唯一的纯野生海参原产地采捕

当 鲜誉海洋科技以"每个人心中都有自己的大海"跨界与獐子岛连接时，水产的江湖，酝酿着澎湃的激情，激荡着创想的愿景。

这是一群生命不止、折腾不息的团队；这是一群不知疲倦、疾速飞奔的狂人；这是一群喜欢将当今江湖上最新招数和独门绝技——智造、分享、连接、互动进行到底的疯子团队。

这是一个连自己都不知道是什么的企业组织。

而獐子岛这个江湖，也只有獐子岛这么大的江湖，才能够包容这群人，让他们大显身手，酣畅淋漓。

2000平方公里的世界级海洋牧场，中国唯一的MSC渔场，中国纯野生海参原产地，北纬39度海珍品地标。獐子岛大雪冬捕等待你的见证，鲜誉疾速营销期待你的鉴证。

见证冬捕，你才知道什么是天然獐子岛，自然好海参。

鉴证鲜誉，你才知道什么是横向击穿，跨界突破。

于是，2015年12月7日，农历大雪。水产江湖两大绝顶高手联袂祭出独步天下、独一无二的"鲜誉·獐子岛参旅"这柄倚天剑。有必要先说一说獐子岛海参这柄倚天剑——海参家族已经在地球上生存繁衍了六亿年。在中国，海参食用历史可以追溯到2000年以前。

海参，尤其是天然环境下生长的野生海参，长达数年生长周期，为了熬过漫长的冬季，不得不把自己的肉质养得异常肥厚，把自己的营养成分及价值提炼到叫"参"的这个精粹符号。

这是海参的无奈，却成就了人类的滋补。而在每年大雪纷飞的二十四节气中"大雪"前后，是捕捞这些海底精灵最好的时机。

上天，把这个机会给了獐子岛——也只给了獐子岛！

獐子岛，也只有獐子岛，因为上天的青睐，开始了世代的坚守和传承，怀着对大自然的敬畏，"耕海万顷，养海万年"，在每年采捕的同时，保持着物种繁衍的和谐，从而形成了獐子岛海参如倚天剑一样独步天下的品质，并且独一无二，无法复制！

图 6 - 34 （4）

源自北纬39℃

爱拼才会赢 要补才能拼

从此，獐子岛海参冬捕，成为了一道独特的风景和历史传承！

2015年的大雪冬捕，这一场为"鲜誉·獐子岛参旅"激情演绎的场景，那将会是怎样的一种壮观和期待？它会给我们带来多么大的不同凡响？

星爷曾经满含热泪的说："曾经有份……摆在我面前的时候，我没有珍惜……"当獐子岛海参这样的海珍品真的摆在我们面前的时候，对于"爱拼才会赢，要补才能拼"的你，难道真的没有嗅出点什么味道？

请你见证，请你鉴证！

在獐子岛，有一种人叫"海碰子"或"碰海人"。

他们是捕捞海参的绝顶高手，是獐子岛这个江湖的符号。"海碰子"们身怀绝技，性格粗犷彪悍，忍受着刺骨的寒流，穿梭在那些黑洞洞的暗礁间，吞进苦咸的海水……

这岂是一般人可以忍受的！他们，是真正值得我们每一个人脱帽致敬的英雄！鲜誉獐子岛参旅的每一根海参，都是他们这么搞出来的。在长海号子雄浑高亢的旋律中，戴着重潜装备，豪迈的潜入水底，从礁石洞里抠出来，几分钟后，就几分钟，"海碰子"手托装满海参的网兜，一个个从海底冒出，满兜的肥硕海参，圆鼓鼓、壮实实，厚实可爱。

如果海参的重量不足3两，"海碰子"们会在船上把它们当场放归大海。够年头、够分量、够强壮的海参以每箱30斤分装。由专门的记录员记录下采捕时间、海域、船号、潜水员、海参个数、填写人等信息资料。而这些，成为了獐子岛海参原产地二维码追溯的依据及符号。整个采捕过程用时不到1小时。经过标注的野生海参，由快艇30分钟内送达加工中心。两个小时后，初级加工后的海参通过SGS国际标准的品质监控检测，进入生产程序。

每一根鲜誉·獐子岛参旅，都是原产原生的獐子岛野生海参，都是自然与人类的可持续共生，都凝聚着"海碰子"刚毅顽强的"碰海"精神。

这样的人间奇迹，同样请你鉴证！

最后，向英雄致敬！为鲜誉·獐子岛参旅喝彩！

图 6 - 34 （5）

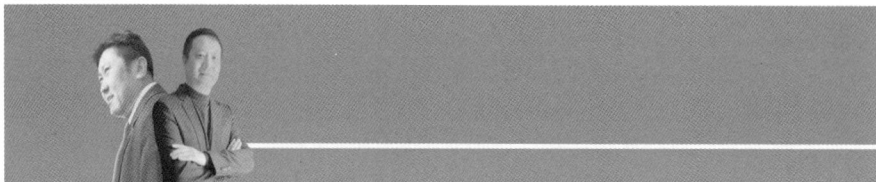

致敬酒商：
爱拼才会赢，要补才能拼

相比于水产这个江湖，酒业这个江湖，恐怖到让人敬畏。

——这是一个你方唱罢我登台，硝烟弥漫，壮怀激烈的江湖；

——这是一个英雄辈出，豪情万丈，同时激情澎湃的江湖；

——这是一个既贴地飞行，又敢为人先，与时俱进的江湖；

——这是一个虽鱼龙混杂，却标新立异，诚实守信的江湖。

在这个江湖摸爬滚打的人，无论成败，皆是英雄！

这样的江湖，有足够的资本傲视群雄，笑傲江湖！

这样的江湖，值得"鲜誉·獐子岛参旅"脱帽致敬！

图 6-34（6）

为什么？

因为，这是一群无论什么美酒过口，都视同白开水的人，因为他们的江湖符号叫"酒商"！

因为这是一群再多美味佳肴过嘴，都淡定自如，视同大白菜的人，因为他们的江湖符号叫"酒商"！

大碗喝酒，大块吃肉是这群人的本性；

纵情高歌，义薄云天是这群人的烙印；

慷慨激昂，一掷千金是这群人的豪爽。

每天，这群人榨骨熬血，杯盘交错，舍命狂饮，奔波劳累……熬坏了身体，摧残了岁月，只为换取自己在酒业江湖这个惨烈并且血雨腥风中的山头和地位！

所以，鞋子穿在脚上夹不夹脚只有自己知道，这群被叫成酒商的人表面上虽然豪放不羁，气壮凌云、义满情天、豪情万丈，然而个中的酸甜苦辣、辛酸血泪又有多少人知道？青梅煮酒论英雄——当将"青梅"换成"鲜誉海参"时，至少，"鲜誉·獐子岛参旅"知道！

毕竟，爱拼才会赢，要补才能拼！

凭什么？

凭鲜誉·獐子岛海参被叫作"海上茅台"；

凭鲜誉·獐子岛海参原产地赋予的独特、卓越品质；

凭鲜誉·獐子岛海参中国海参产业"贵族血统"的代名词；

凭鲜誉·獐子岛海参被国家家质量监督检验检疫总局认定为"原产地标记产品"的资本；

凭鲜誉·獐子岛海参自然繁衍与现代科技的完美结合,民俗民风与产品品牌水乳交融的骄傲;

凭鲜誉·獐子岛代表着中国海参品质标准和控制体系,代表着中国海参行业的标杆;

凭鲜誉·獐子岛海参化繁为简,奢华食补,一个保温杯,10~12小时泡发就可以搞定的特有专利技术的简约极致。

够了吗?

爱拼才会赢,要补才能拼!

也许,当酒业和水产业跨界融合,共生共享时,你将得到的,是两个行业的:天下。

我们有融合共生的地盘;

我们有相辅相成的果道;

我们有异曲同工的招数;

我们有互补共通的客户;

总之,我们有共同的天下!

历史永远由英雄进行书写,从此,愿中国一大批酒类、食品经销商,跨界海珍品财富之旅。

天然獐子岛,自然好海参,獐子岛海参滋养着千千万万商界精英,呵护健康,滋补身心。

慰劳辛勤,犒赏奋斗。爱拼才会赢,要补才能拼!

图6-34(7)

鲜誉道场：
鲜誉·獐子岛参旅的八大武器

曾经的酒界大咖，如今的水产营销一哥何足奇说：我想带着中国1/10的酒商，改造中国水产业。

这不是妄言，也不是梦想，他和他的鲜誉已经这么做了。华东、华北、华南、西南、西北，最优秀的五粮液、茅台的超商，都已经成为鲜誉海参的平台商。

当我们面对信息时代的冲击，找不到确定的抓手时；当我们曾经自傲赖以成功引以为豪的名酒遭遇市场萎缩、库存高企、消费阻滞时；我们唯一能抓住的，只是用户，就是用户！于是，水产营销一哥何足奇踏浪跨界而来，摆开了鲜誉这个横跨酒业、水产业的道场。

等你华山论剑！

何以见得？

因为，只有在华山论剑这样的江湖道场，天下剑客才可以看到传说中的，梦寐以求的八种武器！

这个道场，你来或不来，都要论剑，都要封神。

这些武器，你要或不要，都是利器，助你再赢。

武器一：獐子岛集团。这个在水产江湖独步天下，孤独求败但至今东方不败的中国渔业领袖，龙头老大——如圆月弯刀；

武器二：鲜誉海洋科技。这个携手獐子岛，联袂用各种新、奇、特、绝、妙招数及独门秘笈在江湖上疾步如飞，快意恩仇的，连他们自己都弄不懂自己到底是什么样的绝顶剑客——如长生剑；

武器三：獐子岛2000平方公里的世界级海洋牧场，中国唯一的MSC渔场，中国纯野生海参原产地，北纬39度海珍品地标，被冠以"海上天然粮仓""海底钱庄""海上茅台"美誉的堂口——如金甲开山斧；

图 6－34（8）

源目北纬39℃　爱拼才会赢 要补才能拼

武器四：补元气、祛虚损、生百脉血、补肾益精、除劳祛症、滋阴利水、补正软坚、通肠润燥、滋补五脏六腑的獐子岛野生纯种海参的霸气品质保障——如霸王枪；

武器五：獐子岛这个怀着对自然的敬畏、大海的感恩，世代坚守和传承"耕海万顷，养海万年"并在每年对各种海珍品进行采捕的同时，仍执着的保持着物种繁衍和谐的情怀——如多情环；

武器六：鲜誉·獐子岛参旅这款应用互联网思想智造的产品，将引领水产行业从传统营销老路向产业互联网模式过渡，激活低迷萎顿的海参产业——如天机棍；

武器七：鲜誉这个从咨询转战实战，从传统营销企业家化茧互联网新人，以眼花缭乱的疾速营销，短短8个月实现单品销售额过亿的傲人业绩，以智造、分享、连接、互动驱动中国酒商跨界升级，令人惊叹又无可奈何——如血滴子；

武器八：獐子岛和鲜誉的内力和外功合体，道术合璧，资源、资本、品牌、市场的迭加，将引发传统产业经营创新的巨变。双雄壁立，将为酒业超商带来共享经济的红利——如孔雀翎。

江湖，永远由英雄来改写；鲜誉道场的华山论剑，汇集的是一群志同道合、锐意进取、不甘寂寞、与时俱进，渴望改变的同道中人。

今天，獐子岛及鲜誉站出来了，借着鲜誉·獐子岛参旅这个华山论剑的硕大福利，诚挚的向诸位武林高手遍发英雄帖，不为别的，只是因为他们深知——天下江湖，分合有道，进退有序，融合有方！

当你堪透分合、进退、融合之道，鲜誉道场就是你魂牵梦绕、梦寐以求的天下！

图 6 - 34 （9）

隔空喊话：
你来或不来，
鲜誉·獐子岛参旅就这么来了！

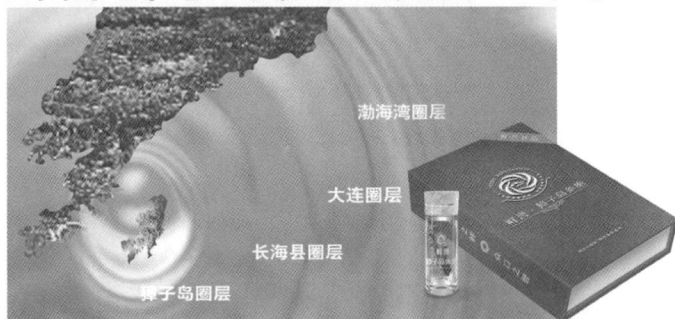

其实，在江湖上——特别是酒业江湖，这样不知天高地厚的硬闯，那基本上是摊上大事儿了，容易挨打……

只是，必须这样做——哪怕真的挨打！

但是，肯定不会！因为我们是在拿鲜誉摆出的道场说事，我们是拿拥有八大武器的鲜誉·獐子岛参旅说事儿。

所以，不怕事儿大！

哪来的底气？

请诸位听完之后，再决定打还是不打，来还是不来……

毕竟，你打还是不打，理摆在那里——不多不少；

同样，你来还是不来，事摆在那里——不增不减。

我们都有相辅相成的渠道。只是，多少年了，我们老死不相往来。如果，我们真的互通有无，你中有我，我中有你，这将是一个怎样的天下？

我们都有互补共通非常优质的用户。只是，多少年了，我们只会各自为战。如果，我们真的互通有无，你中有我，我中有你，这将是一个怎样的天下？

我们都有融合共生非常庞大的地盘。只是，多少年了，我们只会各扫门前雪。如果，我们真的融会贯通，你中有我，我中有你，这将是一个怎样的天下？

我们都有异曲同工非常奇妙的招数。只是，多少年了，我们只会闭门造车、自娱自乐。如果，我们真的同甘共苦，你中有我，我中有你，这将是一个怎样的天下？

图 6 - 34 （10）

184

源自北纬39°C　爱拼才会赢 要补才能拼

当鲜誉·獐子岛参旅以纯纯的产品价值和品牌价值，让"昔日帝王庭前燕"，"飞入寻常百姓家"：让你激活用户，活跃客情，重构圈层，再现名酒超商的风光；让你体验解放传统渠道的巨大红利，激活传统商家的存量资源；让你学会社群连接、分布式电商的新玩法时——你来或不来，那真的只是你的选择。

当美酒遭遇海鲜，超商邂逅渔夫时，尝不尝、试不试、做不做，真的只是你的选择。你来或不来，鲜誉·獐子岛参旅就这么来了！

但，如果鲜誉这个道场，通过鲜誉·獐子岛参旅这柄倚天剑把一群志同道合、锐意进取、不甘寂寞、与时俱进，渴望改变的同道中人汇集在一起，完成行业资源聚合，共享跨界营销整合，共赢渠道红利释放，持续创建用户价值，成就酒界、水产两个江湖的跨界霸业——这将是一个多么让人血脉贲张，叹为观止的局面？

这又是一个怎样的天下！

重要的事情说三遍：

你来不来。

你来不来？

你来不来！

总之，不说，是我的错；不来，是你的错！

你来或不来，鲜誉·獐子岛参旅就这么来了！

图 6 - 34 （11）

【见证冬捕】
鲜誉·獐子岛参旅的海底发布会

大雪冬捕　鲜誉天下

　　当城市里的人们在习以为常的忙碌中度过这一天的时候，在距离陆地56海里的黄海深处的獐子岛，这里张灯结彩、锣鼓喧天，人们穿上节日的盛装，走上码头，唱着渔家号子，开启了一年一度的大雪海参采捕节。

　　这一场为"鲜誉·獐子岛参旅"激情演绎的场景，是怎样的一种壮观？

2015年大雪，中国渔业真正领袖獐子岛集团和中国水产新晋领袖鲜誉海洋科技签约：世界级海洋牧场，原种原生的原产地獐子岛野生海参SGS的品质保障，是鲜誉·獐子岛参旅的鲜明标签；遍布全国的高端酒超级运营商、极客粉丝以及超十万的美食用户，是鲜誉与獐子岛牵手的背节。一年一度的獐子岛大雪冬捕，鲜誉牵手獐子岛，中国水产的江湖迎来了全新的变局，中国海参的产业和市场，将从品质到市场，从大乱到大治走向新的起点。

　　冬季滋补，开春打虎。在大连，冬补，首当其冲的是海参了。可是，你知道海参是生长在哪里的吗？长在海底的海参，才是真正有滋补作用的海参。据说，在大连，只有富人才在大雪日里开始采捕海参。昨天一早，从大连驶往獐子岛的两岸幸福壹号满员，船上不是普通的旅客，而是到獐子岛参加海参采捕节的特殊客人，来自全国各地的客人！

图 6 - 34　（12）

这艘豪华客船从大连港码头驶离，一直向茫茫的大海进发，100分钟后，停靠在了獐子岛码头。

码头上早已经是锣鼓喧天、张灯结彩的节日热闹景象。像一场庄重的婚礼，一项项仪式过后，《冬季到獐子岛吃海参》的主题曲过后，潜水员在码头上宣誓"保护生态，限量采捕"的口号，獐子岛公司执行总裁梁峻宣布"开捕"，10艘采捕船一字排开，向深海出发，场面蔚为壮观……

图 6 - 34 （13）

满 兜的肥硕海参，圆鼓鼓、壮实实，厚实可爱。如果海参的重量不足3两，"海碰子"们会在船上把它们当场放归大海。够年头、够分量、够强壮的海参以每箱30斤分装，由专门的记录员记录下采捕时间、海域、船号、潜水员、海参个数、填写人等信息资料。

过标注的野生海参，由快艇30分钟内送达加工中心。两个小时后，初级加工后的海参通过SGS国际标准的品质监控检测，进入生产程序。每年冬捕，100斤活海参只能出2斤鲜誉·獐子岛参旅产品，因为原材料纯野生，技术苛刻，因而鲜誉·獐子岛参旅产品的数量十分有限。

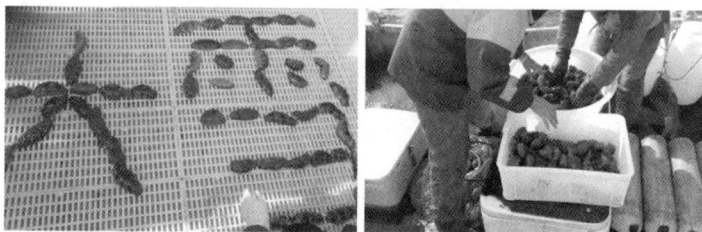

海岸边，人们端着装海参的餐具盒，围着冒着热气的大锅，看着渔家嫂翻弄着锅里煮得肉嘟嘟的大海参，喜笑颜开……这个声势浩大的查干湖冬捕大会随时可见的景象，在獐子岛上已经进入第三个年头。

图 6 - 34（14）

源自北纬39℃

爱拼才会赢 要补才能拼

为什么大雪采捕呢？獐子岛公司海洋生物技术研发部经理赵学伟解释说："海参是低温海洋生物，在海水温度升高后，它会将身体缩成很小的一个球，钻到礁石下面或者石缝中躲起来，不吃不喝，这叫夏眠。度过了漫长的夏季后，海水温度逐渐降低，低到十几度的时候，海参开始慢慢舒展开身体，从石缝里爬出来觅食。海水温度越低，海参活动越频繁，身体也越健壮。"

大雪采捕，在獐子岛人看来，一是人的身体滋补的需要，二是海参时令的需要。大连人这些年过了立冬就开始买海参，难道我们都吃错了？

为什么獐子岛敢这么做？

獐子岛公司董事长吴厚刚说，这来源于獐子岛对产品的自信，市场领航者的责任。

——獐子岛集团。这个在水产江湖独步天下，孤独求败但至今东方不败的中国渔业领袖，龙头老大；

——獐子岛2000平方公里的世界级海洋牧场，中国唯一的MSC渔场，中国纯野生海参原产地，北纬39度海珍品地标，被冠以"海上天然粮仓""海底钱庄""海上茅台"美誉的堂口。

——鲜誉海洋科技。携手獐子岛，联袂用各种新、奇、特、绝、妙招数及独门秘笈在江湖上疾步如飞、快意恩仇的，连他们自己都弄不懂自己到底是什么样的绝顶剑客；

——鲜誉·獐子岛参旅这款应用互联网思想智造的产品，将引领水产行业从传统营销老路向产业互联网模式过渡，激活低迷萎顿的海参产业；

——獐子岛和鲜誉的内力和外功合体，道术合璧。资源、资本、品牌、市场的迭加，将引发传统产业经营创新的巨变。双雄鼎立，将为酒业超商带来共享经济的红利。

图 6－34（15）

THAT MARINE
SHARING FRESH

发现海洋
共享新鲜

每个人心中都有自己的大海

大海至美，我心往之。那一片广袤的蔚蓝，那一朵激扬的浪花，那一叶奋进的小舟，以及那万千灵动的游鱼，皆为我心中最美的风景。每个人心中都有自己的大海，有着无与伦比的景致，却无一例外地给我们以不断前行的动力。那片大海扬起前进的风帆，高亢激越的汽笛奏响未来的艰辛和浪漫，猎猎飘扬的旗帜展动着飚旎壮美的画卷，遥远如梦幻般绚丽的彼岸召唤我风雨兼程，勇住直前。那片心中的大海充满活力，亦是我人生的航线不忘初心。逐梦大海，至真至美。我有一个蓝色的梦想。

图 6－34（16）

我们要实现一个蓝色梦想
我们在创建这样一个企业

企业愿景

卓越的，深受用户青睐的精品生活圈层

使命

致力于打造中国水产产业互联网构建，为用户提供安全、便捷、高性价比、舒适轻松的水产美食精致解决方案；创建一个对中国水产业能够产生影响、可以永续经营并成为行业典范的群体。

宗旨

明道取势，务实优术

发展战略简述

鲜誉海洋科技以顾客需求和价值发现为核心源点，构建以品牌智造、产品精造，以渠道改良、终端迭代，以发现分享、连接互动，以产融结合、资本驱动为核心的供需一体化社区型水产智造领先企业。

图 6 – 34 （17）

图 6－34（18）

发现
Found

穹顶之下，我们质疑空气、水、质疑我们赖以生存的食物

我们好沉重

穿行在劣币驱逐良币的丛林，除了无奈、被动地接受

我们只能到边缘寻找自己心中的大海

发现鲜誉

发现每个人心中的大海

▲ 成都清水河公园蜀街48号

图 6 – 34（19）

12月22日

鲜誉极参雏鹰试飞
3个人，50天，10000盒

用数字验证智造

用速度证明奇迹

用口碑彰显爆品

图6-34（20）

分享
SHARE

分享海的澎湃，宽广
分享发现的愉悦
分享每个人心中的大海
我们在茫茫人海中找到
同类，知己，知音

图 6 – 34（21）

3月1日，鲜誉海洋在盆地的公园起航

一叶小舟，吱吱呀呀摇橹启程
爆了糖酒会
沸了怪咖私聊会
我们在分享中赢得众口
原产之鲜，众口之誉
我们带着口碑上路

极致滋补，便捷吸收
极致单品，完美体验
不解释，偶尔任性
不装，贴地飞行
我们不仅分享超值
也分享激情四射的无所畏惧

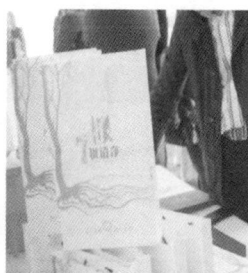

图 6 – 34（22）

互动
INTERACTIVE

图 6-34 (23)

当山珍
ON A DATE
约会 海鲜

SHOW

鲜誉昆明，
一场海鲜遭遇山珍的极致SHOW
唤醒味蕾，集结众鲜

鲜誉郑州，敲开中原门户，叩响问鼎的钟声

鲜誉南京，秦淮河畔，鲜声鲜调，性感旖旎

图 6－34 （24）

鲜誉北京，超商论剑，疾速布局华北市场

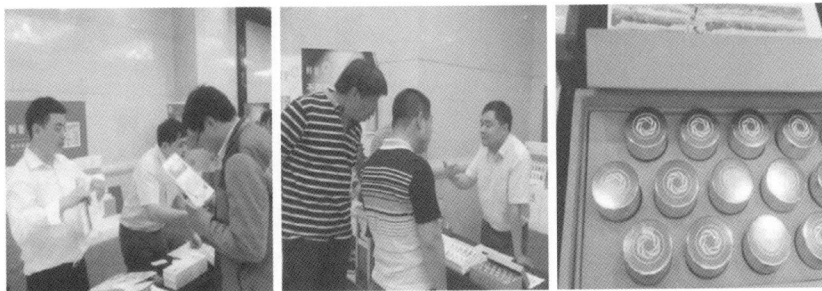

鲜誉泉州，东南落子，在海风海浪中合奏激越的音符

鲜誉长沙，海鲜荟萃，挥洒跨界营销的浩瀚情怀

图 6 - 34（25）

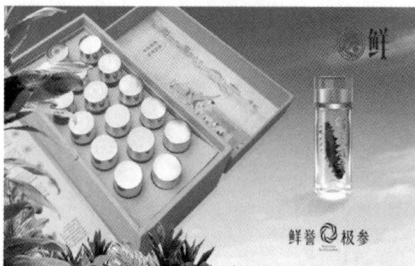

流动
THE FLOW

180天，70000盒
半年，100000公里行程
从西到中，从南到北
鲜誉流动的海洋
疾速铺陈
华北，华东，华南，华中，西南
流动的极致，流动的新鲜
流动着一群创客的情怀

图 6 - 34（26）

从花雕酿金鲳到酒香海鲈鱼，鲜誉不断以极致产品引爆粉丝热情。参丝、鱼丝阵容不断扩大，鲜誉海鲜走向全国。

这个夏天，何足奇再次亮剑，一款极致的酒香海鲈鱼一夜爆红，七天狂销13600条。发现、分享、互动、连接，鲜誉在行动，鲜誉在长大。

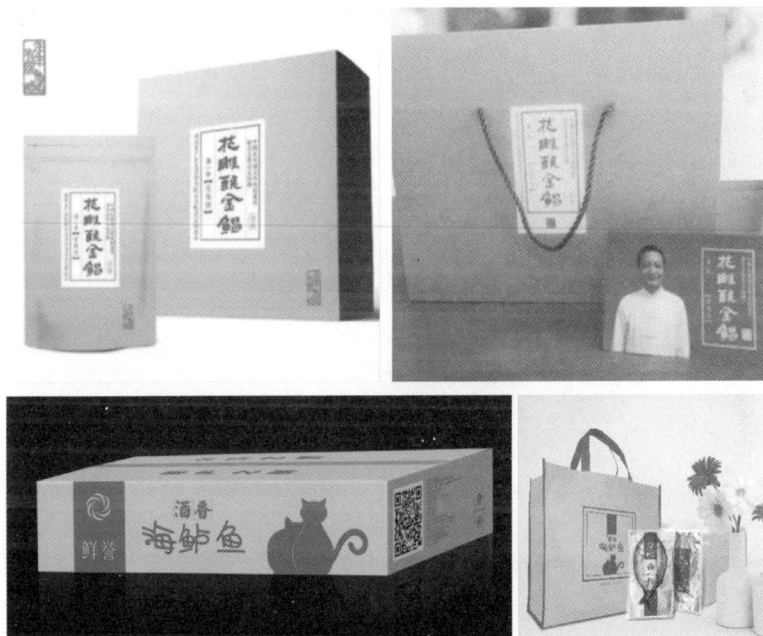

图6-34（27）

连接
CONNECTION

从孕育到生长
从荒芜到茂盛
我们发现，我们分享，我们互动，我们流动
连接，链接
从产业到企业，从产品到市场
每个人心中，都有自己的大海
我们只是用心
把心，连接成一片纯净的大海
海浪轻轻，海风轻轻
才下舌尖，就上心头

图 6 - 34 （28）

鲜誉美食圈层
FOOD ENVELOPS

鲜誉美食圈层，国内首个美食分享社区。圈层由著名营销专家、大咖、媒体人、职业经理人自发构建，以发现美食、分享生活为宗旨，成为一个互动性强、影响力大的海鲜美食磁场，是中国首家原产地、本味道的主题美食人文社群。

鲜誉美食圈层致力于发现、分享原产地、本味道的极致海鲜，以发现海鲜之美，分享海味之鲜分享最美海鲜，畅享品质生活的初心，荟原产之鲜，成众口之誉！为您发现，发现每个人心中的大海；与您分享，分享原本的味道。

图 6－34（29）

鉴鲜圈层	顶级大厨、大咖、社群领袖和你一起品鉴最美海鲜
品鲜圈层	定期与你分享应季最美海鲜，畅享极致味蕾享受
抢鲜圈层	第一时间成为从海洋到餐桌的厚惠商家或顾客
评鲜圈层	与各鉴鲜客一起参与海鲜评鉴，其乐无穷

图 6 - 34 （30）

与参相逢
MEET WITH THE CORDS

海参探秘 / CONFIDENTIAL

海参属于棘皮动物，远在早古生代寒武纪的初期，大量结构复杂的棘皮动物就已经出现了，而海参，或者是海参的前身，就极有可能在"寒武纪生命大爆发"时期甚至前寒武纪时期就已经存在。

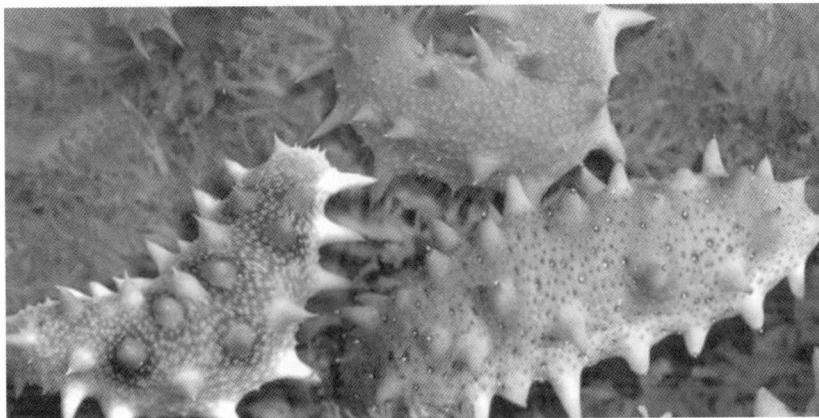

海参与燕窝、鱼翅、鲍鱼等同列为"八珍"，是中国菜中的名贵佳肴。我国是世界上吃海参最早的国家，早在三国时期，吴国沈莹著的《临海水土异物志》中，就有吃海参的记载："土肉，正黑，如小儿臂大，长五寸，中有腹，无口目，有三十足。炙食。"由于那时没有掌握烹调技术，只用火烤——"炙"，不能领略其美味，所以给它取了个很贱的名称——"土肉"。到了明代，海参的营养价值逐渐被人们所识。海参历来被认为是一种名贵的滋补品。《五杂俎》说："海参甘温、无毒，能补胃，生脉血，治休息和治溃疡生蛆等。"清乾隆年间之《本草从新》：海参有"补贤益精，壮阳疗萎"的功效。现今朝鲜、日本以及欧美等国家和地区都爱食海参，考其源流，都是从我国传出去的。据统计，全世界有海参600余种，我国有58种。太平洋的海参可供食用的约30种，其中我国有20种之多，以辽宁、河北、山东沿海所产的刺参为上品。

图 6 – 34 （31）

参情似水 /AND THE FEELING

海参之名，源于人参。明朝《五杂俎》云："其性温补，足敌人参，故名海参。"

在古代，海参就是作为一种食品被人们所认识的，它需要一定时期的坚持食用方可见到效果。人参则是神农尝百草而得的圣物，是地道的王牌药引，能在极短时间大补元气，扶正祛邪，而且后人根据其不同的种类已归纳出规范的入药方法。但是，人参决不可乱服，否则会有相反的效果，对人体造成损害。

科学研究证明，人参中所含有的大多活性物质在海参中都能找到。而海参，还含有蛋氨酸、牛磺酸，微量元素钒、硒、锗、维生素PP等在人参中很少见的物质，这些物质都是人生长发育不可缺少的物质，在机体内起到不可替代的生理功能，如蛋氨酸、牛黄酸，能够促进生长发育，缓解疲劳；微量元素钒，能够使机体内铁元素更有效的吸收，改善各种贫血；元素硒、锗等则具有清除人体自由基、防癌、抗癌的作用。

海参同人参一样，如果皂苷含量高，则药用价值高，但可能味道不好，不宜做菜肴；有的海参蛋白质含量高，如刺参，对蛋白质缺乏、营养不良有好处。

经中外专家研究证实，人参中起治疗作用的主要成分是人参皂苷，而海参中除有海参皂苷外，还含有海参特有的酸性粘多糖和海参胶原蛋白两大补益养生成分，所以我们说海参"其性温补，足抵人参，实不为过"。

图 6 - 34 （32）

2015中国食品产业最佳爆品
——鲜誉极参

鲜誉极参是由中国水产品牌营销领袖何足奇领衔，联合证券基金、国际级技术研发团队、顶级信息科技开发团队，强大阵容精心研发的原产地高品质海参，在短短50天，赢得了全国超10000名顾客的认可。超高回单率，见证了高品质、高性价比的极致单品诞生。这是2015年度中国食品产业最佳爆品。

这也是新常态下的标杆。传统的海参产品，发制时间长，发制工序复杂，市面上有加糖、加盐及冻干海参冒充淡干海参的现象；传统的营销渠道，很难适应移动互联时代下消费者的接触和消费习惯。鲜誉极参是主流换挡的大众养生单品创新，志在海参行业树立标杆，引领海参产业更切近消费者的消费需求，更适应新常态下的移动互联营销节奏。

原产地
Country of origin

一方水土一方人，一片海洋一种参。

人们按海洋的自然区域划分刺参，自然表明刺参的品质与其生长区域有密切的关系，也正因

鲜誉极参精选南海纯种刺参活参，无公害、无任何人工饵料投放、纯天然、纯绿色，是参中极品。海参生长海域水深30米以上，海水质量优秀，水温常年维持在12°C左右，由于水温低，海中微生物多，海参所积蓄的营养价值极高，被称为"海中的宝石"，是世界上价值最高的海参。北温带暖流交汇水域的独特产地特点，使得南海成为海珍品生存、繁殖的好地方，在此生长的海刺参在世界上久负盛名，在中国名列前茅，人称"参中之王"，在历史上属于"贡品"。

图 6－34（33）

本味道
This taste

　　鲜誉极参采用低温低压熟化技术，减压干燥工艺加工而成的特级纯干海参，锁住了海参关键的营养成分与活性物质，产品营养指标高于国家特级干海参标准。其蛋白质含量比普通干参高20%以上，海参皂苷、微量元素是水发海参的3倍以上。无任何添加，无任何杂质，呈亮黑色。鲜誉极参具有体型饱满、无杂质、无盐、发制出成率高等特点。发制后口感及色泽极佳，实属"参中极品"。

　　与水发海参、各类添加各种物质的调味海参、入味海参相比，鲜誉极参产品营养与海参活性物质保留更完整，产品一泡即食，复水速度快，参体体壁肥满，肉刺挺直整齐，口感筋道，易储存、易携带。

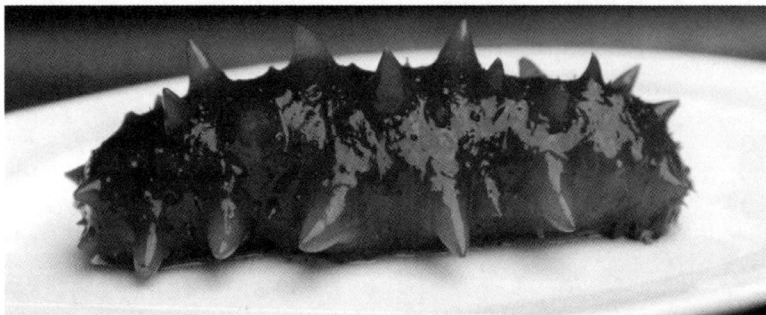

便捷滋补
Convenient tonic

　　鲜誉极参采用单只独立包装，产品更易携带，使用专用保温杯，10~12小时一泡即食。无论居家、办公、旅行，让您随时随地享受海参滋养。

图 6 – 34 （34）

极致吸收
Acme absorb

极致原料：精选原产地纯种刺参，多重外在品质鉴定与内在品质控制，保证每一个鲜誉极参都是最具养生价值的无污染野生海参。

极致便捷：以保温杯泡发10～12小时，还原每一根鲜誉极参初始形态，刺形完整，口感爽脆，免去海参发制工序繁多的问题，极致吸收，开创便捷养生滋补时代。

极致技术：以超低温瞬间干燥技术，不添加任何盐分及其他添加剂，最大限度保存海参皂苷、胶原蛋白等多重精髓营养，复水快速还原。

极致吸收：以无菌密封包装，避免洁净产品被污染，保持品质恒定；营养活性保存充分，便捷滋补，极致吸收。

极致价格：以超高性价比，颠覆海参礼品主导时代的高毛利定价模式，让价格与品质对称、对等。

极致滋补：与其他海参不同，鲜誉极参最大限度留存海参营养滋补因子，实现全效吸收、全效滋补。连续食用一周后进行血糖测试，比食用前下降25%以上。

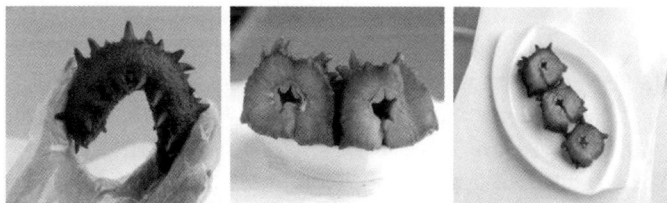

图 6 - 34 （35）

鲜誉极参的营养价值

营养元素含量（每100克）	
能量262cal	维生素B20.13mg
水18.9g	维生素C0mg
蛋白质50.2g	维生素E0mg
脂肪4.8g	烟酸1.3mg
纤维0g	钠4967.8mg
碳水化合物4.5g	钙10mg
维生素A39mg	铁9mg
维生素B10.04mg	胆固醇62mg
海参黏多糖80mg	

鲜誉极参与其他海参营养成分比较：

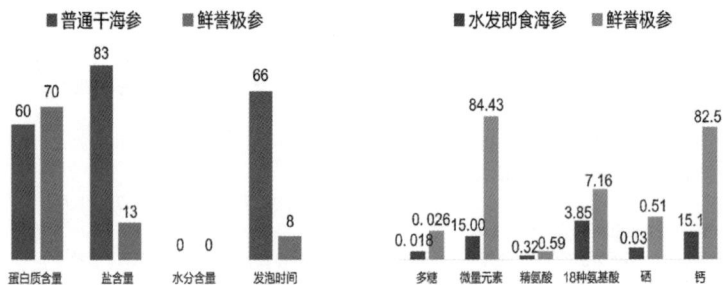

青少年记忆、智力的提高站：含有10种氨基酸，其中8种是人体不能合成，只有通过鲜誉极参才能摄取。

男人的充电站：含有精氨酸，精氨酸是构成男性精细胞的主要成分，可促进人体细胞的再生和损伤后修复，延年益寿，消除疲劳。

女人的美容院：鲜誉极参中的胶原蛋白含量可以与阿胶、龟板胶、鹿角胶相媲美，可美容养颜，还可以生血养血、延缓机体衰老，可以使肌肤充盈、减少皱纹、消除面部色斑，让皮肤看起来细腻而富有光泽。最重要的一点是鲜誉极参的脂肪含量非常低，吃了还不会发胖，非常适合爱美的女性。

老年人增强免疫、心血管的保健站：鲜誉极参可预防心血管疾病。医学上认为高血压、高血脂、冠心病、肝炎、糖尿病患者及中老年人，长期坚持使用海参对缓解病症和康复有良好的促进作用。

手术患者的康复中心：鲜誉极参中含高量精氨酸，可促进机体细胞的再生和机体受损后修复，可促进修复损伤，从而缩短康复时间。

图 6 - 34（36）

鲜誉极参食用指南

发制前
参体长3.5cm左右
参型完整 肉质紧密

取一头鲜誉极参，放入随身保
温杯中，加入沸纯净水，拧紧
瓶盖泡发10~12小时，即可食
用或蘸调味汁食用

发制后
参体长10cm左右，参刺坚挺粗
壮呈金字塔形，参肉紧韧密
实、有弹性

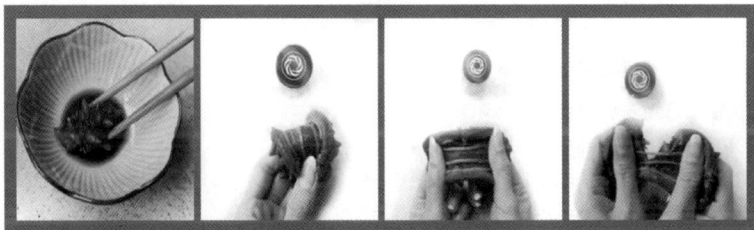

口感
清香劲道

味道
紧锁原味

内筋
白皙如玉

体壁
充实肉厚

温馨提示

1. 请使用密封的容器泡发，容器一定要清洁。
2. 泡发过程中请勿接触油脂、盐类等物质。
3. 冰纯净水泡发效果好，请根据个人口感适当调整发制时间。
4. 泡发后的海参请尽快食用，若食用不完，请冷冻保存。

图 6－34（37）

一条一夜 爆红 的鱼
A NIGHT HIT THE FISH

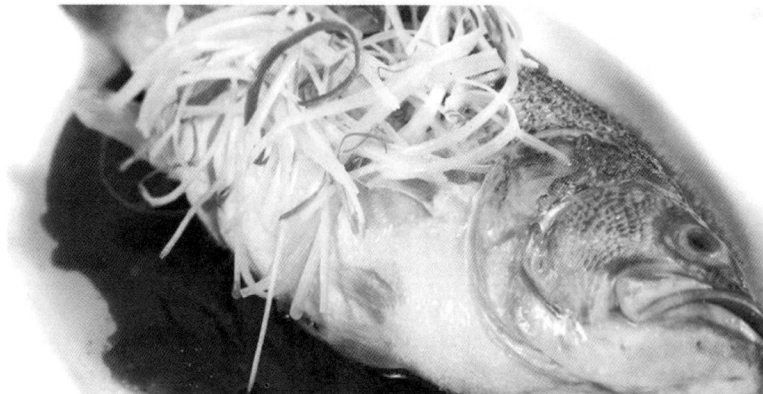

有一条鱼，一直被埋没

白蕉海鲈，又称花鲈，生长在沿海河口，有别于淡水养殖的加州鲈和桂花鲈，故又称海鲈，是珠海斗门当地的天然品种，被列入广东省西江水域的四大名鱼（鲈、嘉、鳜、甘）之一。2009年12月，白蕉海鲈经国家质检总局批准，成为斗门地区乃至整个珠海市的第一个地理标志保护产品。2011年4月底，白蕉镇通过了中国水产流通与加工协会专家组复审的评审，获评为"中国海鲈之乡"。这是继获得"国家地理标志"保护产品称号后，白蕉海鲈再次获得国家级荣誉。

海鲈喜欢栖息于河口咸淡水的中下层。鱼苗以浮游生物为食，幼鱼以虾类为主食，成鱼则以鱼类为主食。

海鲈的肉白嫩、鲜美，鳃、肉都可入药：鳃性味甘、平，有止咳化痰之功效，可用以治疗小儿百日咳。其肉性味甘、温，有健脾益气之功效，常用于治疗慢性胃痛、脾虚泄泻、小儿疳积、消化不良、消瘦等症；若手术后食用亦能促进伤口生肌愈合。

图 6－34（38）

**美文
分享**

喝西江水长大的"白富美"海鲈鱼

说到好吃的海鲈，不得不提珠海斗门白蕉镇的海鲈。

海鲈喜欢栖息于河口咸淡水交汇处。自然生长的海鲈主要生活在广东至山东的沿海一带，喜欢在珠江和长江一带的入海口聚集。白蕉海鲈的养殖户介绍，虽然海鲈能在淡水中养殖，但海鲈产卵和幼体孵化培育都需要在高盐度的海水中进行，等到鱼苗长到2到3厘米的时候，才能改为淡水养殖。而由于白蕉位于咸淡水交汇处，非常适合海鲈的生长，因此各村养殖户都引西江水来养海鲈。

海鲈肉质嫩滑、美味可口，常食不腻，白蕉海鲈色泽鲜艳、银白闪光、肉质晶莹通透，比其他海鲈鲜甜可口。

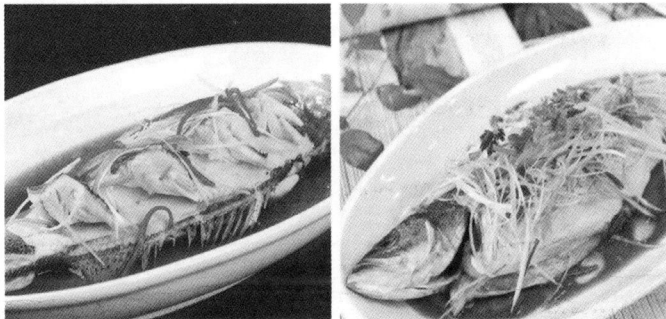

至珍品质

有料：原产地珠海斗门纯种海鲈，自然环境孕育，多重外表品质包装与纯正味道控制，保证每一条酒香海鲈鱼都是最具营养价值的无污染、高品质海鲈鱼。

方便：鱼解冻后，放沸水中隔水蒸只要7分钟，还原一条酒香海鲈鱼初始形态，洁净完整，肉质鲜美、无腥味，省去海鲈鱼处理、腌制等加工工序，开创便捷养生新时代。

品质：100%活鱼到厂加工，低温发酵腌制，不添加任何化学添加剂，最大限度保存海鲈鱼鲜度；传统一夜埋改进而来的烈日暴晒工艺，锁住新鲜；haccp管理体系全程把控，全流程品质检测，保障每一条鱼都是安全鱼、品质鱼。

疯狂：鲜誉酒香海鲈鱼首秀48小时，热销3600条；七天内13600条酒香海鲈鱼全部售罄。

超值：鲜誉酒香海鲈鱼肉质细嫩、调理方便、价格便宜，仅相当于酒店同款菜式1/3的价格。关键是在家与亲人分享，浓浓温情，超值享受。

图 6 – 34 （39）

每一条酒香海鲈鱼
都拥有超过普通鱼类的营养物质

酒香海鲈不仅美味，而且补充蛋白质、维生素A、维生素C：补肝壮肾，健脾养胃，止咳化痰，助消化及伤口愈合的药膳级食材。

海鲈鱼的铜元素发挥着保护心脏，促进新陈代谢，提高神经系统的作用；钙和微量元素，发挥着美容养颜、滋润皮肤、延缓衰老、延年益寿的作用；铁元素是孕妇和小孩不可或缺的，具有健身补血，益体安康，防治水肿、贫血头晕的作用。

在福建、广东沿海地区，海鲈鱼是孕妇的超级补品。因为海鲈鱼中的蛋白质、维生素、纤维等，可防止胎动不安、少乳等症，准妈妈和生产妇女吃海鲈鱼是一种既补身又不会造成营养过剩而导致肥胖的营养食物。

原产地

中国海鲈之乡斗门，地处珠江口磨刀门门西侧，具有独特的河口位置，咸淡水交接处。淡水和海水充分交融，西江水贯穿斗门全境。每年冬春时节，是海鲈下苗的季节，此时的西江恰逢咸潮来袭，河水有了一定的盐度，等到了春夏季节，西江水又变成了微咸水或纯淡水。鲜誉酒香海鲈鱼就来自中国海鲈之乡斗门这个原产地。

本味道

活鱼迅速宰杀，低温腌制、烈日暴晒、超低温冷冻后包装，每一道工序都秉持粤西传统工艺，以国际水准的加工设备和标准进行加工。锁住鲜活，留住鲜嫩，便捷还原海鲈鱼本味。

酒香海鲈鱼食用指南

建议清蒸；解冻后，沸水放鱼隔水蒸7分钟即可

食用小贴士

①由于鱼是精加工冷冻处理，请在收到快递后第一时间速冻，食用前自然解冻

②老年人食用，建议清蒸，适当放几颗枸杞、当归，改善气虚

图 6 – 34 （40）

214

鲜誉海鲜美食菜谱

鲜誉极参篇

鲜菇海参烩

主料：鲜誉极参3个，海鲜菇适量

辅料：西兰花、橙子、盐、鸡精、生抽、糖、葱、料酒各适量

做法：

1.取适量的鲜誉极参和海鲜菇，先将泡发鲜誉极参洗净切小段，加入切碎的葱白末和姜末，再加盐、鸡精、料酒、糖腌10分钟；

2.海鲜菇洗净切段，将西兰花剪成小朵状放水里焯2分钟捞起备用；

3.橙子切成薄片状围绕盘子的边沿摆成一圈，将焯好的西兰花也摆成一圈；

4.起油锅，先放海鲜菇炒一炒，再连汁倒入腌好的海参炒，也不用放什么调料了，腌制的时候入味了，加少量生抽就可以了，盖上锅盖煮沸；

5.加入少量的白胡椒粉，放入香葱起锅，把做好的鲜菇海参放在西兰花的中央就完成了。

海参龙骨汤

主料：鲜誉极参3个，猪龙骨4段

辅料：姜片、葱段、银耳、盐各适量

做法：

1.起汤锅烧水，进行第一次焯洗猪龙骨，进行第二次焯洗猪龙骨；

2.备姜片，葱段及银耳，高压锅装水，加入姜片，加入焯洗好的猪龙骨，大火煮开后再转小火，煲一个半小时；

3.鲜誉极参泡发好，切成块状，将切好的海参加到煲好的龙骨汤中，再加入适量银耳，上盖大火煮开后，再转小火煲一个小时；

4.食用前，加入适量细盐，再加入葱段既可。

图 6 - 34 （41）

鲜誉酒香
海鲈鱼篇

清烩鲈鱼片

主料：酒香海鲈鱼
辅料：荸荠片、水发木耳、韭黄段、鸡蛋清、湿淀粉、葱、姜、胡椒粉、芝麻油、熟猪油
做法：
1. 将鱼肉切成长方片，加鸡蛋清、湿淀粉拌匀上浆；
2. 炒锅上烧热，放油烧至四成热（约88℃），放入鱼片划油，至鱼片呈乳白色时倒出沥油；
3. 原锅仍置火上，留底油，放入葱姜末煸香，再放入韭黄段及其他配料煸炒，加入鲈鱼骨浓汤；
4. 倒入鱼片，用水淀粉勾芡，淋入芝麻油，起锅装入凹盘内，撒上胡椒粉，放上香菜叶即成。（上桌时，带姜醋碟）

清蒸海鲈鱼

主料：酒香海鲈鱼一条
辅料：蒸鱼豉油、玉米油、葱、姜、彩椒、盐、花椒
（根据个人喜好添加）
做法：
1. 将酒香海鲈鱼摆放在鱼盘内，鱼身上放些葱姜丝，放入水开了的锅内，盖上盖子大火蒸7分钟；
2. 关火，将盘子里的汤倒掉，鱼身上的葱姜丝拣出来；
3. 在鱼身上浇上蒸鱼豉油；
4. 铺上切好的葱丝和彩椒末；
5. 用大勺子炸点花椒油；
6. 趁热将花椒油泼在葱丝上即可。

图 6 - 34 （42）

鲜誉酒香
海鲈鱼篇

酒香海鲈鱼头豆腐汤

主料：酒香海鲈鱼鱼头

辅料：嫩豆腐、芫茜（香菜）、姜少许、盐、食用油适量

做法：

1. 嫩豆腐用淡盐水泡10分钟；

2. 取出，用清水轻轻冲洗一下，切成小块；

3. 芫茜（香菜）洗干净，切成段；

4. 姜去皮，并用刀背拍下后，放入热油锅中，爆香；

5. 放进鱼头，中小火煎至两面金黄；

6. 加入适量热水，一定要加热水，这样煮出来的汤才会香浓鲜甜；

7. 大火煮开后，放入嫩豆腐；

8. 继续大火煮至汤奶白色，熄火前加入香菜，并按个人口味调入适量盐即可。

野菌嫩海鲈

主料：酒香海鲈鱼、金针菇、白玉菇

辅料：树椒、美人椒、蒜苔、白醋、酸辣鲜露、生粉、鸡蛋

做法：

1. 整鱼初加工，切下头尾，蒸5分钟至熟；

2. 鱼身去骨去皮，切丁，上浆入三分热热油中滑熟；

3. 将蒜苔串成竹排状，飞水垫入盘中，将金针菇、白玉菇滑炒置竹排上；

4. 将锅烧热，入底油，放入葱、姜、蒜、美人椒等料，煸炒出香味，入鱼丁滑炒，置金针菇、白玉菇上；

5. 最后将头尾置竹排两端立起即可。

图 6 - 34（43）

第五节
鲜誉海洋科技互动推广样本

鲜誉海洋科技互动推广样本如图 6 - 35 所示。

图 6 - 35　鲜誉海洋科技互动推广样本（1）

图 6 – 35　鲜誉海洋科技互动推广样本（2）

第六节
鲜誉海鲈鱼实战营销模式

自从 2015 年 7 月鲜誉海鲈鱼上市以来，这条鲜嫩柔滑的鱼，每月在全国超 20 万的家庭中畅享，已经覆盖了全国，包括新疆、青海等偏远地区的市场，成为一条好吃又好玩的美味之鱼、新鲜的鱼，一条有情怀、有温情、有热度的鱼。

目前，鲜誉大部分平台商月销量都过了万条，大部分运营商月销量都过了 2000 条，大部分合伙人月销量都过了 4000 条。

鲜誉银川运营商马亮亮的分享

鲜誉海鲈鱼于 2015 年 11 月正式进入银川市场，对西北城市而言，海鲜类产品属于高端产品，很多人并不看好。但是目前来看，形势一片大好，月销量突破 4000 条。总结起来，就是下面这段口诀：

先培养群体，再寻找客户，先建立圈层，再树立形象，别急发硬广告，背书最有效，功到自然成，慢熟才可靠！

先说群体培养，公司的理念对社群方面非常贴切，就是不断地切入其他美食圈层，寻找对方的意见领袖，然后用海鲈鱼征服他们的味蕾。我最先打入的是银川当地的交通音乐广播，参与了他们的线下活动。从那次开始，我用产品征服了音乐台的主持人及所有嘉宾，他们现在都在给我做背书，于是初步的圈层形成了。

这个圈层就是以音乐台的美食意见领袖为核心，不断扩散，形成自己的美食圈层，然后不断筛选合适的微商，最终形成良性循环。目前来看，这个思路是正确的，银川市几乎所有的美食意见领袖都在给我信任背书，银川几乎所有的做得好的微商都在销售我的产品，银川最好的餐厅都在售卖这条鱼，付出得到了回报。

笔者认为，马亮亮充分抓住了意见领袖的背书这个关键点，把这条鱼在银川玩出了大名堂。有温度、有品质、代表中产阶级的产品成为微营销的主流。

鲜誉营销模式的三种形态

鲜誉海鲈鱼的营销实战是从绝对极致的产品起步的。为了这个产品，我们付出了巨大的投入和努力。通过 5 个月的运营和测试，鲜誉海鲈鱼无论是在沿海的深圳、福州、宁德、大连、青岛，还是在内陆的银川、西安、西宁，或者是在以精致美食著称的江苏各地，都完美地打败其他鱼类。这是鲜誉海鲈鱼营销信心的源泉。

那么，如何更有效地运营这条鱼，让这条鱼走进千家万户？通过银川马总的案例，通过全国各地成功平台商与合伙人的案例，我们做了总结。从营销模式上说，主要有三种形态。

第一，分销型，一般是名酒、食品、快消品经销商，利用他们的分销渠道优势，借助海鲈鱼的产品力和高效黏合力，激活渠道，快速实现分销。

应用这种模式的典型是镇江峰华饮品公司。镇江峰华饮品公司是五粮液在华东地区的主力超商，拥有覆盖江苏镇江及周边的名酒销售网络。他们引进海鲈鱼时，首先通过分销渠道的梳理，构建了系统的、具有驱动力的价格机制，然后通过品鉴、推介及峰华作为高品质产品运营商的信任背书，形成对新产品的推动。

当这条鱼被发现、被品鉴、被分享后，峰华饮品的强大而又稳固的销售渠道被激活了。为了满足分销商的需求，峰华饮品不仅设置了专人负责订单及推广，还依托名酒配送，建立起快速的配送机制。因此，在春节旺季来临之前，峰华启动了鱼票代用模式。鱼票的模式就是卖纸鱼，实际上就是预售模式。因为我们的订单处理、物流配送需要周期。同时，从鲜誉海鲈鱼新产品上市之日起就已经形成一个局面：出场即断货。鱼票的预售，有效地实现了用户与客户的前期锁定，更好地统筹订货数量。

峰华饮品专门定制了 1 万张、每张 5 条的鱼票，不到 10 天就通过分销渠道售罄，留出了充裕的时间下订单、配送，完成了首轮的市场推广。

这是比较典型的分销模式。在峰华饮品的营销模式中，价格机制、预售机制、分销效率是关键，是激活既有渠道的非常好的营销方法。

第二种，是目前我们公司在成都打造的合伙人、终端直供的样板模式。这是一种撒豆成兵、深度分享、培育用户的营销策略。

在成都市场，国庆假期前，我跟杨洋、向总一起到公司附近的烤鱼店测试产品，请老板品尝海鲈鱼后，老板产生了兴趣。我们的鱼跟淡水鱼做烧烤比较，有三大优势：

（1）用鲜誉海鲈鱼省了一名杀鱼员工的工资。

（2）用鲜誉海鲈鱼减少了调料数量，减少了顾客等待的时间，在生意繁忙的时候增加了翻台率。

（3）鲜誉海鲈鱼没有骨头、白嫩柔滑，同时是海鱼，强化了客户对烤鱼的认知，不仅提高了客单价，还提高了回头率，绝不会出现顾客吃鱼被骨头卡住喉咙的情况。

这次尝试，使成都的烤鱼终端开始启动。目前万州系烤鱼店全部由我们直供，现款现货，基本上每个终端网点平均月销量为150～200条。餐饮渠道是一个很难啃的骨头，因为其固有的结算模式。因此，我们不选择大型连锁店，也不选择高档中餐店，而选择创业型、小资型的烤鱼店终端。

这个选择很重要，只有选择这样的终端，我们才能充分展示产品特质，同时确保现款现货。目前，大中城市的烤鱼店的数量非常可观，这是一个值得尝试的细分渠道。

同时，在成都市场，我们培育了几位女合伙人，这几位女合伙人都不是专职的，都有各自的生意。但是，她们各自的资源都具备可挖掘的价值。有的合伙人主攻社区，通过社区摆摊品鉴，把鲜美的海鲈鱼展示给中高端小区业主；有的合伙人主攻保险、银行、大型企事业单位，通过请核心决策者到鲜窝壹号开展品鉴活动来强化对产品的认知，进而促成了销售；有的合伙人借助成都各大媒体的周末团购的场地，开展现场品鉴、推广活动，基本上每场两三个小时，都能实现300～500条的销量；有的合伙人通过农贸市场进行网点建设，锁定中高端小区附近的菜市场，跟冻品、海鲜档口结合起来，实现了与用户近距离的亲密接触。当大量的产品被用户品鉴、体验、分享之后，用户的口碑是成就销量的关键源头。

成都市场按照这种蚂蚁雄兵的模式，月销量已经过万条，不同的渠道的销量非常稳定。很多用户通过产品背后的标签找到我们，成为我们的运营商或者合伙人。成都做得最好的名烟名酒单店，也加入了鲜誉运营的队伍。

我称这种模式为：蚂蚁雄兵，文火慢炖。这种模式既适合中小型城市的市场，也适合在省会市场进行分渠道、分区域运作。

第三种，就是马总的社群＋微商＋服务的模式。在长沙，胡锦惠也创建了针对乡厨的细分渠道服务模式，开发了华润万家超市的直供采购模式。

针对乡厨市场，我们的产品竞争力十分强大。在中国，乡厨是一个独特的渠道。关键点是乡厨的总头，就是活跃在县、镇、乡的宴席承包者。这群人掌握了宴席的采购权，掌握了菜市的选择权。因为包席规模大，所以便捷化的产品成为他们的首选。

在江浙闽沿海地区，乡厨的宴席档次非常高；在内陆地区，乡厨的宴席档次也不低。在各种宴席中，鱼是不可或缺的菜式，这是中国传统文化决定的。因此，把乡厨总头发展为鲜誉海鲈鱼的运营商甚至平台商，就很容易掌控一个地区的宴席市场。

再仔细寻找，这种细分渠道还有很多。比如各大城市的4S店的团餐市场、各类开发区的企业食堂，以及国家电网、各类政府部门的食堂等。每一个细分渠道都蕴藏着巨大的销量机会。

因为我们拥有一条极致的鱼：安全、美味、营养、健康、便捷；因为我们拥有完整的营销套路：引导用户品鉴、引导用户分享和用户一起互动，带着用户一起玩、一起吃，分享中产阶级的品质生活。所以，我们信心百倍。我们最大的担忧是如何更快、更好地满足用户的需求，更快、更好地建立从原产地到用户餐桌的品质社区。

我们的鱼在韩寒开设的连锁餐厅里成为头牌菜；我们的鱼在超过20万的家庭中被分享。我们将不断地深入演绎这条好吃又好玩的鱼，不断与全国用户一起，共享原产之鲜，众口之誉！

第七节
鲜誉 2015 年大事记

我们要实现一个蓝色梦想，我们正在创建这样一个企业——致力于中国水产产业互联网构建；为用户提供安全、便捷、高性价比、舒适轻松的水产美食精致解决方案；创建一家对中国水产业能够产生影响、可以永续经营并成为行业典范的高效组织。

3 月 13 日：12：18，鲜誉极参/原本智造揭牌仪式启动如图 6 - 36 所示。共同见证鲜誉极参/原本智造盛大开业，见证扬帆远行！

图 6 - 36　鲜誉极参/原本智造揭牌仪式

3 月 14 日：鲜誉极参产品主题"滋养青春"开始启动。

3 月 14 日：鲜誉极参大咖秀：向怪咖致敬！

3 月 15 日：国际消费者权益日，鲜誉极参郑重宣言"究源溯本，源头抓起，本质务实"，如图 6 - 37 所示。

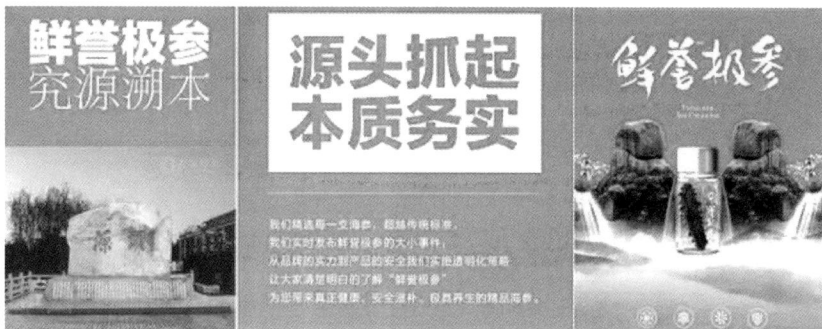

图 6 - 37　鲜誉极参郑重宣言

3 月 17 日：鲜誉极参重新定义海参，向行业喊话"原产之鲜，众口之誉"。

3 月 20 日：鲜誉极参传播主题启动：你若清净，我自欢喜；你若极致，我便倾心。

3 月 24 日：一场主题为"水产营销新玩法"的水产企业家成都私密峰会盛宴在蜀街 48 号圆满举行。

3 月 25 日：鲜誉极参"经销商分享会"在蜀街 48 号不见不散，如图 6 - 38 所示。

图 6 - 38　鲜誉极参"经销商分享会"

4月3日：鲜誉海鲜零距离品鉴会巡回中国启动。顶级专家、顶级海鲜、顶级社群、顶级会馆、极致海鲜、鲜誉中国，犒劳您的味蕾，零距离与您互动。

4月12日：昆明世博园中国馆一场高规格海鲜秀"鲜誉零距离主题品鉴会"启航，如图6－39所示。当山药约会海珍，极致味蕾感受。

图6－39　鲜誉零距离主题品鉴会

4月23日：鲜誉最美海鲜"离钓鱼岛最近的西洋岛虾皮"启动众筹，如图6－40所示。

图6－40　"离钓鱼岛最近的西洋岛虾皮"启动众筹

4月23日：鲜誉极参出现假冒伪劣盗版产品，如图6－41所示。

4月24日：鲜誉极参空降"酒业千商大会，江苏大会"南京现场，如图6－42所示。

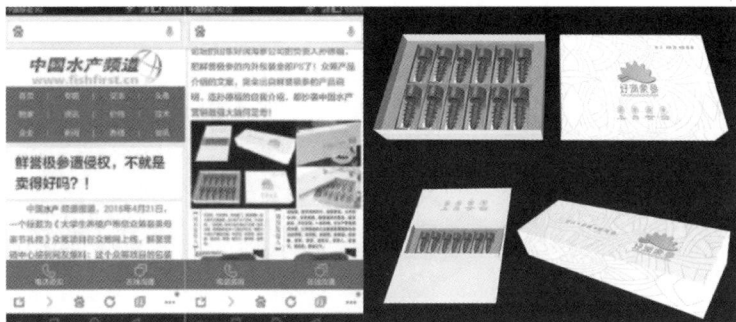

图 6 - 41　鲜誉极参出现假冒伪劣盗版产品

图 6 - 42　鲜誉极参空降"酒业千商大会，江苏大会"南京现场

4 月 25 日：鲜誉极参："趋势机遇，创新发展"移动互联网下的酒业经销商转型高峰论坛于郑州国际会展中心举办，如图 6 - 43 所示。

图 6 - 43　酒业经销商转型高峰论坛

5 月 7 日：鲜誉极参线下互动微商沙龙，如图 6 - 44 所示。

图 6 - 44　鲜誉极参线下互动微商沙龙

5月19日：鲜誉极参家族新成员：十二钗定妆销售，如图6－45所示。

图6－45　十二钗定妆销售

6月1日：鲜誉极参家族新成员：鲜誉易发，只为老儿童，如图6－46所示。

图6－46　鲜誉易发，只为老儿童

6月27日：鲜誉极参落子福建，如图6－47所示。

图6－47　鲜誉极参落子福建

7 月 13 日：鲜誉最美海鲜"千岛湖增殖放流公益众筹"启动，如图 6 - 48 所示。

图 6 - 48   "千岛湖增殖放流公益众筹"启动

7 月 17 日：鲜誉酒香海鲈鱼礼盒装首发。

7 月 24 日：鲜誉酒香海鲈鱼餐饮装出炉。

7 月 29 日：鲜誉酒香海鲈鱼亮相丽江，如图 6 - 49 所示。

图 6 - 49   鲜誉酒香海鲈鱼亮相丽江

8 月 1 日：鲜誉最美海鲜"千岛湖增殖放流公益众筹"上线，如图 6 - 50 所示。

8 月 3 日：鲜誉极参家族新成员尊享、团圆装"鲜誉帮你把爱带回家"上市，如图 6 - 51 所示。

8 月 17 日：鲜誉天下，我们要实现一个蓝色梦想。

8 月 24 日：鲜誉"我的蓝色梦想——致中国水产同道"，如图 6 - 52 所示。

图 6 – 50　"千岛湖增殖放流公益众筹"上线

图 6 – 51　鲜誉极参家族新成员尊享、团圆装上市

图 6 – 52　我的蓝色梦想——致中国水产同道

8月29日：鲜誉启动中国合伙人计划！鲜誉百城百名合伙人等你加入。如图6-53所示。

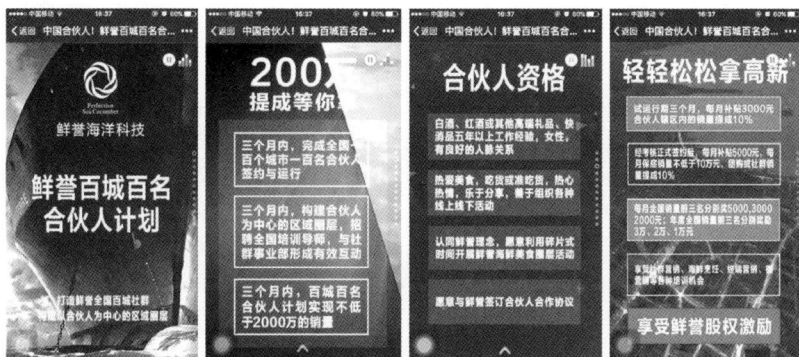

图6-53　鲜誉启动中国合伙人计划

9月7日：鲜誉股东大会，鲜誉海洋科技有限公司"科技发展战略研讨会"开幕，如图6-54所示。

图6-54　"科技发展战略研讨会"开幕

9月15日：鲜誉长沙社群运营中心"长沙鲜窝"成立，如图6-55所示。

图6-55　鲜誉长沙社群运营中心"长沙鲜窝"成立

9月21日：鲜誉南京运营中心成立。

9月22日：鲜誉·每个人心中都有一轮圆月。

9月30日：鲜誉酒香海鲈鱼正式更名：鲜窝·酒香海鲈鱼，如图6-56所示。

图6-56　鲜誉酒香海鲈鱼正式更名：鲜窝·酒香海鲈鱼

10月22日：鲜誉海鲈鱼安全的养殖基地挂牌成立，如图6-57所示。

图6-57　鲜誉海鲈鱼安全的养殖基地

10月27日：南京金陵饭店，鲜誉·獐子岛参旅盛大上市如图6-58所示。一场顶级海鲜的味蕾盛宴，一场顶级智慧的分享盛宴。

图6-58　鲜誉·獐子岛参旅盛大上市

10 月 27 日：鲜誉秋糖会在南京金陵晶元酒店盛大开幕，"鲜誉·见证獐子岛冬捕体验"正式开启，珠海各级政府领导出席鲜誉秋糖活动。

10 月 29 日：鲜誉休闲小窝启动全民放开吃活动，如图 6 – 59 所示。

图 6 – 59　鲜誉休闲小窝启动全民放开吃活动

11 月 26 日：鲜誉携手獐子岛，为您讲述海底的故事，如图 6 – 60 所示。

图 6 – 60　鲜誉携手獐子岛，为您讲述海底的故事

11 月 30 日：鲜誉致敬酒商：爱拼才会赢，要补才能拼，如图 6 – 61 所示。

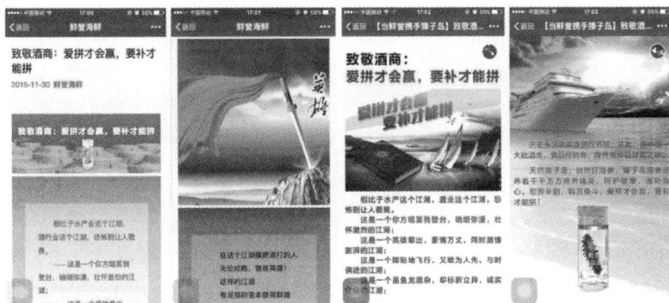

图 6 – 61　鲜誉致敬酒商

12月1日：鲜誉最强赌约开战，"他用全部身家赌酒商的财富洞察力"，如图6-62所示。

图6-62 鲜誉最强赌约开战

12月7日：鲜誉见证獐子岛原产地海参"大雪"冬捕，如图6-63所示。

图6-63 獐子岛原产地海参"大雪"冬捕

12月15日：鲜誉易发新产品包装及上市销售，如图6-64所示。

12月18日："鲜窝壹号"开业，如图6-65所示。

图 6 - 64　鲜誉易发新产品包装及上市销售

图 6 - 65　"鲜窝壹号"开业

12 月 17 日：鲜誉海洋收获中国营销奥斯卡奖项——中国营销金鼎奖"多维互动营销推广奖"，如图 6 - 66 所示。

图 6 - 66　鲜誉海洋收获中国营销金鼎奖"多维互动营销推广奖"

12 月 18 日：鲜誉向酒爷喊话，如图 6 - 67 所示。

图 6 - 67　鲜誉向酒爷喊话

鲜誉还在成长中，不断向着我们的蓝色梦想前进！

结语

我的蓝色梦想

当我醒来时，人生已经走过一半。但有一个长期驻留于心灵深处的蓝色梦想，却一天比一天明晰，一天比一天强烈。

我要建设一个组织、一个社区，让每个人发现心中的大海，让我实现遨游海洋的梦想。既然我的人生属于海洋，那就应该让它更深、更蓝、更透彻。

我，来了！

我似乎是永远不甘寂寞却又一路折腾的人。从青年到中年、从海外到国内、从白酒到水产、从咨询到实业、从清晨到日暮，一路求索、一路钻研、一路勤奋。我喜欢一切的广阔，比如大海、蓝天、星空和内心的道德准则。求学、打工、创业，立言、立身、力行。二十多年一路走来，立信立足于白酒与水产业，深深地感悟：**勤奋是一种能力，专注是一种力量。**

当我凭着满腔热血懵懂地闯进中国水产业时，我用激情跨界创造了獐子岛，引领中国渔业领军企业在品牌营销领域走向巅峰，收获了职业生涯中最宝贵的经验与沉淀；当我阅尽千山回归原本时，我以文人的情怀探寻中国水产的价值之路，筚路蓝缕地启智领行。

伏地躬行，我凭着一股傻劲，守望着水产这个处于市场启蒙期的行业。有媒体这样评价我：

何足奇之于中国水产，其价值到底在哪里？我想许多人都有自己的答案。他对这个产业所贡献的思想、所奉献的热情、所创造的案例，业内诸君自有评判。何足奇之于中国水产的最大价值，并不在上述所列，而在于他开启了中国水产的"民智"，在于他和他的原本用十多年时间，让中国水产业感触到了专业力量之强大，从而心甘情愿且坚定不移地选择了专业化的道路。中国水产业有了这种"觉醒"，才有了未来；何足奇"粗野"地闯进这个产业，不顾呼呼酣睡的人们，粗暴地打破窗户，唤醒了中国水产。用这个领域当时或者现在还无法全部理解的全新理念和行为，彻底击碎了产业的固有思维和传统操作，用现实逼迫行业开始思考、开始转型。

从一粒沙看懂世界，在一瞬间发现永恒。当我面对中国水产的野蛮粗暴、劣质低能、产业失序、安全堪忧、成长乏力时，榜样的力量是如此苍白，启智领行是如此无奈。周星驰说："如果人没有梦想，那跟咸鱼有什么区别？"在不断变化的外部环境和内在组织，每一天都如同地壳里的未知世界，不断地爆发着各种各样的熔岩渗透和地震。我保持敏锐的唯一方法就是折腾自己、折腾团队，自己去制造地震——内心的、企业的、产业的地震，去感知市场，探测未来。

我从不信奉成功学，从不把握一招鲜吃遍天的机会，从来不做机械麻木的重复。没有一成不变的行业，没有一成不变的产品，没有一成不变的组织，没有一成不变的未来。变化意味着放弃和选择，变化意味着接受与包容，变化意味着尊重和理解，变化意味着在经过充分准备和严密论证之后，开启异想天开或非分之想的旅程。当我在自我制造地震的过程中穿插奔跑、自由如水时，我的内心沉静下来，找到了心中属于自己、属于原本、属于鲜誉的大海。

鲜誉，来了！

每个人心中都有属于自己的大海。

面对不确定的市场、不确定的未来，优势抵不过趋势。因此，必须要有确定性的抓手，从边缘发起迭代与颠覆。

于是，我带着团队，用最擅长的智造思维与营销方法锁定产业失序、市场低迷、乱象丛生的海参品类，把一个概念变成一款极致单品，把一个边缘产品变成短时间内风靡全国的主力单品。

鲜誉极参，来了。50 天，10000 盒，火爆朋友圈，孕育出一个众口皆碑的战略新产品、超级单品。2015 年 3 月 1 日，鲜誉海洋科技从成都起航，以超级爆品的惊艳，开启了发现、分享、流动、连接的移动互联之旅。120 天，鲜誉极参覆盖华北、华东、华中、华南、西南市场，嵌入名酒超商渠道，实现了超 3000 万元的销售额；240 天，鲜誉极参牵手獐子岛，开启了鲜誉·獐子岛的冬捕之旅，鲜誉海参从需求链打通中国最优质海参供应链，实现原产地品质产品的逆袭；330 天，鲜誉极参单品销售额超过 1.6 亿元，成就极致单品的王者地位。便捷滋补、极致吸收的产品理念，轻奢精致的极简主义产品风格，横向击穿、升维攻击的营销推广，鲜誉极参用短短的 11 个月，实现从需求链到供应链的产销一体化社区构建，用户推崇，顾客尖叫。

鲜誉海鲈，来了。第一周，3600 条，品鲜微社群，体验出一款极致新鲜的情境爆品，分享爆品。第二周，50000 条，鲜誉海鲈鱼从社群走向社区、走向餐饮，走出了一片我为鱼狂的"心"市场。第四周，100000 条，鲜誉海鲈鱼火爆中秋，鲜誉神州。海鲈鱼安全岛社区计划，海鲈鱼全国 12 个中转库建设，海鲈鱼全国 60 家平台商架构，海鲈鱼全国百名合伙人招募，鲜誉海鲈鱼，以一条鱼的新鲜，连接起中国水产璀璨的明天。

鲜誉就这么粗野地闯进来，没有去动谁的奶酪，没有去抢谁的渠道。我们的产品、渠道、推广全都站在用户的角度思考——海鲜怎么吃，美味如何飨，极致的产品、极致的体验、极致的推广、极致的口碑。我们用性价比对接产品提档的新消费市场，用超高效率、超值体验驱动市场升级的新消费空间。

鉴鲜、品鲜、评鲜、抢鲜，鲜誉的水产营销新玩法影响了社群，连接起线上和线下的几十万用户。供需一体化的商业模式，基于传统渠道红利释放的社群建设，让鲜誉以传奇般的速度和效率，构建起一个充满渠道价值、平台价值、生态价值的供需一体化产业互联网社区。

一路狂奔，疾速成长。超前、精准的战略设计，强悍、精益的运营推广，高效、疾速的市场落地，便捷、贴心的技术研发，时尚、缤纷的产品文化，鲜誉在中国水产爬坡过坎的转轨中，为行业提供了一个充满活力和前瞻性的成长样板。

梦想，来了！

闲看庭前花开花落，漫随天外云卷云舒。狂奔之后的沉思是冷静的、睿智的。一个企业和组织的彻底进化，不光靠营销，不光靠激情，更需要思想和格局的升华。

鲜誉的彻底进化，不能只停留在血液、骨骼和躯体，还要升华，升华为精神层面、文化层面、哲学层面的宽度与广度。于是，我的梦想，来了。

我有一个梦想，一个蓝色的梦想：借助多年的行业资源积累，借助产品智造、品牌智造、产业智造，通过合作、协作、资本运作，构建一个有完整产业链和品牌文化支撑，涵盖全产业价值链的产融结合的创新水产营销平台。通过这个平台，汇集各路英才，聚合行业资源，持续为客户创造价值，助力中国水产品消费升级，成就中国水产可持续发展的新势力。

它是人才展示才华的平台。汇聚天下英才，助力产业升级，推进市场转型，引领行业成长，成就人才价值。

它是产品智造升级的平台。锻造产品内核，智造产品卖点，激发渠道潜能，营造消费场景，引领迭代创新。

它是行业资源聚合的平台。引领产业组织，释放资源潜能，驱动行业升级，聚合创新能量，推进产业重构。

心互联，海无界。从海洋到餐桌、从上游到下游、从资源到资本、从技术到人才，我想构建中国优质水产品的可持续和谐社区。恪守食品安全大于天的信条，恪守品质标准的尺度，恪守用户需求第一原则，谋求用户价值、员工价值、股东价值回报最大化原则，以社区商务方式，构建全新的海鲜美食圈层，我想用一颗感恩的心、一个平和的心态、一种干事业的激情、一股不断学习的力量，把我的后半生投入到我的蓝色梦想。来吧，让我带着你，你带着激情，一起追逐我们的蓝色梦想。

人总要有信念、有梦想，尤其是年届45岁的我。朋友们都这样评价我：生命不息，折腾不止。既然这样，那就折腾吧！我希望为之倾尽生命的这个新平台，努力成长为一个有标准、有组织、有原则、有能量的海鲜美食圈层，成长为一个供需一体化的产业互联网社区。我们热衷于不断满足如猫一样的客户的新需求；我们坚持诚信与正直，追求卓越的成就与全心的贡献；我们注重速度和灵活，在迭代与颠覆中快速成长；我们依靠团队实现共同目标，信任、依赖、尊重团队成员，关爱团队和用户，以信义铸就属于我们的蓝色梦想。

梦想，来了。以梦为马，策马扬鞭。我希望，我能创建一家对中国水产业能够产生影响、可以永续经营并成为行业典范的组织。

鲜誉海洋科技董事长　何足奇

推荐作者得新书!

博瑞森征稿启事

亲爱的读者朋友：

感谢您选择了博瑞森图书！希望您手中的这本书能给您带来实实在在的帮助！

博瑞森一直致力于发掘好作者、好内容，希望能把您最需要的思想、方法，一字一句地交到您手中，成为专业知识与管理实践的纽带和桥梁。

但是我们也知道，有很多深入企业一线、经验丰富、乐于分享的优秀专家，或者往来奔波没时间，或者缺少专业的写作指导和便捷的出版途径，只能茫然以待……

还有很多在竞争大潮中坚守的企业，有着异常宝贵的实践经验和独特的闪光点，但缺少专业的记录和整理者，无法让企业的经验和故事被更多的人了解、学习、参考……

这些都太遗憾了！

博瑞森非常希望能将这些埋藏的"宝藏"发掘出来，贡献给广大读者，让更多的人得到帮助。

所以，我们真心地邀请您，我们的老读者，帮助我们一起搜寻：

推荐作者。

可以是您自己或您的朋友，只要对本土管理有实践、有思考；可以是您通过网络、杂志、书籍或其他途径了解的某位专家，不管名气大小，只要他的思想和方法曾让您深受启发。

推荐企业。

可以是您自己所在的企业，或者是您熟悉的某家企业，其创业过程、运营经历、产品研发、机制创新，等等。不论企业大小，只要乐于分享、有值得借鉴书写之处。

总之，好内容就是一切！

博瑞森绝非"自费出书"，出版项目费用完全由我们承担。您推荐的作者或企业案例一经采用，我们会立刻向您赠送书币 100 元，可直接换取任何博瑞森图书的纸质版或电子版。

感谢您对本土管理的支持！感谢您对博瑞森图书的帮助！

推荐邮箱：bookgood@ 126. com　　　　推荐手机：13611149991

与主编加为好友：　　　　　　⟶

博瑞森管理图书网：http://www.bracebook.com.cn/index.html

1120 本土管理实践与创新论坛

这是由 100 多位本土管理专家联合创立的企业管理实践学术交流组织,旨在孵化本土管理思想、促进企业管理实践、加强专家间交流与协作。

论坛每年集中力量办好两件大事:第一,"出一本书",汇聚一年的思考和实践,把最原创、最前沿、最实战的内容集结成册,贡献读者;第二,"办一次会",每年 11 月 20 日本土管理专家们汇聚一堂,碰撞思想、研讨案例、交流切磋、回馈社会。

论坛理事名单(以年龄为序,以示传承之意)

常务理事:

彭志雄　曾　伟　施　炜　杨　涛　张学军　郭　晓
程绍珊　胡八一　王祥伍　李志华　陈立云　杨永华

理　　事:

卢根鑫	曾令同	宋杼宸	张国祥	刘承元	曹子祥	宋新宇	吴越舟
吴　坚	戴欣明	刘春雄	刘祖轲	段继东	何　慕	秦国伟	贺兵一
张小虎	郭　剑	余晓雷	黄中强	朱玉童	沈　坤	阎立忠	张　进
丁兴良	朱仁健	薛宝峰	史贤龙	卢　强	史幼波	叶敦明	王明胤
陈　明	岑立聪	方　刚	张东利	郭富才	叶　宁	何　屹	沈　奎
王　超	马宝琳	谭长春	夏惊鸣	张　博	李洪道	胡浪球	孙　波
唐江华	刘红明	杨鸿贵	伯建新	高可为	李　蓓	孔祥云	贾同领
罗宏文	史立臣	李政权	余　盛	陈小龙	尚　锋	邢　雷	余伟辉
李小勇	全怀周	沈　拓	徐伟泽	崔自三	王玉荣	蒋　军	侯军伟
黄润霖	金国华	吴　之	葛新红	周　剑	崔海鹏	柏　夔	唐道明
朱志明	曲宗恺	杜　忠	远　鸣	范月明	刘文新	赵晓萌	张　伟
熊亚柱	孙彩军	刘　雷	王庆云	俞士耀	丁　昀	黄　磊	罗晓慧
伏泓霖	梁小平	鄢圣安					

企业案例·老板传记

书名·作者	内容/特色	读者价值
娃哈哈区域标杆：豫北市场营销实录 罗宏文 赵晓萌 等著	本书从区域的角度来写娃哈哈河南分公司豫北市场是怎么进行区域市场营销，成为娃哈哈全国第一大市场、全国增量第一高市场的一些操作方法	参考性、指导性，一线真实资料
六个核桃凭什么：从0过100亿 张学军 著	首部全面揭秘养元六个核桃裂变式成长的巨著	学习优秀企业的成长路径，了解其背后的理论体系
借力咨询：德邦成长背后的秘密 官同良 王祥伍 著	讲述德邦是如何借助咨询公司的力量进行自身 与发展的	来自德邦内部的第一线资料，真实、珍贵，令人受益匪浅
解决方案营销实战案例 刘祖轲 著	用10个真案例讲明白什么是工业品的解决方案式营销，实战、实用	有干货，真正操作过的才能写得出来
招招见销量的营销常识 刘文新 著	如何让每一个营销动作都直指销量	适合中小企业，看了就能用
我们的营销真案例 联纵智达研究院 著	五芳斋粽子从区域到全国/诺贝尔瓷砖门店销量提升/利豪家具出口转内销/汤臣倍健的营销模式	选择的案例都很有代表性，实在、实操！
中国营销战实录：令人拍案叫绝的营销真案例 联纵智达 著	51个案例，42家企业，38万字，18年，累计2000余人次参与……	最真实的营销案例，全是一线记录，开阔眼界
双剑破局：沈坤营销策划案例集 沈 坤 著	双剑公司多年来的精选案例解析集，阐述了项目策划中每一个营销策略的诞生过程，策划角度和方法	一线真实案例，与众不同的策划角度令人拍案叫绝、受益匪浅
宗：一位制造业企业家的思考 杨 涛 著	1993年创业，引领企业平稳发展20多年，分享独到的心得体会	难得的一本老板分享经验的书
简单思考：AMT咨询创始人自述 孔祥云 著	著名咨询公司（AMT）的CEO创业历程中点点滴滴的经验与思考	每一位咨询人，每一位创业者和管理经营者，都值得一读
边干边学做老板 黄中强 著	创业20多年的老板，有经验、能写、又愿意分享，这样的书很少	处处共鸣，帮助中小企业老板少走弯路
三四线城市超市如何快速成长：解密甘雨亭 IBMG国际商业管理集团 著	国内外标杆企业的经验＋本土实践量化数据＋操作步骤、方法	通俗易懂，行业经验丰富，宝贵的行业量化数据，关键思路和步骤
中国首家未来超市：解密安徽乐城 IBMG国际商业管理集团 著	本书深入挖掘了安徽乐城超市的试验案例，为零售企业未来的发展提供了一条可借鉴之路	通俗易懂，行业经验丰富，宝贵的行业量化数据，关键思路和步骤

互联网＋

书名·作者	内容/特色	读者价值
触发需求：互联网新营销样本·水产 何足奇 著	传统产业都在苦闷中挣扎前行，本书通过鲜活的案例告诉你如何以需求链整合供应链，从而把大家熟知的传统行业打碎了重构、重做一遍	全是干货，值得细读学习，并且作者的理论已经经过了他亲自操刀的实践检验，效果惊人，就在书中全景展示
移动互联新玩法：未来商业的格局和趋势 史贤龙 著	传统商业、电商、移动互联，三个世界并存，这种新格局的玩法一定要懂	看清热点的本质，把握行业先机，一本书搞定移动互联网
微商生意经：真实再现33个成功案例操作全程 伏泓霖 罗晓慧 著	本书为33个真实案例，分享案例主人公在做微商过程中的经验教训	案例真实，有借鉴意义
今后这样做品牌：移动互联时代的品牌营销策略 蒋 军 著	与移动互联紧密结合，告诉你老方法还能不能用，新方法怎么用	今后这样做品牌就对了
互联网＋"变"与"不变"：本土管理实践与创新论坛集萃·2016 本土管理实践与创新论坛 著	本土管理领域正在产生自己独特的理论和模式，尤其在移动互联时代，有很多新课题需要本土专家们一起研究	帮助读者拓宽眼界、突破思维

	书名·作者	内容/特色	读者价值
互联网+	创造增量市场:传统企业互联网转型之道 刘红明 著	传统企业需要用互联网思维去创造增量,而不是用电子商务去转移传统业务的存量	教你怎么在"互联网+"的海洋中创造实实在在的增量
	重生战略:移动互联网和大数据时代的转型法则 沈拓 著	在移动互联网和大数据时代,传统企业转型如同生命体打算与再造,称之为"重生战略"	帮助企业认清移动互联网环境下的变化和应对之道
	画出公司的互联网进化路线图:用互联网思维重塑产品、客户和价值 李蓓 著	18个问题帮助企业一步步梳理出互联网转型思路	思路清晰、案例丰富,非常有启发性
	7个转变,让公司3年胜出 李蓓 著	消费者主权时代,企业该怎么办	这就是互联网思维,老板有能这样想,肯定倒不了
	跳出同质思维,从跟随到领先 郭剑 著	66个精彩案例剖析,帮助老板突破行业长期思维惯性	做企业竟然有这么多玩法,开眼界

行业类:零售、白酒、食品/快消品、农业、医药、建材家居等

	书名·作者	内容/特色	读者价值
零售·超市·餐饮·服装·汽车	1. 总部有多强大,门店就能走多远 2. 超市卖场定价策略与品类管理 3. 连锁零售企业招聘与培训破解之道 4. 中国首家未来超市:解密安徽乐城 5. 三四线城市超市如何快速成长:解密甘雨亭 IBMG国际商业管理集团 著	国内外标杆企业的经验+本土实践量化数据+操作步骤、方法	通俗易懂,行业经验丰富,宝贵的行业量化数据,关键思路和步骤
	涨价也能卖到翻 村松达夫 【日】	提升客单价的15种实用、有效的方法	日本企业在这方面非常值得学习和借鉴
	零售:把客流变成购买力 丁昀 著	如何通过不断升级产品和体验式服务来经营客流	如何进行体验营销,国外的好经营,这方面有启发
	餐饮企业经营策略第一书 吴坚 著	分别从产品、顾客、市场、盈利模式等几个方面,对现阶段餐饮企业的发展提出策略和思路	第一本专业的、高端的餐饮企业经营指导书
	赚不赚钱靠店长:从懂管理到会经营 孙彩军 著	通过生动的案例来进行剖析,注重门店管理细节方面的能力提升	帮助终端门店店长在管理门店的过程中实现经营思路的拓展与突破
	汽车配件这样卖:汽车后市场销售秘诀100条 俞士耀 著	汽配销售业务员必读,手把手教授最实用的方法,轻松得来好业绩	快速上岗,专业实效,业绩无忧
白酒	变局下的白酒企业重构 杨永华 著	帮助白酒企业从产业视角看清趋势,找准位置,实现弯道超车的书	行业内企业要减少90%,自己在什么位置,怎么做,都清楚了
	1. 白酒营销的第一本书(升级版) 2. 白酒经销商的第一本书 唐江华 著	华泽集团湖南开口笑公司品牌部长,擅长酒类新品推广、新市场拓展	扎根一线,实战
	区域型白酒企业营销必胜法则 朱志明 著	为区域型白酒企业提供35条必胜法则,在竞争中赢销的葵花宝典	丰富的一线经验和深厚积累,实操实用
	10步成功运作白酒区域市场 朱志明 著	白酒区域操盘者必备,掌握区域市场运作的战略、战术、兵法	在区域市场的攻伐防守中运筹帷幄,立于不败之地
	酒业转型大时代:微酒精选2014-2015 微酒 主编	本书分为五个部分:当年大事件、那些酒业营销工具、微酒独立策划、业内大调查和十大经典案例	了解行业新动态、新观点,学习营销方法

	乳业营销第一书 侯军伟 著	对区域乳品企业生存发展关键性问题的梳理	唯一的区域乳业营销书,区域乳品企业一定要看
	食用油营销第一书 余 盛 著	10多年油脂企业工作经验,从行业到具体实操	食用油行业第一书,当之无愧
	中国茶叶营销第一书 柏 龑 著	如何跳出茶行业"大文化小产业"的困境,作者给出了自己的观察和思考	不是传统做茶的思路,而是现在商业做茶的思路
	调味品营销第一书 陈小龙 著	国内唯一一本调味品营销的书	唯一的调味品营销的书,调味品的从业者一定要看
	快消品营销人的第一本书:从入门到精通 刘 雷 伯建新 著	快消行业必读书,从入门到专业	深入细致,易学易懂
快消品·食品	变局下的快消品营销实战策略 杨永华 著	通胀了,成本增加,如何从被动应战变成主动的"系统战"	作者对快消品行业非常熟悉、非常实战
	快消品经销商如何快速做大 杨永华 著	本书完全从实战的角度,评述现象,解析误区,揭示原理,传授方法	为转型期的经销商提供了解决思路,指出了发展方向
	一位销售经理的工作心得 蒋 军 著	一线营销管理人员想提升业绩却无从手下时,可以看看这本书	一线的真实感悟
	快消品营销:一位销售经理的工作心得2 蒋 军 著	快消品、食品饮料营销的经验之谈,重点图书	来源与实战的精华总结
	快消品营销与渠道管理 谭长春 著	将快消品标杆企业渠道管理的经验和方法分享出来	可口可乐、华润的一些具体的渠道管理经验,实战
	成为优秀的快消品区域经理 伯建新 著	37个"怎么办"分析区域经理的工作关键点	可以作为区域经理的'速成催化器'
	销售轨迹:一位快消营销总监的拼搏之路 秦国伟 著	本书讲述了一个普通销售员打拼成为跨国企业营销总监的真实奋斗历程	激励人心,给广大销售员以力量和鼓舞
	快消老手都在这样做:区域经理操盘锦囊 方刚 著	非常接地气,全是多年沉淀下来的干货,丰富的一线经验和实操方法不可多得	在市场摸爬滚打的"老油条",那些独家绝招妙招一般你问都是问不来的
农业	农资营销实战全指导 张 博 著	农资如何向"深度营销"转型,从理论到实践进行系统剖析,经验资深	朴实、使用! 不可多得的农资营销实战指导
	农产品营销第一书 胡浪球 著	从农业企业战略到市场开拓、营销、品牌、模式等	来源于实践中的思考,有启发
	变局下的农牧企业9大成长策略 彭志雄 著	食品安全、纵向延伸、横向联合、品牌建设……	唯一的农牧企业经营实操的书,农牧企业一定要看
医药	新医改下的医药营销与团队管理 史立臣 著	探讨新医改对医药行业的系列影响和医药团队管理	帮助理清思路,有一个框架
	医药营销与处方药学术推广 马宝琳 著	如何用医学策划把"平民产品"变成"明星产品"	有真货、讲真话的作者,堪称处方药营销的经典!
	新医改了,药店就要这样开 尚 锋 著	药店经营、管理、营销全攻略	有很强的实战性和可操作性
	电商来了,实体药店如何突围 尚 锋 著	电商崛起,药店该如何突围? 本书从促销、会员服务、专业性、客单价等多重角度给出了指导方向	实战攻略,拿来就能用
	在中国,医药营销这样做:时代方略精选文集 段继东 主编	专注于医药营销咨询15年,将医药营销方法的精华文章合编,深入全面	可谓医药营销领域的顶尖著作,医药界读者的必读书
	OTC医药代表药店开发与维护 鄢圣安 著	要做到一名专业的医药代表,需要做什么、准备什么、知识储备、操作技巧等	医药代表药店拜访的指导手册,手把手教你快速上手

分类	书名/作者	内容	推荐语
医药	引爆药店成交率1：店员导购实战 范月明 著	一本书解决药店导购所有难题	情景化、真实化、实战化
	引爆药店成交率2：经营落地实战 范月明 著	最接地气的经营方法全指导	揭示了药店经营的几类关键问题
	医药企业转型升级战略 史立臣 著	药企转型升级有5大途径，并给出落地步骤及风险控制方法	实操性强，有作者个人经验总结及分析
建材家居	建材家居营销实务 程绍珊 杨鸿贵 主编	价值营销运用到建材家居，每一步都让客户增值	有自己的系统、实战
	建材家居门店销量提升 贾同领 著	店面选址、广告投放、推广助销、空间布局、生动展示、店面运营等	门店销量提升是一个系统工程，非常系统、实战
	10步成为最棒的建材家居门店店长 徐伟泽 著	实际方法易学易用，让员工能够迅速成长，成为独当一面的好店长	只要坚持这样干，一定能成为好店长
	手把手帮建材家居导购业绩倍增：成为顶尖的门店店员 熊亚柱 著	生动的表现形式，让普通人也能成为优秀的导购员，让门店业绩长红	读着有趣，用着简单，一本在手、业绩无忧
	建材家居经销商实战42章经 王庆云 著	告诉经销商：老板怎么当、团队怎么带、生意怎么做	忠言逆耳，看着不舒服就对了，实战总结，用一招半式就值了
工业品	销售是门专业活：B2B、工业品 陆和平 著	销售流程就应该跟着客户的采购流程和关注点的变化向前推进，将一个完整的销售过程分成十个阶段，提供具体方法	销售不是请客吃饭拉关系，是个专业的活计！方法在手，走遍天下不愁
	解决方案营销实战案例 刘祖轲 著	用10个真案例讲明白什么是工业品的解决方案营销，实战、实用	有干货，真正操作过的才能写得出来
	变局下的工业品企业7大机遇 叶敦明 著	产业链条的整合机会、盈利模式的复制机会、营销红利的机会、工业服务商转型机会……	工业品企业还可这样做，思维大突破
	工业品市场部实战全指导 杜忠 著	工业品市场部经理工作内容全指导	系统、全面、有理论、有方法，帮助工业品市场部经理更快提升专业能力
	工业品营销管理实务 李洪道 著	中国特色工业品营销体系的全面深化、工业品营销管理体系优化升级	工具更实战，案例更鲜活，内容更深化
	工业品企业如何做品牌 张东利 著	为工业品企业提供最全面的品牌建设思路	有策略、有方法、有思路、有工具
	丁兴良讲工业4.0 丁兴良 著	没有枯燥的理论和说教，用朴实直白的语言告诉你工业4.0的全貌	工业4.0是什么？本书告诉你答案
	资深大客户经理：策略准，执行狠 叶敦明 著	从业务开发、发起攻势、关系培育、职业成长四个方面，详述了大客户营销的精髓	满满的全是干货
	一切为了订单：订单驱动下的工业品营销实战 唐道明 著	其实，所有的企业都在围绕着两个字在开展全部的经营和管理工作，那就是"订单"	开发订单、满足订单、扩大订单。本书全是实操方法，字字珠玑、句句干货，教你获得营销的胜利
金融	交易心理分析 （美）马克·道格拉斯 著 刘真如 译	作者一语道破赢家的思考方式，并提供了具体的训练方法	不愧是投资心理的第一书，绝对经典
	精品银行管理之道 崔海鹏 何屹 主编	中小银行转型的实战经验总结	中小银行的教材很多，实战类的书很少，可以看看
	支付战争 Eric M. Jackson 著 徐彬 王晓 译	PayPal创业期营销官，亲身讲述PayPal从诞生到壮大到成功出售的整个历史	激烈、有趣的内幕商战故事！了解美国支付市场的风云巨变
房地产	产业园区/产业地产规划、招商、运营实战 阎立忠 著	目前中国第一本系统解读产业园区和产业地产建设运营的实战宝典	从认知、策划、招商到运营全面了解地产策划
	人文商业地产策划 戴欣明 著	城市与商业地产战略定位的关键是不可复制性，要发现独一无二的"味道"	突破千城一面的策划困局
	电影院的下一个黄金十年：开发·差异化·案例 李保煜 著	对目前电影院市场存大的问题及如何解决进行了探讨与解读	**多角度了解电影院运营方式及代表性案例**

经营类：企业如何赚钱，如何抓机会，如何突破，如何"开源"

	书名·作者	内容/特色	读者价值
抓方向	让经营回归简单．升级版 宋新宇 著	化繁为简抓住经营本质：战略、客户、产品、员工、成长	经典，做企业就这几个关键点！
	公司由小到大要过哪些坎 卢强 著	老板手里的一张"企业成长路线图"	现在我在哪儿，未来还要走哪些路，都清楚了
	企业二次创业成功路线图 夏惊鸣 著	企业曾经抓住机会成功了，但下一步该怎么办？	企业怎样获得第二次成功，心里有个大框架了
	老板经理人双赢之道 陈明 著	经理人怎么选平台、怎么开局，老板怎样选/育/用/留	老板生闷气，经理人牢骚大，这次知道该怎么办了
	简单思考：AMT 咨询创始人自述 孔祥云 著	著名咨询公司（AMT）的 CEO 创业历程中点点滴滴的经验与思考	每一位咨询人，每一位创业者和管理经营者，都值得一读
	企业文化的逻辑 王祥伍 黄健江 著	为什么企业绩效如此不同，解开绩效背后的文化密码	少有的深刻，有品质，读起来很流畅
	使命驱动企业成长 高可为 著	钱能让一个人今天努力，使命能让一群人长期努力	对于想做事业的人，'使命'是绕不过去的
思维突破	移动互联新玩法：未来商业的格局和趋势 史贤龙 著	传统商业、电商、移动互联，三个世界并存，这种新格局的玩法一定要懂	看清热点的本质，把握行业先机，一本书搞定移动互联网
	画出公司的互联网进化路线图：用互联网思维重塑产品、客户和价值 李蓓 著	18 个问题帮助企业一步步梳理出互联网转型思路	思路清晰、案例丰富，非常有启发性
	重生战略：移动互联网和大数据时代的转型法则 沈拓 著	在移动互联网和大数据时代，传统企业转型如同生命体打算与再造，称之为"重生战略"	帮助企业认清移动互联网环境下的变化和应对之道
	创造增量市场：传统企业互联网转型之道 刘红明 著	传统企业需要用互联网思维去创造增量，而不是用电子商务去转移传统业务的存量	教你怎么在"互联网＋"的海洋中创造实实在在的增量
	7 个转变，让公司 3 年胜出 李蓓 著	消费者主权时代，企业该怎么办	这就是互联网思维，老板有能这样想，肯定倒不了
	跳出同质思维，从跟随到领先 郭剑 著	66 个精彩案例剖析，帮助老板突破行业长期思维惯性	做企业竟然有这么多玩法，开眼界
	麻烦就是需求　难题就是商机 卢根鑫 著	如何借助客户的眼睛发现商机	什么是真商机，怎么判断、怎么抓，有借鉴
	互联网＋"变"与"不变"：本土管理实践与创新论坛集萃·2016 本土管理实践与创新论坛 著	加速本土管理思想的孕育诞生，促进本土管理创新成果更好地服务企业、贡献社会	各个作者本年度最新思想，帮助读者拓宽眼界、突破思维

管理类：效率如何提升，如何实现经营目标，如何"节流"

	书名·作者	内容/特色	读者价值
通用管理	1. 让管理回归简单．升级版 2. 让经营回归简单．升级版 3. 让用人回归简单 宋新宇 著	宋博士的"简单"三部曲，影响20万读者，非常经典	被读者热情地称作"中小企业的管理圣经"
	分股合心：股权激励这样做 段磊 周剑 著	通过丰富的案例，详细介绍了股权激励的知识和实行方法	内容丰富全面、易读易懂，了解股权激励，有这一本就够了
	边干边学做老板 黄中强 著	创业 20 多年的老板，有经验、能写、又愿意分享，这样的书很少	处处共鸣，帮助中小企业老板少走弯路
	阿米巴经营的中国模式 李志华 著	让员工从"要我干"到"我要干"，价值量化出来	阿米巴在企业如何落地，明白思路了

通用管理	中国式阿米巴落地实践之激活组织 胡八一 著	重点讲解如何科学划分阿米巴单元,阐述划分的实操要领、思路、方法、技术与工具	最大限度减少"推行风险"和"摸索成本",利于公司成功搭建适合自身的个性化阿米巴经营体系
	欧博心法:好管理靠修行 曾 伟 著	用佛家的智慧,深刻剖析管理问题,见解独到	如果真的有'中国式管理',曾老师是其中标志性人物
流程管理	1. 用流程解放管理者 2. 用流程解放管理者2 张国祥 著	中小企业阅读的流程管理、企业规范化的书	通俗易懂,理论和实践的结合恰到好处
	跟我们学建流程体系 陈立云 著	畅销书《跟我们学做流程管理》系列,更实操,更细致,更深入	更多地分享实践,分享感悟,从实践总结出来的方法论
质量管理	1. ISO9001:2015新版质量管理体系详解与案例文件汇编 2. ISO14001:2015新版环境管理体系详解与案例文件汇编 谭洪华 著	紧密围绕2015新版,逐条详细解读,工具也可以直接套用,易学易上手	企业认证、内审必备
战略落地	重生——中国企业的战略转型 施 炜 著	从前瞻和适用的角度,对中国企业战略转型的方向、路径及策略性举措提出了一些概要性的建议和意见	对企业有战略指导意义
	公司大了怎么管:从靠英雄到靠组织 AMT 金国华 著	第一次详尽阐释中国快速成长型企业的特点、问题及解决之道	帮助快速成长型企业领导及管理团队理清思路,突破瓶颈
	低效会议怎么改:每年节省一半会议成本的秘密 AMT 王玉荣 著	教你如何系统规划公司的各级会议,一本工具书	教会你科学管理会议的办法
	年初订计划,年尾有结果:战略落地七步成诗 AMT 郭晓 著	7个步骤教会你怎么让公司制定的战略转变为行动	系统规划,有效指导计划实现
人力资源	回归本源看绩效 孙 波 著	让绩效回顾"改进工具"的本源,真正为企业所用	确实是来源于实践的思考,有共鸣
	世界500强培训经理教你:管理你的培训 陈 锐 著	从7大角度具体细致地讲解了培训管理的核心内容	专业、实用、接地气
	曹子祥教你做激励性薪酬设计 曹子祥 著	以激励性为指导,系统性地介绍了薪酬体系及关键岗位的薪酬设计模式	深入浅出,一本书学会薪酬设计
	曹子祥教你做绩效管理 曹子祥 著	复杂的理论通俗化,专业的知识简单化,企业绩效管理共性问题的解决方案	轻松掌握绩效管理
	把招聘做到极致 远 鸣 著	作为世界500强高级招聘经理,作者数十年招聘经验的总结分享	带来职场思考境界的提升和具体招聘方法的学习
	人才评价中心·超级漫画版 邢 雷 著	专业的主题,漫画的形式,只此一本	没想到一本专业的书,能写成这效果
	走出薪酬管理误区 全怀周 著	剖析薪酬管理的8大误区,真正发挥好枢纽作用	值得企业深读的实用教案
	集团化人力资源管理实践 李小勇 著	对搭建集团化的企业很有帮助,务实,实用	最大的亮点不是理论,而是结合实际的深入剖析
	我的人力资源咨询笔记 张 伟 著	管理咨询师的视角,思考企业的HR管理	通过咨询师的眼睛对比很多企业,有启发
	本土化人力资源管理8大思维 周 剑 著	成熟HR理论,在本土中小企业实践中的探索和思考	对企业的现实困境有真切体会,有启发
	HRBP是这样炼成的之"菜鸟起飞" 新 海 著	以小说的形式,具体解析HRBP的职责,应该如何操作,如何为业务服务	实践者的经验分享,内容实务具体,形式有趣

企业文化	华夏基石方法：企业文化落地本土实践 王祥伍　谭俊峰　著	十年积累、原创方法、一线资料，和盘托出	在文化落地方面真正有洞察，有实操价值的书
	企业文化的逻辑 王祥伍　著	为什么企业之间如此不同，解开绩效背后的文化密码	少有的深刻，有品质，读起来很流畅
	企业文化激活沟通 宋柠宸　安琪　著	透过新任 HR 总经理的眼睛，揭示出沟通与企业文化的关系	有实际指导作用的文化落地读本
	在组织中绽放自我：从专业化到职业化 朱仁健　王祥伍　著	个人如何融入组织，组织如何助力个人成长	帮助企业员工快速认同并投入到组织中去，为企业发展贡献力量
	企业文化定位·落地一本通 王明胤　著	把高深枯燥的专业理论创建成一套系统化、实操化、简单化的企业文化缔造方法	对企业文化不了解，不会做？有这一本从概念到实操，就够了
生产管理	高员工流失率下的精益生产 余伟辉　著	中国的精益生产必须面对和解决高员工流失率问题	确实来源于本土的工厂车间，很务实
	车间人员管理那些事儿 岑立聪　著	车间人员管理中处理各种"疑难杂症"的经验和方法	基层车间管理者最闹心、头疼的事，'打包'解决
	1. 欧博心法：好管理靠修行 2. 欧博心法：好工厂这样管 曾　伟　著	他是本土最大的制造业管理咨询机构创始人，他从 400 多个项目、上万家企业实践中锤炼出的欧博心法	中小制造型企业，一定会有很强的共鸣
	欧博工厂案例 1：生产计划管控对话录 欧博工厂案例 2：品质技术改善对话录 欧博工厂案例 3：员工执行力提升对话录 曾　伟　著	最典型的问题、最详尽的解析，工厂管理 9 大问题 27 个经典案例	没想到说得这么细，超出想象，案例很典型，照搬都可以了
	苦中得乐：管理者的第一堂必修课 曾　伟　编著	曾伟与师傅大愿法师的对话，佛学与管理实践的碰撞，管理禅的修行之道	用佛学最高智慧看透管理
	比日本工厂更高效 1：管理提升无极限 刘承元　著	指出制造企业管理的六大积弊；颠覆流行的错误认知；掌握精益管理的精髓	每一个企业都有自己不同的问题，管理没有一剑封喉的秘笈，要从现场、现物、现实出发
	比日本工厂更高效 2：超强经营力 刘承元　著	企业要获得持续盈利，就要开源和节流，即实现销售最大化，费用最小化	掌握提升工厂效率的全新方法
	比日本工厂更高效 3：精益改善力的成功实践 刘承元　著	工厂全面改善系统有其独特的目的取向特征，着眼于企业经营体质（持续竞争力）的建设与提升	用持续改善力来飞速提升工厂的效率，高效率能够带来意想不到的高效益
	3A 顾问精益实践 1：IE 与效率提升 党新民　苏迎斌　蓝旭日　著	系统的阐述了 IE 技术的来龙去脉以及操作方法	使员工与企业持续获利
	3A 顾问精益实践 2：JIT 与精益改善 肖志军　党新民　著	只在需要的时候，按需要的量，生产所需的产品	提升工厂效率

	书名·作者	内容/特色	读者价值
员工素质提升	跟老板"偷师"学创业 吴江萍 余晓雷 著	边学边干,边观察边成长,你也可以当老板	不同于其他类型的创业书,让你在工作中积累创业经验,一举成功
	销售轨迹:一位快消品营销总监的拼搏之路 秦国伟 著	本书讲述了一个普通销售员打拼成为跨国企业营销总监的真实奋斗历程	激励人心,给广大销售员以力量和鼓舞
	在组织中绽放自我:从专业化到职业化 朱仁健 王祥伍 著	个人如何融入组织,组织如何助力个人成长	帮助企业员工快速认同并投入到组织中去,为企业发展贡献力量
	企业员工弟子规:用心做小事,成就大事业 贾同领 著	从传统文化《弟子规》中学习企业中为人处事的办法,从自身做起	点滴小事,修养自身,从自身的改善得到事业的提升
	手把手教你做顶尖企业内训师:TTT培训师宝典 熊亚柱 著	从课程研发到现场把控、个人提升都有涉及,易读易懂,内容丰富全面	想要做企业内训师的员工有福了,本书教你如何抓住关键,从入门到精通

营销类:把客户需求融入企业各环节,提供"客户认为"有价值的东西

	书名·作者	内容/特色	读者价值
营销模式	变局下的营销模式升级 程绍珊 叶宁 著	客户驱动模式、技术驱动模式、资源驱动模式	很多行业的营销模式被颠覆,调整的思路有了!
	卖轮子 科克斯【美】	小说版的营销学!营销理念巧妙贯穿其中,贵在既有趣,又有深度	经典、有趣!一个故事读懂营销精髓
	弱势品牌如何做营销 李政权 著	中小企业虽有品牌但没名气,营销照样能做的有声有色	没有丰富的实操经验,写不出这具体、详实的案例和步骤,很有启发
	老板如何管营销 史贤龙 著	高段位营销16招,好学好用	老板能看,营销人也能看
	动销:产品是如何畅销起来的 吴江萍 余晓雷 著	真真切切告诉你,产品究竟怎么才能卖出去	击中痛点,提供方法,你值得拥有
销售	资深大客户经理:策略准,执行狠 叶敦明 著	从业务开发、发起攻势、关系培育、职业成长四个方面,详述了大客户营销的精髓	满满的全是干货
	销售是门专业活:B2B、工业品 陆和平 著	销售流程就应该跟着客户的采购流程和关注点的变化向前推进,将一个完整的销售过程分成十个阶段,提供具体方法	销售不是请客吃饭拉关系,是个专业的活计!方法在手,走遍天下不愁
	向高层销售:与决策者有效打交道 贺兵一 著	一套完整有效的销售策略	有工具,有方法,有案例,通俗易懂
	卖轮子 科克斯 【美】	小说版的营销学!营销理念巧妙贯穿其中,贵在既有趣,又有深度	经典、有趣!一个故事读懂营销精髓
	学话术 卖产品 张小虎 著	分析常见的顾客异议,将优秀的话术模块化	让普通导购员也能成为销售精英
组织和团队	升级你的营销组织 程绍珊 吴越舟 著	用"有机性"的营销组织替代"营销能人",营销团队变成"铁营盘"	营销队伍最难管,程老师不愧是营销第1操盘手,步骤方法都很成熟
	用数字解放营销人 黄润霖 著	通过量化帮助营销人员提高工作效率	作者很用心,很好的常备工具书
	成为优秀的快消品区域经理 伯建新 著	37个"怎么办"分析区域经理的工作关键点	可以作为区域经理的'速成催化器'
	一位销售经理的工作心得 蒋军 著	一线营销管理人员想提升业绩却无从下手时,可以看看这本书	一线的真实感悟
	快消品营销:一位销售经理的工作心得2 蒋军 著	快消品、食品饮料营销的经验之谈,重点突出	来源于实战的精华总结
	销售轨迹:一位快消品营销总监的拼搏之路 秦国伟 著	本书讲述了一个普通销售员打拼成为跨国企业营销总监的真实奋斗历程	激励人心,给广大销售员以力量和鼓舞

	书名·作者	内容/特色	读者价值
组织和团队	用营销计划锁定胜局：用数字解放营销人2 黄润霖 著	全方位教你怎么做好营销计划，好学好用真简单	照搬套用就行，做营销计划再也不头痛
	快消品营销人的第一本书：从入门到精通 刘 雷 伯建新 著	快消行业必读书，从入门到专业	深入细致，易学易懂
产品	产品炼金术Ⅰ：如何打造畅销产品 史贤龙 著	满足不同阶段、不同体量、不同行业企业对产品的完整需求	必须具备的思维和方法，避免在产品问题上走弯路
	产品炼金术Ⅱ：如何用产品驱动企业成长 史贤龙 著	做好产品、关注产品的品质，就是企业成功的第一步	必须具备的思维和方法，避免在产品问题上走弯路
	新产品开发管理，就用IPD 郭富才 著	10年IPD研发管理咨询总结，国内首部IPD专业著作	一本书掌握IPD管理精髓
品牌	中小企业如何建品牌 梁小平 著	中小企业建品牌的入门读本，通俗、易懂	对建品牌有了一个整体框架
	采纳方法：破解本土营销8大难题 朱玉童 编著	全面、系统、案例丰富、图文并茂	希望在品牌营销方面有所突破的人，应该看看
	中国品牌营销十三战法 朱玉童 编著	采纳20年来的品牌策划方法，同时配有大量的案例	众包方式写作，丰富案例给人启发，极具价值
	今后这样做品牌：移动互联时代的品牌营销策略 蒋军 著	与移动互联紧密结合，告诉你老方法还能不能用，新方法怎么用	今后这样做品牌就对了
	中小企业如何打造区域强势品牌 吴之 著	帮助区域的中小企业打造自身品牌，如何在强壮自身的基础上往外拓展	梳理误区，系统思考品牌问题，切实符合中小区域品牌的自身特点进行阐述
渠道通路	快消品营销与渠道管理 谭长春 著	将快消品标杆企业渠道管理的经验和方法分享出来	可口可乐、华润的一些具体的渠道管理经验，实战
	传统行业如何用网络拿订单 张 进 著	给老板看的第一本网络营销书	适合不懂网络技术的经营决策者看
	采纳方法：化解渠道冲突 朱玉童 编著	系统剖析渠道冲突，21个渠道冲突案例、情景式讲解，37篇讲义	系统、全面
	学话术 卖产品 张小虎 著	分析常见的顾客异议，将优秀的话术模块化	让普通导购员也能成为销售精英
	向高层销售：与决策者有效打交道 贺兵一 著	一套完整有效的销售策略	有工具，有方法，有案例，通俗易懂
	通路精耕操作全解：快消品20年实战精华 周 俊 陈小龙 著	通路精耕的详细全解，每一步的具体操作方法和表单全部无保留提供	康师傅二十年的经验和精华，实践证明的最有效方法，教你如何主宰通路

思想·文化

	书名·作者	内容/特色	读者价值
思想·文化	史幼波中庸讲记（上下册） 史幼波 著	全面、深入浅出地揭示儒家中庸文化的真谛	儒释道三家思想融汇贯通
	史幼波心经讲记（上下册） 史幼波 著	句句精讲，句句透彻，佛法经典的多角度阐释	通俗易懂，将深刻的教理以浅显的语言讲出来
	史幼波大学讲记 史幼波 著	用儒释道的观点阐释大学的深刻思想	一本书读懂传统文化经典
	史幼波《周子通书》《太极图说》讲记 史幼波 著	把形而上的宇宙、天地，与形而下的社会、人生、经济、文化等融合在一起	将儒家的一整套学修系统融合起来